인천
도시공사

직업기초능력평가

인천도시공사

직업기초능력평가

초판2쇄 발행   2021년 4월 21일
개정1판 발행   2026년 5월 6일

편 저 자 | 취업적성연구소
발 행 처 | ㈜서원각
등록번호 | 1999-1A-107호
주   소 | 경기도 고양시 일산서구 덕산로 88-45(가좌동)
교재주문 | 031-923-2051
팩   스 | 031-923-3815
교재문의 | 카카오톡 플러스 친구[서원각]
홈페이지 | goseowon.com

PREFACE

우리나라 기업들은 1960년대 이후 현재까지 비약적인 발전을 이루었다. 이렇게 급속한 성장을 이룰 수 있었던 배경에는 우리나라 국민들의 근면성 및 도전정신이 있었다. 그러나 빠르게 변화하는 세계 경제의 환경에 적응하기 위해서는 근면성과 도전정신 이외에 또 다른 성장 요인이 필요하다.

최근 많은 공사·공단에서는 기존의 직무 관련성에 대한 고려 없이 인·적성, 지식 중심으로 치러지던 필기전형을 탈피하고, 산업현장에서 직무를 수행하기 위해 요구되는 능력을 산업부문별·수준별로 체계화 및 표준화한 NCS를 기반으로 하여 채용공고 단계에서 제시되는 '직무 설명자료'에서 제시되는 직업기초능력과 직무수행능력을 측정하기 위한 직업기초능력평가, 직무수행능력평가 등을 도입하고 있다.

인천도시공사에서도 업무에 필요한 역량 및 책임감과 적응력 등을 구비한 인재를 선발하기 위하여 고유의 직업기초능력평가를 치르고 있다. 본서는 인천도시공사 신입사원 채용대비를 위한 필독서로 인천도시공사 직업기초능력평가의 출제경향을 철저히 분석하여 응시자들이 보다 쉽게 시험유형을 파악하고 효율적으로 대비할 수 있도록 구성하였다.

신념을 가지고 도전하는 사람은 반드시 그 꿈을 이룰 수 있습니다. 처음에 품은 신념과 열정이 취업 성공의 그 날까지 빛바래지 않도록 서원각이 수험생 여러분을 응원합니다.

STRUCTURE

 기출복원문제

기출복원문제

인천도시공사의 출제 후기를 바탕으로 직업기초능력평가 문제를 복원하여 필기시험의 이해를 높였습니다.

핵심이론정리

NCS 기반 직업기초능력평가에 대해 핵심적으로 알아야 할 이론을 체계적으로 정리하여 단기간에 학습할 수 있도록 하였습니다.

출제예상문제

적중률 높은 영역별 출제예상문제를 상세하고 꼼꼼한 해설과 함께 수록하여 학습효율을 확실하게 높였습니다.

CONTENTS

기출복원문제

기출복원문제

1 다음 도시재생 사업 추진 계획에 대한 설명으로 옳은 것은?

2026년도 제1차 도시재생 사업 추진 계획

Ⅰ 관련 근거
 1. 「도시재생 활성화 및 지원에 관한 특별법」 제20조(도시재생사업의 시행)
 2. OO시 도시재생 기본조례 제10조(사업 추진)

Ⅱ 추진 개요
 1. 일시 : 2026년 11월 12일(수) 15:00
 2. 장소 : 시청 3층 대회의실
 3. 참석자 : 도시재생과장 외 8명
  1) 내부위원(5명) : 도시재생과, 건축과, 교통과
  2) 외부위원(4명) : 지역 전문가 및 주민대표
 4. 사전검토 : 관련 부서 및 주민 의견을 사전 수렴하여 검토 자료 반영

Ⅲ 추진 안건
 1. 1안 : OO구 노후 주거지역 개선 사업
  1) 사업내용
   • 노후 주택 외관 정비 및 골목길 환경 개선
   • 공용 주차장 및 소규모 쉼터 조성
  2) 검토사항
   • 주거환경 개선 효과 및 주민 수용성
   • 사업 지속 가능성
 2. 2안 : OO역 상권 활성화 사업
  1) 사업내용
   • 보행환경 개선, 간판 정비
   • 지역 특화거리 조성
   • 문화 프로그램 운영
  2) 검토사항
   • 상권 활성화 가능성
   • 지역 특성과의 연계성

---

① 주민센터 소강당에서 회의가 개최된다.

② 외부위원은 전체 참석자의 과반수를 차지한다.

③ 사전검토 과정에서 주민 의견은 반영되지 않는다.

④ 2안은 물리적 환경 개선과 더불어 상권 활성화 방안을 포함한다.

⑤ 1안은 주거환경 개선 중심으로 일부 상업 환경 정비 요소를 포함한다.

> **✔해설** ④ 보행환경 개선과 간판 정비 등은 물리적 환경 개선에 해당하며, 지역 특화거리 조성 및 문화 프로그램 운영을 통해 상권 활성화를 도모한다.
> ① 시청 3층 대회의실에서 개최된다.
> ② 외부위원은 9명 중 4명으로 과반수 이하이다.
> ③ 관련 부서 및 주민 의견을 사전에 수렴하여 검토 자료로 반영한다고 언급하고 있다.
> ⑤ 1안은 주거환경 개선 사업에 해당한다.

Answer 1.④

2 다음은 甲공공기관에서 수립한 금년도 개인정보 보호 강화 계획이다. ㉠에 들어갈 계획의 목적으로 가장 적절한 것은?

금년도 개인정보 보호 강화 계획

■ 목적

(㉠   )

■ 기존 관리 문제점
1. 개인정보 보호에 대한 부서 간 인식 및 대응 수준 차이 존재
2. 개인정보 처리 과정 중 관리 소홀 발생
 • 접근 권한 관리 미흡 및 권한 과다
 • 개인정보 보관·파리 기준 미준수 사례 발생
 • 개인정보 처리 이력 기록 관리 부족
3. 개인정보 유출 사고 발생 시 대응 체계 미흡
 • 사고 발생 시 보고 및 대응 절차 불명확
 • 유출 방지를 위한 사전 점검 체계 부족

■ 주요 추진 계획
1. 개인정보 보호 전담 조직 운영 강화
 • 개인정보 보호 책임자 및 담당자 지정
 • 정기 점검 및 내부 감사 체계 구축
2. 개인정보 처리 절차 개선
 • 수집·이용·보관·파기 단계별 관리 기준 마련
 • 최소 수집 원칙 및 보유 기간 준수 강화
3. 개인정보 보호 교육 및 인식 제고
 • 전 직원 대상 정기교육 실시
 • 주요 사례 공유 및 대응 매뉴얼 배포
4. 개인정보 유출 대응 체계 구축
 • 사고 발생 시 대응 매뉴얼 수립
 • 신속 보고 및 조치 체계 확립

---

① 개인정보 처리 절차의 효율화 및 업무 부담 경감
② 개인정보 활용 범위 확장을 통한 서비스 경쟁력 강화
③ 개인정보 관리 체계의 체계화 및 정보 유출 위험 최소화
④ 개인정보 관리 기준의 표준화 및 행정 절차 일관성 확보
⑤ 개인정보 관련 업무 수행 방식의 외부 위탁 확대

✔해설 ① 처리절차에 관한 내용이 나오지만 목적은 업무를 간편하게 하기 위함이 아니다.

② 수집·이용·보관·파기 전 과정에서 관리 기준을 강화하고 최소한의 수집 원칙을 지키려는 계획을 제시하고 있다.

④ 계획의 일부 측면만 반영하고 있을 뿐, 지문에서 강조한 정보 유출 위험 감소와 사고 예방·대응을 포함하지 않고 있다.

⑤ 계획에는 전담 조직 운영 강화, 내부 점검, 교육, 대응 체계 구축 등이 제시되어 있을 뿐, 개인정보 업무를 외부에 맡기겠다는 내용은 언급하고 있지 않다.

3 다음 중 지문의 내용과 일치하지 않는 것은?

> A도시공사는 최근 ○○지구 복합개발사업을 추진하는 과정에서 인근 주민들로부터 소음 및 분진과 관련된 민원이 지속적으로 제기되고 있다. 특히 해당 지역은 기존 주거지역과 인접해 있어 공사 초기 단계부터 생활 불편에 대한 우려가 있었으며, 실제로 공사가 본격화된 이후에는 야간 작업과 중장비 운행으로 인해 민원 발생 건수가 증가하는 추세를 보이고 있다. 이에 따라 A도시공사는 민원 대응을 위해 현장 담당 직원을 중심으로 주민 설명 및 안내를 실시하였다. 담당 직원은 공사 일정, 작업 시간 조정 계획, 방음벽 설치 및 살수 작업 등 소음·분진 저감 대책을 주민들에게 설명하였으며, 일부 주민들은 이에 대해 일정 부분 이해를 표하였다. 그러나 여전히 다수의 주민들은 실질적인 생활 불편이 개선되지 않았다는 점을 들어 추가적인 대책 마련을 요구하고 있다. A도시공사는 기존 대응 방식에서 벗어나 보다 체계적인 민원 관리 방안을 검토하고 있다. 예를 들어 민원 유형을 분류하여 대응 기준을 마련하고, 주민 대표와의 정기적인 협의체를 구성하는 방안이 논의되고 있다. 아울러 공사 일정 조정 가능성 및 추가적인 소음 저감 설비 도입 여부도 함께 검토 대상에 포함되었다. 다만, 공사 일정 지연은 전체 사업 추진에 영향을 미칠 수 있기 때문에, 민원 해소와 사업 진행 간의 균형을 고려한 의사결정이 요구되는 상황이다.

① 해당 지역은 공사 이전부터 생활 불편에 대한 우려가 존재하였다.

② 공사가 진행되면서 민원 발생 건수는 증가하는 경향을 보였다.

③ 일부 주민들은 공사의 저감 대책에 대해 이해를 표하였다.

④ A도시공사는 민원 대응을 위해 개별 직원 중심의 방식을 유지하고 있다.

⑤ 공사 일정 조정 가능성은 검토 대상에 포함되어 있다.

✔해설 ④ 지문에서는 '기존에 현장 담당 직원을 중심으로 주민 설명 및 안내를 실시'하였으나 개선되지 않아 '기존 대응 방식을 벗어나 보다 체계적인 민원 관리 방안을 검토'한다고 언급하고 있다.

Answer 2.③ 3.④

4 甲도시공사는 공공임대주택 외벽 도색 공사를 진행하고 있다. 작업 효율을 고려하여 인력배치를 다음과 같이 계획하였다.

> • 작업자 1명은 1시간에 외벽 2m를 도색할 수 있다.
> • 하루 작업 시간은 8시간이다.
> ※ 공사 2일차부터는 작업 효율 저하로 인해 모든 작업자의 생산량이 10% 감소한다.

공사 대상 외벽 면적은 총 832m²이며 현재 공사현장에는 13명이 동일한 작업을 수행한다. 이 공사를 완료하는 데 걸리는 총 작업 일수는? (단, 작업은 하루 단위로 계산한다)

① 4일 ② 5일
③ 6일 ④ 7일
⑤ 8일

> ✅해설 ② 1일차 생산량 먼저 확인해보면 1명당 하루 생산량은 16m²으로 전체 생산량은 208m²가 되며 남은 면적은 624m²이다. 2일차부터는 생산량이 10%씩 감소한다. 따라서 1명당 생산량은 16 × 0.9=14.4m²이며 전체 생산량은 187.2m²가 된다. 624÷187.2≈3.33일로 약 4일이 소요되며, 총 작업 일수는 5일이다.

5 공원 및 녹지 조성 사업 예산 200억 원을 다음과 같이 배분하였다.

> • 근린공원 조성 : 전체 예산의 40%
> • 도시숲 조성 : 전체 예산의 25%
> • 녹지 보행로 조성 : 전체 예산의 15%
> • 나머지 예산 : 어린이 공원 조성

사업이 조정되면서 그린공원 조성 예산의 20%를 감액하고 감액한 금액 전액을 어린이 공원 조성 예산에 추가를 배정하였다. 조정 후 어린이 공원 조성 사업 예산이 전체 예산에서 차지하는 비율은?

① 20% ② 22%
③ 24% ④ 26%
⑤ 28%

> ✅해설 ⑤ 초기 예산은, 근린공원 : 200 × 40%=80억 원, 도시숲 : 200×25%=50억 원, 녹지 보행로 : 200 × 15% = 30억 원으로 어린이 공원에 배정될 예산은 40억 원이다. 근린공원의 감액된 금액은 80억 원의 20%이므로 16억 원이며, 어린이 공원 예산은 56억 원이 된다. 56 ÷ 200=0.28로 어린이 공원이 전체 예산에서 차지하는 비율은 28%이다.

6 2023년 대비 2025년 공영주차장 이용 차량 수의 증가율이 큰 순서대로 나열한 것은?

(단위 : 천 대)

지역	2023년	2024년	2025년
A지역	320	350	410
B지역	280	300	330
C지역	150	180	210
D지역	400	390	420

① A → C → B → D

② C → A → B → D

③ C → A → D → B

④ A → B → C → D

⑤ C → B → A → D

✔해설 ㉠ A지역 : 90 ÷ 320 = 28.1%
㉡ B지역 : 50 ÷ 280 = 17.9%
㉢ C지역 : 60 ÷ 150 = 40%
㉣ D지역 : 20 ÷ 400 = 5%
∴ C → A → B → D지역

7 A도시공사는 공공주택 입주자를 다음 조건에 따라 선정하고자 한다.

〈조건〉

1. 기본 조건
• 무주택자일 것
• 월 평균 소득이 250만 원 이하일 것

2. 우선순위
• 1순위 : 기초생활수급자
• 2순위 : 신혼부부
• 3순위 : 청년 단독가구

3. 추가 조건
• 동일 순위 내에서는 월평균 소득이 낮은 사람을 우선 선정
• 단, 총자산이 2억 원을 초과할 경우 탈락

4. 모집 인원 : 총 2명 선발

5. 지원자 현황

지원자	무주택	소득	자산	유형
甲	O	230만 원	1억 8천만 원	신혼부부
乙	O	180만 원	2억 3천만 원	기초생활수급자
丙	O	250만 원	1억 5천만 원	청년 단독가구
丁	O	210만 원	1억 9천만 원	기초생활수급자

---

① 甲, 乙

② 乙, 丁

③ 甲, 丁

④ 丙, 丁

⑤ 甲, 丙

✔해설 ③ 乙은 기초생활수급자이지만 총자산이 2억 원을 초과하므로 탈락한다. 남은 지원자는 甲, C丙, 丁인데 우선 순위가 가장 높은 기초생활수급자 丁이 먼저 선정된다. 이후 남은 지원자 중에서는 신혼부부 甲이 청년 단독 가구 丙보다 우선순위가 높으므로 최종 선정자는 甲와 丁이다.

8 OO구는 공공체육센터 이용 활성화를 위해 시간대별 이용 현황을 분석하였다. 20대 여성을 대상으로 헬스 이용권 프로모션을 두 시간 대에 집중 홍보하려고 할 때, 프로모션을 가장 많이 노출할 수 있는 시간대는?

구분	오전	오후	저녁	야간
10대 이하	20%	10%	10%	5%
20대	25%	35%	30%	20%
30대	20%	25%	30%	35%
40대	20%	15%	20%	25%
50대 이상	15%	15%	10%	15%
남	40%	50%	60%	50%
여	60%	50%	40%	50%
이용자 수	200명	500명	400명	300명

① 오전, 오후

② 오전, 저녁

③ 오후, 저녁

④ 오후, 야간

⑤ 저녁, 야간

✔해설 ③ 20대 여성의 수＝이용자 수 × 20대 비율 × 여성비율이다.
　　　㉠ 오전 : 200 × 25% × 60% = 30명
　　　㉡ 오후 : 500 × 35% × 50% = 87.5명
　　　㉢ 저녁 : 400 × 30% × 40% = 48명
　　　㉣ 야간 : 300 × 20% × 50% = 30명
　　　∴ 가장 많이 노출할 수 있는 시간은 오후, 저녁

9 사내 교육 과정으로 문서작성, 고객응대, 데이터분석, 안전교육을 운영하였다. 수강 결과는 다음과 같을 때 반드시 참인 것은?

> 데이터분석을 수강한 사람은 모두 문서작성을 수강하였다.
> 고객응대를 수강한 사람은 모두 안전교육을 수강하지 않았다.
> 문서작성을 수강하지 않은 사람은 모두 고객응대를 수강하였다

① 데이터분석을 수강한 사람은 모두 안전교육을 수강하지 않았다.
② 안전교육을 수강한 사람은 모두 고객응대를 수강하지 않았다.
③ 고객응대를 수강한 사람은 모두 문서작성을 수강하지 않았다.
④ 문서작성을 수강한 사람은 모두 데이터분석을 수강하였다.
⑤ 안전교육을 수강하지 않은 사람은 모두 고객응대를 수강하였다.

> ✔ **해설** ② 두 번째 조건은 고객응대 수강자 → 안전교육 미수강이다. 이 조건의 대우는 안전교육 수강자 → 고객응대
> 미수강이므로, ②는 반드시 참이다.
> ① 데이터분석 수강자는 문서작성을 수강할 뿐, 안전교육 여부는 알 수 없다.
> ③ 고객응대 수강자가 문서작성을 수강하지 않는다고 단정할 수 없다.
> ④ 문서작성 수강자가 모두 데이터분석 수강자인 것은 아니다.
> ⑤ 안전교육을 수강하지 않았다고 해서 모두 고객응대 수강자라고 볼 수 없다.

10 OO기업의 국내 출장 여비규정이 다음과 같을 때, 〈보기〉 중 규정에 부합하는 것을 모두 고르시오.

> ■ 출장 일정
> • 04/01 ~ 04/03 : 甲 인재개발원 교육, 대리 B, 대리 U(자가용 이용)
> • 04/05 ~ 04/06 : 乙 협력사 미팅, 부장 A, 대리 B(1박, KTX 이용)
> • 04/12 ~ 04/13 : 丙 공장 점검, 부장 C, 차장 D(1박, KTX 이용)
> • 04/15 : 丁 세미나 참석, 차장 E, 차장 G(회사 차량 이용)
>
> ■ 국내 출장 여비 규정
> • 甲 · 丁은 출장여비를 지급하지 않는다.
> • 교통비는 실비 지급을 원칙으로 한다.
> • 자가용 이용 시에는 교통비 대신 유류비를 지급한다.
> • 숙박비 및 일비는 1일 단위로 지급하며, 2일 이상 출장 시 지급한다.
> • 외부기관 지원 시 중복 지급하지 않는다.

- 교통 기준
- 출장목적을 가장 효율적이고 경제적으로 수행할 수 있는 교통기관을 선택한다.
- 항공편 이용 시 사전 승인을 받아야 한다.

- 국내 여비 지급 기준표

구분	숙박비	일비	교통운임적용
부장	60,000원	30,000	KTX 또는 항공
차장	60,000원	30,000	KTX
대리	50,000원	20,000	KTX
사원	50,000원	20,000	일반 열차

〈보기〉

㉠ 乙 출장(1박 2일)에서 부장 A의 숙박비와 일비 최대 지급액은 120,000원이다.

㉡ 丙 출장에서 차장 D는 KTX를 이용할 수 있다.

㉢ 甲 교육은 수도권 일정이므로 출장여비가 지급되지 않는다.

㉣ 丁 세미나 참석 시 회사 차량을 이용한 경우 교통비 대신 유류비를 지급받는다.

① ㉠, ㉡

② ㉡, ㉢

③ ㉢, ㉣

④ ㉠, ㉡, ㉢

⑤ ㉡, ㉢, ㉣

✔해설 ㉠ 乙 출장(1박 2일)에서 부장 A의 숙박비와 일비 최대 지급액은 120,000원이다.
- 부장 숙박비 : 60,000원
- 부장 일비 : 30,000원 × 2일 = 60,000원
∴ 120,000원
㉡ 교통운임 적용 항목에서 차장은 KTX이므로 丙 출장에서 차장 D는 KTX를 이용할 수 있다.
㉢ 甲 교육은 규정상 출장여비 미지급
㉣ 丁 세미나 참석 시 회사 차량을 이용한 경우 교통비 대신 유류비를 지급받는다.
- 규정상 유류비는 자가용 이용 시 지급
- 회사 차량은 자가용이 아님

11 다음은 甲기관의 위임/전결 내용을 요약한 표이다. 자료에 대한 설명으로 옳은 것을 모두 고르면?

구분		소계	임원		본부장급		실장급		팀장급	
			이사장	부이사장	본부장	센터장	감사	실장	팀장	PL
전체	전결수(건)	1,200	120	12	360	18	6	198	450	36
	전결수(%)	100	10.0	1.0	30.0	1.5	0.5	16.5	37.5	3.0
본사	전결수(건)	720	110	10	200	10	4	130	256	0
	전결수(%)	100	15.3	1.4	27.8	1.4	0.6	18.1	35.6	0.0
지역센터	전결수(건)	360	6	2	128	8	0	56	160	0
	전결수(%)	10090	1.7	0.6	35.6	2.2	0.0	15.6	44.4	0.0
기술센터	전결수(건)	90	4	0	28	0	0	10	28	20
	전결수(%)	100	44	0.0	31.1	0.0	0.0	11.1	31.1	22.2
공통사항	전결수(건)	30	0	0	4	0	2	2	6	16
	전결수(%)	100	0.0	0.0	13.3	0.0	6.7	6.7	20.0	53.3

※ 본부장 : 본사 및 각 본부의 장, 센터장 : 지역센터의 장

※ 위임전결 : 의사결정을 대신 행사하는 행위

〈보기〉

㉠ 지역센터와 기술센터의 팀장급 전결 비중은 본사보다 높다.

㉡ 부이사장 전결 비중이 전체 1.0%로 매우 낮으므로, 임원 기능과 역할의 재정립이 필요하다고 볼 수 있다.

㉢ 본사의 임원 전결 비중은 지역센터보다 높고, 지역센터의 본부장급 전결 비중은 본사보다 높다.

① ㉠

② ㉡

③ ㉠, ㉢

④ ㉡, ㉢

⑤ ㉠, ㉡, ㉢

✅해설 ㉠ 본사의 팀장급 전결 비중은 35.6%이다. 지역센터의 팀장급 전결 비중은 44.4%, 기술센터의 팀장급 전결 비중은 53.3%(팀장 31.1%+PL 22.2%)이므로, 두 조직 모두 본사보다 높다.

㉢ 본사의 임원 전결 비중은 16.7%(이사장 15.3%+부이사장 1.4%)이고, 지역센터의 임원 전결 비중은 2.3%(이사장 1.7%+부이사장 0.6%)이므로 본사가 더 높다. 또한 본사의 본부장급 전결 비중은 29.2%(본부장 27.8%+센터장 1.4%), 지역센터의 본부장급 전결 비중은 37.8%(본부장 35.6%+센터장 2.2%)이므로 지역센터가 더 높다.

㉡ 부이사장 전결 비중이 낮다는 사실은 표에서 확인할 수 있으나, 그것만으로 기능과 역할의 재정립이 필요하다고 판단하는 것은 자료만으로 단정할 수 없다. 이는 해석을 넘어선 평가이다.

12 개인윤리와 직업윤리 간 이해충돌이 발생하는 이유로 적절하지 않은 것은?

① 직무 수행 과정에서 개인적 이해관계와 조직의 이익이 상충할 수 있는 상황에 놓이기 때문이다.

② 업무 수행 과정에서 외부 이해관계자와의 관계가 형성되면서 사적 이익이 개입될 가능성이 존재하기 때문이다.

③ 직무와 관련된 의사결정 권한을 가지게 되면서 특정 개인이나 집단에 영향을 미칠 수 있기 때문이다.

④ 모든 업무는 법과 규정에 의해 명확히 통제되므로 개인의 이해관계가 개입될 여지가 없기 때문이다.

⑤ 조직 내에서 직무가 분리되어 있지 않고 한 사람이 여러 업무를 동시에 담당하는 경우 권한이 집중되어 이해충돌 가능성이 증가하기 때문이다.

✔️ **해설** ④ 모든 업무가 법과 규정에 의해 통제되므로 개인의 이해관계가 개입될 여지가 없다고 보았으나, 실제로는 제도적 통제가 존재하더라도 개인의 가치관, 인간관계, 사적 이익 등이 판단에 영향을 미칠 수 있다.

13 서울과 인천에 사업장이 있는 기업의 인사팀 직원 A는 인사이동 업무를 수행하고 있다. 다음 인사이동 관련 규정 중 근로자 동의 여부에 대한 이해로 가장 적절하지 않은 것은?

인사이동 관련 규정

■ 근로자 동의가 필요한 경우
1. 근로계약에서 근무 장소나 담당 업무가 구체적으로 특정된 경우, 사용자가 이를 변경하려면 근로자의 동의를 받아야 한다.
2. 단체협약이나 취업규칙에 인사이동 기준 및 절차가 명시되어 있고, 노동조합과의 협의 또는 동의 조항이 있는 경우 이를 따라야 한다.

■ 근로자 동의가 필요 없는 경우
1. 근로계약에서 근무 장소 및 직무가 특정되지 않고, 업무상 필요에 따라 인사이동이 가능하다는 포괄적 동의가 있는 경우에는 별도의 동의 없이 인사이동이 가능하다.
2. 다만, 이 경우에도 인사권이 무제한으로 인정되는 것은 아니며, 업무상 필요성과 생활상 불이익 등을 고려한 합리성이 있어야 한다.

■ 유의사항
업무 장소가 특정되어 있더라도, 사업장 폐쇄 등 불가피한 사정이 있는 경우에는 근로자 동의 없이도 인사이동이 가능하다.

① 근로계약서에 근무지가 서울 사업장으로 명시되어 있다면, 인천 사업장으로 전보하기 위해서는 근로자의 동의가 필요하다.
② 근로계약서에 업무 내용이 특정되지 않고 회사 필요에 따라 배치 가능하다고 명시된 경우, 인사이동 시마다 별도의 동의를 받을 필요는 없다.
③ 단체협약에 인사이동 시 노동조합과의 협의 규정이 있다면, 회사는 이를 반드시 준수해야 한다.
④ 근로계약서에 포괄적 동의가 있는 경우, 회사는 별도의 사유 없이도 자유롭게 인사이동을 할 수 있다.
⑤ 사업장이 폐쇄되는 등 불가피한 상황에서는 근로자의 동의 없이 인사이동이 가능하다.

✔ 해설 ④ 근로계약상 인사이동에 관한 포괄적 동의가 있더라도, 사용자의 인사권이 무제한적으로 인정되는 것은 아니다. 별도의 동의 없이 인사이동이 가능해도 업무상 필요성, 근로자가 입는 생활상 불이익, 그 밖의 제반 사정을 종합적으로 고려했을 때 합리성이 있어야 정당하다.

① 근로계약서에 근무지가 서울 사업장으로 구체적으로 특정되어 있다면, 사용자가 이를 인천 사업장으로 변경하는 것은 근로계약 내용의 중요한 변경에 해당할 수 있으므로 원칙적으로 근로자의 동의가 필요하다.

② 근로계약서상 근무 장소나 직무가 특정되지 않고, 회사의 업무상 필요에 따라 배치전환이 가능하다는 포괄적 동의 조항이 있다면, 인사이동 때마다 개별적인 동의를 받을 필요는 없다.

③ 단체협약이나 취업규칙 등에 인사이동의 기준과 절차가 정해져 있고, 특히 노동조합과의 협의 또는 동의 조항이 있다면 회사는 이를 따라야 한다. 절차를 무시한 인사이동은 정당성을 인정받기 어렵다.

⑤ 근무 장소가 특정되어 있더라도, 사업장 폐쇄처럼 사회통념상 불가피성이 인정되는 경우에는 예외적으로 근로자의 동의 없이 인사이동이 가능할 수 있다.

Answer 13.④

14 다음은 공공기관 직원의 직업윤리 기준에 관한 매뉴얼 일부이다. 매뉴얼에 따라 직업윤리에 위배되는 사례가 아닌 것은?

---

1. 공정성 위반
   • 개인적 친분, 이해관계 등에 따라 업무 판단을 달리하는 경우
   • 특정인에게 유리하거나 불리하게 평가·선정 기준을 적용한 경우
   • 채용, 평가, 계약 등에서 객관적 기준을 따르지 않은 경우
2. 청렴성 위반
   • 직무와 관련하여 금품, 향응 또는 편의를 제공받은 경우
   • 직무상 취득한 정보를 사적으로 이용하거나 제3자에게 제공한 경우
   • 공용 자산을 개인적인 용도로 사용한 경우
3. 책임성 위반
   • 부당한 지시를 인지하고도 이를 그대로 수행한 경우
   • 직무상 오류나 문제를 인지하고도 보고하지 않은 경우
   • 업무를 고의 또는 중대한 과실로 소홀히 수행한 경우
4. 전문성 위반
   • 필요한 지식이나 절차를 확인하지 않고 부정확하게 업무를 처리한 경우
   • 교육·훈련 기회를 정당한 사유 없이 회피한 경우
   • 업무 수행에 필요한 역량을 갖추지 못한 상태에서 무리하게 업무를 진행한 경우

---

① A는 친분이 있는 지원자에 대한 평가의 공정성을 위해 해당 업무에서 배제되었다.

② A는 상사의 지시가 일부 절차를 생략하는 방식이었으나, 업무 기한이 촉박하다는 점을 고려하여 별도의 문제 제기 없이 이를 따랐다.

③ A는 업무상 알게 된 내부 정보를 외부에 제공하지는 않았으나, 개인적인 투자 판단을 위해 참고하였다.

④ A는 교육 참석이 권장되는 상황이었으나, 현재 담당 업무의 처리 기한을 이유로 교육 참여를 보류하였다.

⑤ A는 업무 처리 과정에서 발생한 오류를 인지하였으나, 영향이 크지 않다고 판단하여 별도의 보고 없이 자체적으로 수정하였다.

> ✔해설 ① 친분이 있는 대상에 대한 평가에서 제외된 것은 이해관계를 회피하여 공정성을 확보한 행동에 해당한다.
> ② 상사의 지시가 부당함을 인지했음에도 문제 제기 없이 그대로 수행한 것은 책임성에 어긋나는 행동이다.
> ③ 직무상 알게 된 내부 정보를 외부에 제공하지 않았더라도, 이를 개인적인 이익을 위해 활용한 것 자체가 위반이다.
> ④ 업무를 이유로 교육 참여를 보류한 경우라도, 필요한 역량 개발을 지속적으로 수행해야 한다는 점에서 전문성 유지 의무에 반할 수 있다.
> ⑤ 업무상 오류를 인지했음에도 이를 보고하지 않은 것은, 영향의 크기와 관계없이 보고 의무를 다하지 않은 것으로 책임성 위반에 해당한다.

15 다음 지문 중 밑줄 친 사례에 해당하는 것으로 옳지 않은 것은?

사람들은 자신이 과거에 수행한 윤리적 행동을 근거로 이후의 비윤리적 행동을 정당화하는 경향이 있다. 이를 설명하는 개념이 '도덕적 면허(Moral Licensing)'이다. 이 이론에 따르면 개인은 선행이나 도덕적 행동을 한 뒤, 심리적으로 "나는 이미 충분히 올바른 행동을 했다"는 인식을 가지게 되고, 그 결과 이후의 부적절한 행동에 대해 죄책감을 덜 느끼게 된다. 연구에 따르면, 친환경 제품을 선택한 사람일수록 이후 실험에서 더 이기적인 선택을 하는 경향이 나타나기도 했다. 이는 도덕적 행동이 오히려 이후의 비윤리적 행동을 정당화하는 심리적 근거로 작용할 수 있음을 보여준다. 이러한 현상은 조직에서도 나타날 수 있다. 즉, 과거의 올바른 행동을 이유로 이후의 규정 위반이나 부적절한 행동을 스스로 정당화하는 경우가 이에 해당한다.

㉠ 도시공사 직원 A는 평소 민원 대응을 성실하게 해왔다는 이유로, 업무 시간 중 개인적인 용무를 처리하는 것을 문제 삼지 않았다.

㉡ 도시공사 직원 B는 지역사회 봉사활동에 꾸준히 참여해왔기 때문에, 내부 규정을 일부 위반하더라도 큰 문제가 되지 않는다고 생각하였다.

㉢ 도시공사 직원 C는 과거 공정하게 입찰 업무를 수행한 경험을 근거로, 특정 업체에 편의를 제공하는 것을 스스로 합리화하였다.

㉣ 도시공사 직원 D는 자신의 업무 성과가 우수하다는 이유로, 공용 차량을 개인적인 용도로 사용하는 것에 대해 죄책감을 느끼지 않았다.

㉤ 도시공사 직원 E는 내부 규정을 준수하는 것이 중요하다고 판단하여, 업무가 바쁘더라도 절차를 지키며 일을 처리하였다.

① ㉠

② ㉡

③ ㉢

④ ㉣

⑤ ㉤

✔해설 ㉠ 도덕적 면허에 해당한다. 과거 성실한 행동을 근거로 현재의 부적절한 행동(업무 시간 사적 사용)을 정당화하였다.
㉡ 봉사활동이라는 선행을 근거로 규정 위반을 정당화한 사례이다.
㉢ 과거 공정한 행동을 이유로 현재의 편의 제공을 합리화하였다.
㉣ 성과를 근거로 공용 자산의 사적 사용을 정당화한 사례이다.

PART

02

인천도시공사
소개

Chapter 01 공사소개

(1) 미션 및 비전

① **미션** … 도시공간 재창조로 시민 삶의 질 향상 및 지역사회 발전에 기여

② **비전** … 시민 행복을 위한 미래도시 공간 창출 선도 공기업

③ **사훈** … 창의적인 사고, 능동적인 행동, 화합하는 직장

(2) 경영방침

핵심가치	변화와 혁신, 소통과 신뢰			
경영방침	4대 혁신 경영을 통한 초일류 공기업 도약			
경영목표	부채비율 190% 이하	주택공급 1,400호 이상	매출 1조 원 이상 (당기순이익 1천억 원 이상)	경영평가 "가"등급
4대 추진전략	전략경영체계 혁신	주거복지 및 원도심 혁신	도시개발 및 주택건설 혁신	ESG경영체계 혁신
12대 추진과제	• 경영전반 통합관리체계 구축 및 리스크관리 강화 • 전략적 사업추진 및 지원체계 확립 • 경영관리 역량 강화 및 혁신체계 확립	• 시민 맞춤형 주택공급 및 관리체계 혁신 • 시민 맞춤형 주거복지 서비스 전문화 • 생활 밀착형 및 융복합 도시공간 창조 추진	• 친환경 스마트 미래도시 개발사업 추진 • 친환경 스마트 미래주택 건설사업 추진 • 친환경 스마트 기술 인프라 구축	• ESG경영체계 확립 및 통합적 친환경 경영관리체계 구축 • 책임경영 체계 확립 • 지속가능 인프라 구축

(3) 사회공헌

전략과제	지역사회 공헌 및 상생협력 강화 iHUG		
추진전략	상생협력강화	지역사회공헌	아동성장강화
실행과제	지역동반성장 상생협력 강화	나눔·공헌문화 확산	아동의 성장·자립 강화

(4) BI

① 웰카운티 ··· WELL(WELL-BEING : 복지, 안녕) + COUNTY(군 : 도시 공동체 표현)의 합성어

    ㉠ 도심 속에서 잊힌 공동체의 의미를 찾아 소통과 교류를 통해 풍요로운 주거 문화를 창조하는 아파트 브랜드

    ㉡ 최첨단의 유비쿼터스 시스템으로 설비되어 편리하고, 건강한 자연공간에서 느끼는 아름답고 편안한 여유와 휴식으로 이웃 간의 따뜻하고 정겨운 인간애를 느낄 수 있는 인천의 주거문화를 대표하는 고급아파트 브랜드

② 해드림 ··· 꿈과 희망의 상징인 해드림은 자연친화적인 브랜드이며 늘 지지 않는 해를 드리는 꿈의 인천과 고객에게 꿈과 희망을 드리는 의미를 표현

(1) 응시자격

① 공통 응시자격

㉠ 최종시험 예정일이 속한 연도 기준 18세 이상인 자로 임용 예정일부터 근무 가능한 자(임용 유예 불가)
   ※ 단, 임용예정일 기준 공사 정년(60세)에 도달한 자는 지원 불가

㉡ 우리 공사 인사규정 제11조(결격사유)에 해당하지 않는 자

② 인천지역인재 응시자격(둘 중 하나 요건 충족)

㉠ 공고일 기준 1년 이전부터 최종시험일까지 계속 주민등록상 주소지가 인천광역시로 되어 있는 사람

㉡ 공고일 이전까지 인천광역시에 주민등록상 주소지를 두고 있었던 기간을 모두 합산하여 총 3년 이상인 사람

③ 채용분야별 필수자격증(기술직 지원자에 한함) : 「국가기술자격법」에 의한 분야별 기사 이상 자격증 소지자

(2) 전형절차

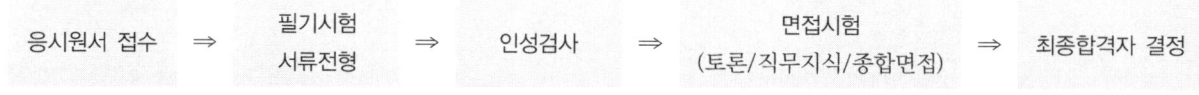

응시원서 접수 ⇒ 필기시험 서류전형 ⇒ 인성검사 ⇒ 면접시험 (토론/직무지식/종합면접) ⇒ 최종합격자 결정

① 응시원서 접수 : 채용 홈페이지에서 온라인 접수

② 필기시험

㉠ 대상 : 입사지원자(응시자) 전원

㉡ 시험과목 및 배점

• 직업기초능력평가 : 객관식 5지 선다형, 40문항, 100점(의사소통능력, 수리능력, 문제해결능력, 조직이해능력, 직업윤리)

• 분야별 전공과목 : 객관식 5지 선다형, 40문항, 100점

㉢ 합격기준

• 시험성적이 매 과목 40퍼센트 이상 득점자 중에서 채용우대 가점을 가산한 총점의 고득점자 순으로 합격자를 아래 표와 같이 선발하고 동점자가 발생하여 채용예정인원을 초과하는 경우에는 그 동점자를 모두 합격자로 하되, 동점자의 계산은 소수점 이하 둘째 자리(소수점 셋째자리 반올림)까지로 함

- 서류전형을 통해 응시자격 등의 적격 여부를 검증 및 확인하여 필기시험 및 서류전형 합격자 결정 및 발표

③ 서류전형

    ㉠ 대상 : 필기시험 합격 예정자

    ㉡ 전형방법 : 제출된 입사지원서 및 관련 증명서류를 검증하여 필기시험 및 서류전형 합격자 결정을 위한 응시자격 및 가점항목의 적격 여부만 판단

    ㉢ 합격기준 : 공고된 응시자격 등 객관적인 기준에 적합하면 합격 처리(필기시험 및 서류전형 합격자 결정)

④ 인성검사

    ㉠ 대상 : 필기시험 및 서류전형 합격자

    ㉡ 검사방법 : 온라인 검사 실시

    ㉢ 결과활용 : 검사 결과는 면접시험 시 참고자료로 활용

⑤ 면접시험 및 최종합격자 결정

    ㉠ 대상 : 인성검사 응시자

    ㉡ 면접종류 및 방식

    - 토론면접 : 의사소통 능력(50%), 논리적 사고(50%)

    - 직무지식면접 : 직무지식(100%)

    - 종합면접 : 기본자질(25%), 의사발표력과 논리력(25%), 전문지식과 그 응용능력(25%), 의지력·창의력 기타 발전가능성(25%)

    ㉢ 면접시험 결과 산출

    - 각 시험(토론면접, 직무지식면접, 종합면접)별로 면접위원이 평가한 점수를 평균(소수점 셋째 자리에서 반올림하여 소수점 이하 둘째 자리까지)하고 채용우대 가점을 가산하여 면접점수 산출

    - 각 시험별 위원의 과반수가 어느 하나의 평가요소에 "미흡"으로 평가한 경우에는 불합격 처리

    ㉣ 최종합격자 결정

    - 필기시험성적(50%), 직무지식면접(10%), 토론면접(10%), 종합면접(30%)의 합산점수의 고득점자 순으로 결정

    - 채용예정인원을 초과한 동점자 발생 시 취업지원대상자, 종합면접 성적, 직무지식면접 성적, 토론면접 성적, 필기시험 성적 순으로 최종 합격자 결정

⑥ 근무조건

    ㉠ 신규 채용자는 수습기간(3개월)을 거쳐 임용. 수습기간 중에 근무성적 불량, 공사 제 규정 위반, 결격사유 발생 시 직권면직(인사규정 제10조 및 제11조)

    ㉡ 수습기간 동안 근무성적 평가는 부서 배치 후 책임성, 협조성, 적응성, 이해·판단력, 업무 처리능력 등에 대한 절대 평가 후 일정 수준에 미흡할 경우 직권면직(평가방법, 기준 등에 대한 상세 내용은 임용 후 안내 예정)

PART
03

NCS
직업기초능력평가

1 의사소통과 의사소통능력

(1) 의사소통

① 개념 ··· 사람들 간에 생각이나 감정, 정보, 의견 등을 교환하는 총체적인 행위로, 직장생활에서의 의사소통은 조직과 팀의 효율성과 효과성을 성취할 목적으로 이루어지는 구성원 간의 정보와 지식 전달 과정이라고 할 수 있다.

② 기능 ··· 공동의 목표를 추구해 나가는 집단 내의 기본적 존재 기반이며 성과를 결정하는 핵심 기능이다.

③ 의사소통의 종류
   ⊙ 언어적인 것 : 대화, 전화통화, 토론 등
   ⊙ 문서적인 것 : 메모, 편지, 기획안 등
   ⊙ 비언어적인 것 : 몸짓, 표정 등

④ 의사소통을 저해하는 요인 ··· 정보의 과다, 메시지의 복잡성 및 메시지 간의 경쟁, 상이한 직위와 과업지향형, 신뢰의 부족, 의사소통을 위한 구조상의 권한, 잘못된 매체의 선택, 폐쇄적인 의사소통 분위기 등

(2) 의사소통능력

① 개념 ··· 의사소통능력은 직장생활에서 문서나 상대방이 하는 말의 의미를 파악하는 능력, 자신의 의사를 정확하게 표현하는 능력, 간단한 외국어 자료를 읽거나 외국인의 의사표시를 이해하는 능력을 포함한다.

② 의사소통능력 개발을 위한 방법
   ⊙ 사후검토와 피드백을 활용한다.
   ⊙ 명확한 의미를 가진 이해하기 쉬운 단어를 선택하여 이해도를 높인다.
   ⊙ 적극적으로 경청한다.
   ⊙ 메시지를 감정적으로 곡해하지 않는다.

2   의사소통능력을 구성하는 하위능력

(1) 문서이해능력

① 문서와 문서이해능력

  ㉠ 문서 : 제안서, 보고서, 기획서, 이메일, 팩스 등 문자로 구성된 것으로 상대방에게 의사를 전달하여 설득하는 것을 목적으로 한다.

  ㉡ 문서이해능력 : 직업현장에서 자신의 업무와 관련된 문서를 읽고, 내용을 이해하고 요점을 파악할 수 있는 능력을 말한다.

예제 1

다음은 신용카드 약관의 주요내용이다. 규정 약관을 제대로 이해하지 못한 사람은?

> [부가서비스]
> 카드사는 법령에서 정한 경우를 제외하고 상품을 새로 출시한 후 1년 이내에 부가서비스를 줄이거나 없앨 수가 없다. 또한 부가서비스를 줄이거나 없앨 경우에는 그 세부내용을 변경일 6개월 이전에 회원에게 알려주어야 한다.
> [중도 해지 시 연회비 반환]
> 연회비 부과기간이 끝나기 이전에 카드를 중도해지하는 경우 남은 기간에 해당하는 연회비를 계산하여 10 영업일 이내에 돌려줘야 한다. 다만, 카드 발급 및 부가서비스 제공에 이미 지출된 비용은 제외된다.
> [카드 이용한도]
> 카드 이용한도는 카드 발급을 신청할 때에 회원이 신청한 금액과 카드사의 심사 기준을 종합적으로 반영하여 회원이 신청한 금액 범위 이내에서 책정되며 회원의 신용도가 변동되었을 때에는 카드사는 회원의 이용한도를 조정할 수 있다.
> [부정사용 책임]
> 카드 위조 및 변조로 인하여 발생된 부정사용 금액에 대해서는 카드사가 책임을 진다. 다만, 회원이 비밀번호를 다른 사람에게 알려주거나 카드를 다른 사람에게 빌려주는 등의 중대한 과실로 인해 부정사용이 발생하는 경우에는 회원이 그 책임의 전부 또는 일부를 부담할 수 있다.

① 혜수 : 카드사는 법령에서 정한 경우를 제외하고는 1년 이내에 부가서비스를 줄일 수 없어.

② 진성 : 카드 위조 및 변조로 인하여 발생된 부정사용 금액은 일괄 카드사가 책임을 지게 돼.

③ 영훈 : 회원의 신용도가 변경되었을 때 카드사가 이용한도를 조정할 수 있어.

④ 영호 : 연회비 부과기간이 끝나기 이전에 카드를 중도 해지하는 경우에는 남은 기간에 해당하는 연회비를 카드사는 돌려줘야 해.

출제의도

주어진 약관의 내용을 읽고 그에 대한 상세내용의 정보를 이해하는 능력을 측정하는 문항이다.

해설

② 부정사용에 대해 고객의 과실이 있으면 회원이 그 책임의 전부 또는 일부를 부담할 수 있다.

답 ②

② 문서의 종류

    ㉠ **공문서** : 정부기관에서 공무를 집행하기 위해 작성하는 문서로, 단체 또는 일반회사에서 정부기관을 상대로 사업을 진행할 때 작성하는 문서도 포함된다. 엄격한 규격과 양식이 특징이다.

    ㉡ **기획서** : 아이디어를 바탕으로 기획한 프로젝트에 대해 상대방에게 전달하여 시행하도록 설득하는 문서이다.

    ㉢ **기안서** : 업무에 대한 협조를 구하거나 의견을 전달할 때 작성하는 사내 공문서이다.

    ㉣ **보고서** : 특정한 업무에 관한 현황이나 진행 상황, 연구·검토 결과 등을 보고하고자 할 때 작성하는 문서이다.

    ㉤ **설명서** : 상품의 특성이나 작동 방법 등을 소비자에게 설명하기 위해 작성하는 문서이다.

    ㉥ **보도자료** : 정부기관이나 기업체 등이 언론을 상대로 자신들의 정보를 기사화 되도록 하기 위해 보내는 자료이다.

    ㉦ **자기소개서** : 개인이 자신의 성장과정이나, 입사 동기, 포부 등에 대해 구체적으로 기술하여 자신을 소개하는 문서이다.

    ㉧ **비즈니스 레터(E-mail)** : 사업상의 이유로 고객에게 보내는 편지다.

    ㉨ **비즈니스 메모** : 업무상 확인해야 할 일을 메모형식으로 작성하여 전달하는 글이다.

③ **문서이해의 절차** … 문서의 목적 이해 → 문서 작성 배경·주제 파악 → 정보 확인 및 현안문제 파악 → 문서 작성자의 의도 파악 및 자신에게 요구되는 행동 분석 → 목적 달성을 위해 취해야 할 행동 고려 → 문서 작성자의 의도를 도표나 그림 등으로 요약·정리

(2) 문서작성능력

① 작성되는 문서에는 대상과 목적, 시기, 기대효과 등이 포함되어야 한다.

② 문서작성의 구성요소

    ㉠ 짜임새 있는 골격, 이해하기 쉬운 구조

    ㉡ 객관적이고 논리적인 내용

    ㉢ 명료하고 설득력 있는 문장

    ㉣ 세련되고 인상적인 레이아웃

다음은 들은 내용을 구조적으로 정리하는 방법이다. 순서에 맞게 배열하면?

㉠ 관련 있는 내용끼리 묶는다.
㉡ 묶은 내용에 적절한 이름을 붙인다.
㉢ 전체 내용을 이해하기 쉽게 구조화한다.
㉣ 중복된 내용이나 덜 중요한 내용을 삭제한다.

---

① ㉠㉡㉢㉣
② ㉠㉡㉣㉢
③ ㉡㉠㉣㉢
④ ㉡㉠㉣㉢

음성정보는 문자정보와는 달리 쉽게 잊혀 지기 때문에 음성정보를 구조화 시키는 방법을 묻는 문항이다.

내용을 구조적으로 정리하는 방법은 '㉠ 관련 있는 내용끼리 묶는다. → ㉡ 묶은 내용에 적절한 이름을 붙인다. → ㉣ 중복된 내용이나 덜 중요한 내용을 삭제한다. → ㉢ 전체 내용을 이해하기 쉽게 구조화한다.'가 적절하다.

답 ②

③ 문서의 종류에 따른 작성방법

　㉠ 공문서

　　• 육하원칙이 드러나도록 써야 한다.

　　• 날짜는 반드시 연도와 월, 일을 함께 언급하며, 날짜 다음에 괄호를 사용할 때는 마침표를 찍지 않는다.

　　• 대외문서이며, 장기간 보관되기 때문에 정확하게 기술해야 한다.

　　• 내용이 복잡할 경우 '-다음-', '-아래-'와 같은 항목을 만들어 구분한다.

　　• 한 장에 담아내는 것을 원칙으로 하며, 마지막엔 반드시 '끝'자로 마무리 한다.

　㉡ 설명서

　　• 정확하고 간결하게 작성한다.

　　• 이해하기 어려운 전문용어의 사용은 삼가고, 복잡한 내용은 도표화 한다.

　　• 명령문보다는 평서문을 사용하고, 동어 반복보다는 다양한 표현을 구사하는 것이 바람직하다.

　㉢ 기획서

　　• 상대를 설득하여 기획서가 채택되는 것이 목적이므로 상대가 요구하는 것이 무엇인지 고려하여 작성하며, 기획의 핵심을 잘 전달하였는지 확인한다.

　　• 분량이 많을 경우 전체 내용을 한눈에 파악할 수 있도록 목차구성을 신중히 한다.

　　• 효과적인 내용 전달을 위한 표나 그래프를 적절히 활용하고 산뜻한 느낌을 줄 수 있도록 한다.

　　• 인용한 자료의 출처 및 내용이 정확해야 하며 제출 전 충분히 검토한다.

② 보고서
- 도출하고자 한 핵심내용을 구체적이고 간결하게 작성한다.
- 내용이 복잡할 경우 도표나 그림을 활용하고, 참고자료는 정확하게 제시한다.
- 제출하기 전에 최종점검을 하며 질의를 받을 것에 대비한다.

예제 3

다음 중 공문서 작성에 대한 설명으로 가장 적절하지 못한 것은?

① 공문서나 유가증권 등에 금액을 표시할 때에는 한글로 기재하고 그 옆에 괄호를 넣어 숫자로 표기한다.
② 날짜는 숫자로 표기하되 년, 월, 일의 글자는 생략하고 그 자리에 온점(.)을 찍어 표시한다.
③ 첨부물이 있는 경우에는 붙임 표시문 끝에 1자 띄우고 "끝."이라고 표시한다.
④ 공문서의 본문이 끝났을 경우에는 1자를 띄우고 "끝."이라고 표시한다.

출제의도
업무를 할 때 필요한 공문서 작성법을 잘 알고 있는지를 측정하는 문항이다.

해 설
공문서 금액 표시
아라비아 숫자로 쓰고, 숫자 다음에 괄호를 하여 한글로 기재한다.
예) 금 123,456원(금 일십이만삼천사백오십육원)

답 ①

---

④ 문서작성의 원칙
- ㉠ 문장은 짧고 간결하게 작성한다(간결체 사용).
- ㉡ 상대방이 이해하기 쉽게 쓴다.
- ㉢ 불필요한 한자의 사용을 자제한다.
- ㉣ 문장은 긍정문의 형식을 사용한다.
- ㉤ 간단한 표제를 붙인다.
- ㉥ 문서의 핵심내용을 먼저 쓰도록 한다(두괄식 구성).

⑤ 문서작성 시 주의사항
- ㉠ 육하원칙에 의해 작성한다.
- ㉡ 문서 작성시기가 중요하다.
- ㉢ 한 사안은 한 장의 용지에 작성한다.
- ㉣ 반드시 필요한 자료만 첨부한다.
- ㉤ 금액, 수량, 일자 등은 기재에 정확성을 기한다.
- ㉥ 경어나 단어사용 등 표현에 신경 쓴다.
- ㉦ 문서작성 후 반드시 최종적으로 검토한다.

⑥ 효과적인 문서작성 요령

    ㉠ **내용이해** : 전달하고자 하는 내용과 핵심을 정확하게 이해해야 한다.

    ㉡ **목표설정** : 전달하고자 하는 목표를 분명하게 설정한다.

    ㉢ **구성** : 내용 전달 및 설득에 효과적인 구성과 형식을 고려한다.

    ㉣ **자료수집** : 목표를 뒷받침할 자료를 수집한다.

    ㉤ **핵심전달** : 단락별 핵심을 하위목차로 요약한다.

    ㉥ **대상파악** : 대상에 대한 이해와 분석을 통해 철저히 파악한다.

    ㉦ **보충설명** : 예상되는 질문을 정리하여 구체적인 답변을 준비한다.

    ㉧ **문서표현의 시각화** : 그래프, 그림, 사진 등을 적절히 사용하여 이해를 돕는다.

(3) 경청능력

① **경청의 중요성** ··· 경청은 다른 사람의 말을 주의 깊게 들으며 공감하는 능력으로 경청을 통해 상대방을 한 개인으로 존중하고 성실한 마음으로 대하게 되며, 상대방의 입장에 공감하고 이해하게 된다.

② **경청을 방해하는 습관** ··· 짐작하기, 대답할 말 준비하기, 걸러내기, 판단하기, 다른 생각하기, 조언하기, 언쟁하기, 옳아야만 하기, 슬쩍 넘어가기, 비위 맞추기 등

③ 효과적인 경청방법

    ㉠ **준비하기** : 강연이나 프레젠테이션 이전에 나누어주는 자료를 읽어 미리 주제를 파악하고 등장하는 용어를 익혀둔다.

    ㉡ **주의 집중** : 말하는 사람의 모든 것에 집중해서 적극적으로 듣는다.

    ㉢ **예측하기** : 다음에 무엇을 말할 것인가를 추측하려고 노력한다.

    ㉣ **나와 관련짓기** : 상대방이 전달하고자 하는 메시지를 나의 경험과 관련지어 생각해 본다.

    ㉤ **질문하기** : 질문은 듣는 행위를 적극적으로 하게 만들고 집중력을 높인다.

    ㉥ **요약하기** : 주기적으로 상대방이 전달하려는 내용을 요약한다.

    ㉦ **반응하기** : 피드백을 통해 의사소통을 점검한다.

다음은 면접스터디 중 일어난 대화이다. 민아의 고민을 해소하기 위한 조언으로 가장 적절한 것은?

> 지섭 : 민아씨, 어디 아파요? 표정이 안 좋아 보여요.
>
> 민아 : 제가 원서 넣은 공단이 내일 면접이어서요. 그동안 스터디를 통해서 면접 연습을 많이 했는데도 벌써부터 긴장이 되네요.
>
> 지섭 : 민아씨는 자기 의견도 명확히 피력할 줄 알고 조리 있게 설명을 잘 하시니 걱정 안 해서도 될 것 같아요. 아, 손에 꽉 쥐고 계신 건 뭔가요?
>
> 민아 : 아, 제가 예상 답변을 정리해서 모아둔 거에요. 내용은 거의 외웠는데 이렇게 쥐고 있지 않으면 불안해서
>
> 지섭 : 그 정도로 준비를 철저히 하셨으면 걱정할 이유 없을 것 같아요.
>
> 민아 : 그래도 압박면접이거나 예상치 못한 질문이 들어오면 어떻게 하죠?
>
> 지섭 : _____

① 시선을 적절히 처리하면서 부드러운 어투로 말하는 연습을 해보는 건 어때요?
② 공식적인 자리인 만큼 옷차림을 신경 쓰는 게 좋을 것 같아요.
③ 당황하지 말고 질문자의 의도를 잘 파악해서 침착하게 대답하면 되지 않을까요?
④ 예상 질문에 대한 답변을 좀 더 정확하게 외워보는 건 어떨까요?

상대방이 하는 말을 듣고 질문 의도에 따라 올바르게 답하는 능력을 측정하는 문항이다.

민아는 압박질문이나 예상치 못한 질문에 대해 걱정을 하고 있으므로 침착하게 대응하라고 조언을 해주는 것이 좋다.

답 ③

---

(4) 의사표현능력

① 의사표현의 개념과 종류

  ㉠ 개념 : 화자가 자신의 생각과 감정을 청자에게 음성언어나 신체언어로 표현하는 행위이다.

  ㉡ 종류

   • 공식적 말하기 : 사전에 준비된 내용을 대중을 대상으로 말하는 것으로 연설, 토의, 토론 등이 있다.
   • 의례적 말하기 : 사회 · 문화적 행사에서와 같이 절차에 따라 하는 말하기로 식사, 주례, 회의 등이 있다.
   • 친교적 말하기 : 친근한 사람들 사이에서 자연스럽게 주고받는 대화 등을 말한다.

② 의사표현의 방해요인

  ㉠ 연단공포증 : 연단에 섰을 때 가슴이 두근거리거나 땀이 나고 얼굴이 달아오르는 등의 현상으로 충분한 분석과 준비, 더 많은 말하기 기회 등을 통해 극복할 수 있다.

ⓛ **말** : 말의 장단, 고저, 발음, 속도, 쉼 등을 포함한다.

ⓒ **음성** : 목소리와 관련된 것으로 음색, 고저, 명료도, 완급 등을 의미한다.

ⓔ **몸짓** : 비언어적 요소로 화자의 외모, 표정, 동작 등이다.

ⓜ **유머** : 말하기 상황에 따른 적절한 유머를 구사할 수 있어야 한다.

③ 상황과 대상에 따른 의사표현법

ⓐ **잘못을 지적할 때** : 모호한 표현을 삼가고 확실하게 지적하며, 당장 꾸짖고 있는 내용에만 한정한다.

ⓛ **칭찬할 때** : 자칫 아부로 여겨질 수 있으므로 센스 있는 칭찬이 필요하다.

ⓒ **부탁할 때** : 먼저 상대방의 사정을 듣고 응하기 쉽게 구체적으로 부탁하며 거절을 당해도 싫은 내색을 하지 않는다.

ⓔ **요구를 거절할 때** : 먼저 사과하고 응해줄 수 없는 이유를 설명한다.

ⓜ **명령할 때** : 강압적인 말투보다는 '○○을 이렇게 해주는 것이 어떻겠습니까?'와 같은 식으로 부드럽게 표현하는 것이 효과적이다.

ⓗ **설득할 때** : 일방적으로 강요하기보다는 먼저 양보해서 이익을 공유하겠다는 의지를 보여주는 것이 좋다.

ⓢ **충고할 때** : 충고는 가장 최후의 방법이다. 반드시 충고가 필요한 상황이라면 예화를 들어 비유적으로 깨우쳐주는 것이 바람직하다.

ⓞ **질책할 때** : 샌드위치 화법(칭찬의 말 + 질책의 말 + 격려의 말)을 사용하여 청자의 반발을 최소화 한다.

예제 5

당신은 팀장님께 업무 지시내용을 수행하고 결과물을 보고 드렸다. 하지만 팀장님께서는 "최대리 업무를 이렇게 처리하면 어떡하나? 누락된 부분이 있지 않은가."라고 말하였다. 이에 대해 당신이 행할 수 있는 가장 부적절한 대처 자세는?

① "죄송합니다. 제가 잘 모르는 부분이라 이수혁 과장님께 부탁을 했는데 과장님께서 실수를 하신 것 같습니다."

② "주의를 기울이지 못해 죄송합니다. 어느 부분을 수정보완하면 될까요?"

③ "지시하신 내용을 제가 충분히 이해하지 못하였습니다. 내용을 다시 한 번 여쭤보아도 되겠습니까?"

④ "부족한 내용을 보완하는 자료를 취합하기 위해서 하루정도가 더 소요될 것 같습니다. 언제까지 재작성하여 드리면 될까요?"

출제의도

상사가 잘못을 지적하는 상황에서 어떻게 대처해야 하는지를 묻는 문항이다.

해 설

상사가 부탁한 지시사항을 다른 사람에게 부탁하는 것은 옳지 못하며 설사 그렇다고 해도 그 일의 과오에 대해 책임을 전가하는 것은 지양해야 할 자세이다.

답 ①

④ 원활한 의사표현을 위한 지침

    ㉠ 올바른 화법을 위해 독서를 하라.

    ㉡ 좋은 청중이 되라.

    ㉢ 칭찬을 아끼지 마라.

    ㉣ 공감하고, 긍정적으로 보이게 하라.

    ㉤ 겸손은 최고의 미덕임을 잊지 마라.

    ㉥ 과감하게 공개하라.

    ㉦ 뒷말을 숨기지 마라.

    ㉧ 첫마디 말을 준비하라.

    ㉨ 이성과 감성의 조화를 꾀하라.

    ㉩ 대화의 룰을 지켜라.

    ㉪ 문장을 완전하게 말하라.

⑤ 설득력 있는 의사표현을 위한 지침

    ㉠ 'Yes'를 유도하여 미리 설득 분위기를 조성하라.

    ㉡ 대비 효과로 분발심을 불러 일으켜라.

    ㉢ 침묵을 지키는 사람의 참여도를 높여라.

    ㉣ 여운을 남기는 말로 상대방의 감정을 누그러뜨려라.

    ㉤ 하던 말을 갑자기 멈춤으로써 상대방의 주의를 끌어라.

    ㉥ 호칭을 바꿔서 심리적 간격을 좁혀라.

    ㉦ 끄집어 말하여 자존심을 건드려라.

    ㉧ 정보전달 공식을 이용하여 설득하라.

    ㉨ 상대방의 불평이 가져올 결과를 강조하라.

    ㉩ 권위 있는 사람의 말이나 작품을 인용하라.

    ㉪ 약점을 보여 주어 심리적 거리를 좁혀라.

    ㉫ 이상과 현실의 구체적 차이를 확인시켜라.

    ㉬ 자신의 잘못도 솔직하게 인정하라.

    ㉭ 집단의 요구를 거절하려면 개개인의 의견을 물어라.

    ⓐ 동조 심리를 이용하여 설득하라.

    ⓑ 지금까지의 노고를 치하한 뒤 새로운 요구를 하라.

    ⓒ 담당자가 대변자 역할을 하도록 하여 윗사람을 설득하게 하라.

    ⓓ 겉치레 양보로 기선을 제압하라.

    ⓔ 변명의 여지를 만들어 주고 설득하라.

    ⓕ 혼자 말하는 척하면서 상대의 잘못을 지적하라.

(5) 기초외국어능력

① 기초외국어능력의 개념과 필요성
  ㉠ 개념 : 기초외국어능력은 외국어로 된 간단한 자료를 이해하거나, 외국인과의 전화응대와 간단한 대화 등 외국인의 의사표현을 이해하고, 자신의 의사를 기초외국어로 표현할 수 있는 능력이다.
  ㉡ 필요성 : 국제화·세계화 시대에 다른 나라와의 무역을 위해 우리의 언어가 아닌 국제적인 통용어를 사용하거나 그들의 언어로 의사소통을 해야 하는 경우가 생길 수 있다.

② 외국인과의 의사소통에서 피해야 할 행동
  ㉠ 상대를 볼 때 흘겨보거나, 노려보거나, 아예 보지 않는 행동
  ㉡ 팔이나 다리를 꼬는 행동
  ㉢ 표정이 없는 것
  ㉣ 다리를 흔들거나 펜을 돌리는 행동
  ㉤ 맞장구를 치지 않거나 고개를 끄덕이지 않는 행동
  ㉥ 생각 없이 메모하는 행동
  ㉦ 자료만 들여다보는 행동
  ㉧ 바르지 못한 자세로 앉는 행동
  ㉨ 한숨, 하품, 신음소리를 내는 행동
  ㉩ 다른 일을 하며 듣는 행동
  ㉪ 상대방에게 이름이나 호칭을 어떻게 부를지 묻지 않고 마음대로 부르는 행동

③ 기초외국어능력 향상을 위한 공부법
  ㉠ 외국어공부의 목적부터 정하라.
  ㉡ 매일 30분씩 눈과 손과 입에 밸 정도로 반복하라.
  ㉢ 실수를 두려워하지 말고 기회가 있을 때마다 외국어로 말하라.
  ㉣ 외국어 잡지나 원서와 친해져라.
  ㉤ 소홀해지지 않도록 라이벌을 정하고 공부하라.
  ㉥ 업무와 관련된 주요 용어의 외국어는 꼭 알아두자.
  ㉦ 출퇴근 시간에 외국어 방송을 보거나, 듣는 것만으로도 귀가 트인다.
  ㉧ 어린이가 단어를 배우듯 외국어 단어를 암기할 때 그림카드를 사용해 보라.
  ㉨ 가능하면 외국인 친구를 사귀고 대화를 자주 나눠 보라.

출제예상문제

1 다음 주어진 글의 밑줄 친 부분의 한자표기가 옳지 않은 것은?

> 헌법 제59조는 "조세의 종목과 세율은 법률로 정한다."라고 규정하여 조세 법률주의를 <u>선언</u>하고 있다. A는 국회가 <u>제정</u>한 법률이 과세 요건을 명확히 규정하고 있다면 그 목적과 내용의 정당성 여부와 상관없이 조세 법률주의에 <u>위배</u>되지 않는다고 본다. 그러나 B에 따르면 경제 활동을 더 이상 불가능하게 할 정도로 과도하게 조세를 <u>부과</u>하는 조세법은 <u>허용</u>되지 않는다. B는 과세 근거가 되는 법률의 목적과 내용 또한 기본권 보장이라는 헌법 이념에 부합되어야 한다고 보기 때문이다.

① 선언－宣言
② 제정－制定
③ 위배－違背
④ 부과－賦科
⑤ 허용－許容

> **해설** ④ '부과'는 세금이나 부담금 따위를 매기어 부담하게 한다는 의미로 賦課로 쓴다.
> ① 선언(宣言) : 널리 펴서 말함. 또는 그런 내용
> ② 제정(制定) : 제도나 법률 따위를 만들어서 정함
> ③ 위배(違背) : 법률, 명령, 약속 따위를 지키지 않고 어김
> ⑤ 허용(許容) : 허락하여 너그럽게 받아들임

2 다음과 같이 작성된 건강검진 안내문을 참고할 때, 경리부 홍 대리가 직원들에게 안내하게 될 말로 적절하지 않은 것은 어느 것인가?

〈건강검진 실시안내〉

1. 실시예정일 : 20××년 10월 9일
2. 시간 : 오전 9시부터
3. 주의사항
   1) 검진 전날 저녁 9시 이후부터는 금식하여야 합니다.
      (커피, 담배, 껌, 우유, 물 등 삼가)
   2) 여성의 경우 생리 중에는 검진을 피하십시오.
4. 검진대상자 제출자료
   검진대상자는 사전에 배부해 드린 '건강검진표', '구강검사표', '문진표'를 작성하시고, 기재된 인적사항이
   사실과 상이할 경우 정정하시어 검사 3일 전까지 경리부로 제출바랍니다.
5. 검진항목 안내
   1) 기초검사 : 신장, 체중, 시력, 청력, 혈압, 비만도 등 검사
   2) 혈액검사 : 당뇨, 당지혈증, 신장질환 등 검사
   3) 소변검사 : 당뇨, 신장질환 등 검사
   4) 구강검사 : 우식증, 결손치, 치주질환
   5) 심전도검사 : 심장질환 등 검사
   6) 흉부 방사선검사 : 폐결핵 및 기타 흉부질환 등 검사
   7) 부인과 검사 : 자궁경부암 등 검사(여성만 실시)
6. 별도검진 : 별도의 검진기관을 이용하여 검진 받으시는 분은 담당자에게 실시기관
   문의 후 검진기관과 사전에 검진 시간을 협의하시기 바랍니다.
※ 담당자 : 경리부 대리 홍길동(내선 1234)

① "검진 전날 밤엔 물을 마시는 것도 삼가야 합니다."
② "생리 중인 여성은 경리부 담당자와 별도 검진일을 협의하셔야 합니다."
③ "검진 전 제출 자료를 모두 기재하여 경리부에 제출하셔야 합니다."
④ "별도의 검진기관을 이용할 경우, 사후 모든 사항을 경리부에 보고하셔야 합니다."
⑤ "다른 검사와 달리 구강검사는 별도의 검사표가 있습니다."

✔해설 별도 검진자는 사전 경리부에 연락하여 실시기관 문의를 먼저 하여야 한다고 안내하고 있다.
   ① 검진 전날 저녁 9시 이후부터는 금식해야 한다고 언급되어 있다.
   ② 생리 중인 여성은 검진을 피해야 한다고 언급되어 있으며, 그에 따른 별도검진이 예상되므로 안내와 같이
      경리부 담당자와 별도 검진일을 협의해야 한다.
   ③ 검진대상자는 사전에 배부한 '건강검진표', '구강검사표', '문진표'를 작성하여 경리부에 제출토록 언급되어
      있다.
   ⑤ 검진대상자 제출 자료에 별도의 구강검사표가 있다고 언급되어 있다.

Answer 1.④ 2.④

3 다음은 회의실 예약에 대한 안내문이다. 이에 대한 내용으로 적절하지 않은 것은?

■ 이용안내

임대시간	기본 2시간, 1시간 단위로 연장
요금결제	이용일 7일전 까지 결제(7일 이내 예약 시에는 예약 당일 결제)
취소 수수료	- 결제완료 후 계약을 취소 시 취소수수료 발생 - 이용일 기준 7일 이전 : 전액 환불 - 이용일 기준 6일~3일 이전 : 납부금액의 10% - 이용일 기준 2일~1일 이전 : 납부금액의 50% - 이용일 당일 : 환불 없음
회의실/ 일자 변경	- 사용가능한 회의실이 있는 경우, 사용일 1일 전까지 가능 (해당 역 담당자 전화 신청 필수) - 단, 회의실 임대일 변경, 사용시간 단축은 취소수수료 기준 동일 적용
세금계산서	- 세금계산서 발행을 원하실 경우 반드시 법인 명의로 예약하여 사업자등록번호 입력 - 현금영수증 발행 후에는 세금계산서 변경발행 불가

■ 회의실 이용 시 준수사항
 - 회의실 사용자는 공사의 승인 없이 다음 행위를 할 수 없습니다.
1. 공중에 대하여 불쾌감을 주거나 또는 통로, 기타 공용시설에 간판, 광고물의 설치, 게시, 부착 또는 각 종기기의 설치 행위
2. 폭발물, 위험성 있는 물체 또는 인체에 유해하고 불쾌감을 줄 우려가 있는 물품 반입 및 보관행위
4. 동의 없이 시설물의 이동, 변경 배치행위
5. 동의 없이 장비, 중량물을 반입하는 등 제반 금지행위
6. 공공질서 및 미풍양식을 위해하는 행위
7. 알콜성 음료의 판매 및 식음행위
8. 흡연행위 및 음식물 등 반입행위
9. 임대의 위임 또는 재임대

① 3일 후에 회의 일정이 잡혔다면 예약 당일 결제로 회의실을 예약해야 한다.
② 다다음주 상사의 귀국일로 예정된 회의가 상사의 출장 일정이 연기되었을 시 별도의 수수료 없이 연기 가능하다.
③ 불가피하게 회의가 지연될 시에는 30분 연장하여 사용이 가능하다.
④ 법인 명의로 예약하고 사업자등록번호를 입력하여 세금계산서를 발행할 수 있다.
⑤ 회의실 내에서 알콜성 음료를 마시거나 흡연은 불가능하다.

✔ 해설 회의실 사용 연장은 1시간 단위로 가능하다.

4 다음 글 속에서 언급된 보기의 단어들 중, 내용상 서로 상반되는 의미로 짝지어지지 않은 것은 어느 것인가?

삶의 질에 대해 객관적으로 평가하는 것이 인간개발지수(Human Development Index)이다. 인간개발지수는 국제연합개발계획(UNDP)이 매년 문자해독률과 평균수명, 1인당 실질국민소득 등을 토대로 각 나라의 선진화 정도를 평가하는 수치를 말한다. 인간개발지수는 인간의 행복이나 발전 정도는 소득수준과 비례하지 않고, 소득을 얼마나 현명하게 사용하느냐에 달려 있음을 보여주는 지수이다. 인간개발지수는 비물질적인 요소까지 측정대상으로 삼는다는 점에서 국민총생산(GNP)과 구별된다.

삶의 질을 측정함에 있어 주관적 판단이나 느낌을 중시하는 입장에서는 각자가 자신의 삶의 질 평가의 가장 적합한 전문가이다. 또한 가장 중요한 주관적 웰빙의 지표는 만족감과 행복감의 측정이며, 만약 그 측정 결과가 객관적 지표와 어긋난다 해도 그것은 측정의 오류가 아닌 그 자체로서 선호(preferences)를 반영하는 것이 된다. 왜냐하면 결핍(want)과 욕구(need)를 구별한다면, 객관적 기준에 따른 결핍은 객관적으로 측정할 수 있지만, 욕구에 대한 만족은 주관적으로 측정될 수밖에 없기 때문이다. 주관적 지표에서 자주 등장하는 것이 '행복지수(Happiness Index)'이다. 주관적인 삶의 만족도는 잉글하트(R. Englehart)가 주도하는 '세계가치관조사(World Values Survey)'를 실시하는 것이 가장 많이 인용된다. 이 조사의 행복지수는 '매우 행복', '약간 행복', '약간 불행', '매우 불행' 등 4개 항목의 응답에 대해 가중치를 두고 평균을 내서 결론을 낸다. 한편 1981년부터 미국의 미시간대 사회연구소는 세계 각국의 국민 1,000~2,000명에게 설문조사를 하여, 이들이 느끼는 행복지수(HPI, happy planet index), 즉 '자신이 얼마나 행복하다고 느끼는가?' 하는 것을 산출해오고 있다.

① 결핍 – 욕구
② 인간개발지수 – 행복지수
③ 소득의 사용 – 만족감과 행복감
④ 비물질적 요소 – 행복감
⑤ 경제학적 분석 – 심리학적 분석

✔해설 제시글은 '객관적 지표에 기초한 삶의 질'과 '주관적 지표에 기초한 삶의 질'에 대한 내용을 다루고 있다. 따라서 이 두 가지 대비되는 의미의 쌍이 아닌 것을 찾아야 하며, 비물질적인 요소와 행복감은 상반되는 개념으로 보기 어려우며 오히려 행복의 측정대상으로 작용하는 요인들이다.
① 결핍은 객관적인 측정이 가능하며, 욕구는 주관적인 방법으로만 측정이 가능하다.
② 인간개발지수는 객관적인 삶의 질을, 행복지수는 주관적인 삶의 질을 각각 측정하는 방법으로 제시되어 있다.
③ 소득의 사용은 객관적 행복을, 만족감과 행복감은 주관적 행복을 판단하는 지표라고 언급하고 있다.
⑤ 객관적 삶의 측정은 수명, 소득, 소비 등 경제학적인 요소를 중요시하는 인간개발지수에 의한 것이라면, 주관적 삶의 측정은 만족감과 행복감 등 매우 심리적인 요소를 중요시하는 행복지수에 의한 것이라고 볼 수 있다.

Answer 3.③ 4.④

5   다음 제시된 글의 내용과 적합하지 않은 것은?

아이폰과 위키피디아의 성공 비결은 무엇일까? 연세대 경영대 이 교수는 〈성당에서 시장으로〉를 통해 이런 의문에 대한 해답을 혁신의 방식에서 찾는다. 그가 찾아낸, 혁신의 성공과 실패를 가르는 핵심 요소는 폐쇄와 개방이다. 그는 이를 대표적인 오픈소스 소프트웨어 운동가인 에릭 레이몬드의 '성당'과 '시장' 개념을 빌려 설명한다. 소수의 전문가 그룹만으로 소프트웨어를 개발하는 방식이 '성당', 누구나 참여할 수 있는 개발 방식이 '시장'이다. 레이몬드는 1997년 무료소프트웨어 리눅스 개발자 회의에서 이 개념을 처음으로 공개 주장한 뒤, 1999년 〈성당과 시장〉이라는 제목의 책을 통해 본격적인 오픈소스 보급운동에 나섰다. 이 교수는 레이몬드가 주창하는 열린 구조, 즉 '시장'이야말로 디지털 혁신 환경에 적응해 살아남는 디지털 다위니즘의 요체로 본다.

그가 꼽은 디지털 다위니즘의 대표적인 성공 사례는 외부의 개발자들에게 앱 개발을 개방한 애플의 앱스토어다. 권위 있는 전문가 그룹이 편집하는 폐쇄적인 방식의 브리태니커 백과사전이 몰락하고, 누구나 지식 콘텐츠 편집에 참여할 수 있는 개방적 방식의 위키피디아 백과사전이 성공한 것도 성당과 시장 방식의 차이다. 기술 변화의 흐름을 겨울스포츠인 쇼트트랙 경기에 비유하면, 지금과 같은 급변의 시기는 곡선구간에 해당한다. 대부분의 쇼트트랙 경기 선수들은 직선 구간이 아닌 곡선 구간에서 추월을 시도한다. 곡선 구간에서는 기존 직선 구간의 주법과는 다른 방식으로 달리는 것이 훨씬 효율적이기 때문이다. 새 주법을 잘 적용하면 순위를 뒤바꿀 수 있다. 새로운 기술이 기존 시장 질서에 영향을 주는 변곡점이 바로 쇼트트랙의 곡선 구간에 해당한다.

디지털 다위니즘이 적용될 수 있는 분야에도 변화가 있을까? 이 교수는 "지금까지 디지털 제품 혁신이 적용된 분야는 주로 콘텐츠 산업이었다"며 "하지만 이제는 사물인터넷과 인공지능, 빅데이터 같은 신기술들이 기존 제품을 스마트제품으로 탈바꿈시키는 제품 혁신이 모든 산업에서 일어날 개연성이 크다"고 말한다.

그러나 플랫폼을 외부 파트너에게 개방한다고 해서 모두가 성공하는 건 아니다. 성공을 위해선 적절한 동기 부여 역할을 하는 인센티브 시스템이 수반돼야 한다. 인센티브의 주축은 물론 경제적 이득과 같은 유형의 혜택이다. 하지만 위키피디아처럼 자신의 콘텐츠가 누군가에게 도움이 될 수 있다는 내재적 동기를 부여하는 것도 무시해선 안 된다.

많은 사람들이 4차 산업혁명을 주도할 기술의 특징으로 융복합을 꼽는다. 이 교수는 기술 융복합의 중심에 설 혁신 기술의 영역으로 5가지를 꼽았다. 그 다섯 분야는 인공지능과 로봇, 사물인터넷과 빅데이터, 자율주행차와 드론, 3D 프린팅과 바이오닉스, 블록체인과 가상현실이다.

모든 것이 그렇듯 기술에도 양면성이 있다. 이를 외면하는 혁신은 기술이 초래할 사회적 갈등에 적절히 대처하기 어렵다. 그는 "4차 산업혁명이 디지털 혁신을 통해 인류의 삶을 한 단계 업그레이드해줄 수 있지만, 그 기술이 야기할 수 있는 부작용도 무시해선 안 된다"고 말한다. 예컨대 인공지능과 로봇은 기술적 실업을 증가시킬 수 있고, 사물인터넷과 빅데이터 기술은 개인의 프라이버시와 인권을 위협한다.

과거 세 차례에 걸친 산업혁명은 인류의 생산성을 높여 삶을 윤택하게 해줬다. 하지만 산업혁명은 빈부 격차 확대라는 그늘도 키워갔다. 4차 산업혁명 역시 이런 전철을 밟을 가능성이 크다. 그렇다면 4차 산업 혁명이 심화시킬 수 있는 기술의 부작용을 다루는 방식도 '성당'이 아닌 '시장'에서 찾아야 하는 것은 아닐 까?

① 성당과 시장의 개념은 오픈소스 보급운동을 위해 만든 개념이다.
② 브리태니커 백과사전과 위키피디아 백과사전도 성당방식과 시장방식의 예시라고 할 수 있다.
③ 이 교수는 기술 융복합의 핵심 기술영역으로 인공지능과 로봇, 사물인터넷과 빅데이터, 자율주행차와 드론 등을 뽑았다.
④ 4차 산업혁명의 핵심은 오픈소스 소프트웨어이므로 개방만이 성공의 핵심 키워드이다.
⑤ 4차 산업혁명으로 기술이 가져올 부작용을 염두에 두어야 한다.

✔ 해설 네 번째 문단에서 '그러나 플랫폼을 외부 파트너에게 개방한다고 해서 모두가 성공하는 건 아니다. 성공을 위해선 적절한 동기 부여 역할을 하는 인센티브 시스템이 수반돼야 한다'고 했으므로 개방만이 성공의 핵심 키워 드라고 할 수는 없다.

6 다음은 △△여행적금에 대한 설명이다. 다음을 바르게 설명한 것은?

〈△△여행적금〉

① 상품특징
- △△여행사 제휴를 통한 여행상품 할인!
- 여행비가 필요할 때 특별중도해지 혜택까지!

② 가입대상
- 실명인 개인

③ 상품구성
- 물레방아적금(자유적립식)

④ 계약기간
- 대상예금별 가입기간 이내에서 월단위로 선택

⑤ 금리

가입기간	기본금리
3개월 이상 ~ 6개월 미만	1%
6개월 이상 ~ 12개월 미만	1%
12개월 이상 ~ 24개월 미만	1.4%
24개월 이상 ~ 36개월 미만	1.45%
36개월 이상 ~ 48개월 미만	1.5%
48개월 이상 ~ 60개월 미만	1.5%
60개월 이상	1.5%

⑥ 우대금리

우대금리	이율
급여통장 가입고객 정기 예/적금 인터넷 신규 시 우대금리	0.1%p

- 우대금리는 지점별로 다를 수 있으며 자세한 내용은 가입 영업점에 확인하시기 바랍니다.

⑦ 주요 특징
- 우대금리 적용 (세부기준은 조합별로 정함)
- 부기명 메모 서비스 : 여행 목적지 또는 단체명
- △△여행사 제휴 여행상품 할인서비스
  - 해외 상품 이용시 2% ~ 최고 5% 이내
  - 할인대상 : 본인 및 동반자

> • 특별 중도해지 서비스
>   −계약기간 1/2 이상 경과한 후 여행비용을 필요로 중도해지 하는 경우 당초 약정 이율 적용
>   −△△여행사 여행상품 이용 시에만 서비스가능(여행계약서 또는 견적서 지참)
> • 여행비용 선대출 서비스 (세부기준은 조합별로 정함) : 최고 500만원 이내

① 지정 여행사를 사용할 시에는 여행비용 목적으로 중도해지 시 당초 약정 이율을 받을 수 있다.

② 급여통장 가입고객이면 적금 인터넷 신규 시 1%p를 받을 수 있다.

③ △△여행적금 가입 시 지정 여행사의 제휴 여행상품을 할인 받을 수 있다.

④ 가입기간이 12개월인 사람과 24개월인 사람은 동일 금리가 적용된다.

⑤ 전 직원 단체 여행 시 법인도 여행적금 상품에 가입할 수 있다.

> ✔해설 ① 특별중도해지 서비스는 계약기간 1/2 이상 경과한 후 여행비용을 필요로 중도해지 하는 경우에만 당초 약정 이율 적용된다.
> ② 급여통장 가입고객이면 적금 인터넷 신규 시 0.1%p를 받을 수 있다.
> ④ 가입기간이 12개월인 사람은 1.4%, 24개월인 사람은 1.45%의 금리가 적용된다.
> ⑤ △△여행적금 가입대상은 실명인 개인이다.

Answer 6.③

7 다음의 A사이트의 이용약관 일부이다. 다음에 대해 바르게 이해하지 못한 것은?

제6조(이용 계약의 성립)

① 이용계약은 신청자가 온라인으로 당 사이트에서 제공하는 소정의 가입신청 양식에서 요구하는 사항을 기록하고, 이 약관에 대한 동의를 완료한 경우에 성립됩니다.

② 당 사이트는 다음 각 호에 해당하는 이용계약에 대하여는 가입을 취소할 수 있습니다.

  1. 다른 사람의 명의를 사용하여 신청하였을 때

  2. 이용 계약 신청서의 내용을 허위로 기재하였거나 신청하였을 때

  3. 사회의 안녕 질서 혹은 미풍양속을 저해할 목적으로 신청하였을 때

  4. 다른 사람의 당 사이트 서비스 이용을 방해하거나 그 정보를 도용하는 등의 행위를 하였을 때

  5. 당 사이트를 이용하여 법령과 본 약관이 금지하는 행위를 하는 경우

  6. 기타 당 사이트가 정한 이용신청요건이 미비 되었을 때

③ 당 사이트는 다음 각 호에 해당하는 경우 그 사유가 해소될 때까지 이용계약 성립을 유보할 수 있습니다.

  1. 기술상의 장애사유로 인한 서비스 중단의 경우(시스템관리자의 고의·과실 없는 디스크장애, 시스템 다운 등)

  2. 전기통신사업법에 의한 기간통신사업자가 전기통신 서비스를 중지하는 경우

  3. 전시. 사변, 천재지변 또는 이에 준하는 국가 비상사태가 발생하거나 발생할 우려가 있는 경우

  4. 긴급한 시스템 점검, 증설 및 교체설비의 보수 등을 위하여 부득이한 경우

  5. 서비스 설비의 장애 또는 서비스 이용의 폭주 등 기타 서비스를 제공할 수 없는 사유가 발생한 경우

④ 당 사이트가 제공하는 서비스는 아래와 같으며, 그 변경될 서비스의 내용을 이용자에게 공지하고 아래에서 정한 서비스를 변경하여 제공할 수 있습니다. 다만, 비회원에게는 서비스 중 일부만을 제공할 수 있습니다.

  1. 당 사이트가 자체 개발하거나 다른 기관과의 협의 등을 통해 제공하는 일체의 서비스

제8조(사용자의 정보 보안)

① 가입 신청자가 당 사이트 서비스 가입 절차를 완료하는 순간부터 귀하는 입력한 정보의 비밀을 유지할 책임이 있으며, 회원의 ID와 비밀번호를 사용하여 발생하는 모든 결과에 대한 책임은 회원본인에게 있습니다.

② ID와 비밀번호에 관한 모든 관리의 책임은 회원에게 있으며, 회원의 ID나 비밀번호가 부정하게 사용되었다는 사실을 발견한 경우에는 즉시 당 사이트에 신고하여야 합니다. 신고를 하지 않음으로 인한 모든 책임은 회원 본인에게 있습니다.

③ 이용자는 당 사이트 서비스의 사용 종료 시 마다 정확히 접속을 종료하도록 해야 하며, 정확히 종료하지 아니함으로써 제3자가 귀하에 관한 정보를 이용하게 되는 등의 결과로 인해 발생하는 손해 및 손실에 대하여 당 사이트는 책임을 부담하지 아니합니다.

④ 비밀번호 분실 시 통보는 이메일 또는 단문 메시지 서비스(SMS)로 안내하며, 전 항의 규정에도 불구하고 회원의 이메일 주소 또는 휴대전화번호 기입 잘못 등 본인 과실 및 본인 정보 관리 소홀로 발생하는 문제의 책임은 회원에게 있습니다.

⑤ 이용자는 개인정보 보호 및 관리를 위하여 서비스의 개인정보관리에서 수시로 개인정보를 수정/삭제할 수 있습니다.

① 이용 계약 신청서의 내용을 허위로 기재하였을 시 사이트에서 가입을 취소할 수 있다.

② 긴급한 시스템 점검 및 교체설비의 보수 등을 위하여 부득이한 경우 가입이 제한 될 수 있다.

③ 이용자는 개인정보 보호 및 관리를 위하여 서비스의 개인정보관리에서 수시로 개인정보를 삭제할 수 있다.

④ 제시된 이용약관에는 사이트 회원의 책임에 관한 조항은 규정되지 않고 있다.

⑤ 회원의 ID나 비밀번호가 부정하게 사용되었다는 사실을 발견한 즉시 당 사이트에 신고해야한다.

✔해설 ④ 제8조 사용자의 정보 보안에 관한 규정에는 회원의 ID와 비밀번호를 사용하여 발생하는 모든 결과에 대해서는 회원 본인이 책임져야 한다고 나와 있다.

┃8~9┃ 다음은 어느 공사의 윤리강령에 관한 일부 내용이다. 이를 보고 물음에 답하시오.

임직원의 기본윤리
- 제4조 : 임직원은 공사의 경영이념과 비전을 공유하고 공사가 추구하는 목표와 가치에 공감하여 창의적인 정신과 성실한 자세로 맡은바 책임을 다하여야 한다.
- 제7조 : 임직원은 직무를 수행함에 있어 공사의 이익에 상충되는 행위나 이해관계를 하여서는 아니 된다.
- 제8조 : 임직원은 직무와 관련하여 사회통념상 용인되는 범위를 넘어 공정성을 저해할 수 있는 금품 및 향응 등을 직무관련자에게 제공하거나 직무관련자로부터 제공받아서는 아니 된다.
- 제12조 : 임직원은 모든 정보를 정당하고 투명하게 취득 · 관리하여야 하며 회계기록 등의 정보는 정확하고 정직하게 기록 · 관리하여야 한다.

고객에 대한 윤리
- 제13조 : 임직원은 고객이 공사의 존립이유이며 목표라는 인식하에서 항상 고객을 존중하고 고객의 입장에서 생각하며 고객을 모든 행동의 최우선의 기준으로 삼는다.
- 제14조 : 임직원은 고객의 요구와 기대를 정확하게 파악하여 이에 부응하는 최고의 상품과 최상의 서비스를 제공하기 위해 노력한다.

경쟁사 및 거래업체에 대한 윤리
- 제16조 : 임직원은 모든 사업 및 업무활동을 함에 있어서 제반법규를 준수하고 국내외 상거래관습을 존중한다.
- 제17조 : 임직원은 자유경쟁의 원칙에 따라 시장경제 질서를 존중하고 경쟁사와는 상호존중을 기반으로 정당한 선의의 경쟁을 추구한다.
- 제18조 : 임직원은 공사가 시행하는 공사 · 용역 · 물품구매 등의 입찰 및 계약체결 등에 있어서 자격을 구비한 모든 개인 또는 단체에게 평등한 기회를 부여한다.

임직원에 대한 윤리
- 제19조 : 공사는 임직원에 대한 믿음과 애정을 가지고 임직원 개개인을 존엄한 인격체로 대하며, 임직원 개인의 종교적 · 정치적 의사와 사생활을 존중한다.
- 제20조 : 공사는 교육 및 승진 등에 있어서 임직원 개인의 능력과 자질에 따라 균등한 기회를 부여하고, 성과와 업적에 대해서는 공정하게 평가하고 보상하며, 성별 · 학력 · 연령 · 종교 · 출신지역 · 장애 등을 이유로 차별하거나 우대하지 않는다.
- 제21조 : 공사는 임직원의 능력개발을 적극 지원하여 전문적이고 창의적인 인재로 육성하고, 임직원의 독창적이고 자율적인 사고와 행동을 촉진하기 위하여 모든 임직원이 자유롭게 제안하고 의사표현을 할 수 있는 여건을 조성한다.

---

8 공사의 윤리강령을 보고 이해한 내용으로 가장 적절하지 않은 것은?

① 윤리강령은 윤리적 판단의 기준을 임직원에게 제공하기 위해 작성되었다.

② 국가와 사회에 대한 윤리는 위의 윤리강령에 언급되지 않았다.

③ 임직원이 지켜야 할 행동 기준뿐만 아니라 공사가 임직원을 어떻게 대해야 하는지에 관한 윤리도 포함되었다.

④ 강령에 저촉된 행위를 한 임직원에 대하여는 징계 조치를 취할 수 있다.

⑤ 공사는 임직원에 대하여 성별·학력·연령·종교·출신지역·장애 등을 이유로 차별하거나 우대하지 않는다.

　　해설 ④ 윤리강령을 나열하였을 뿐, 징계 조치에 관한 부분은 나와 있지 않다.

9 위의 '임직원의 기본윤리' 중 언급되지 않은 항목은?

① 이해충돌 회피

② 부당이득 수수금지

③ 투명한 정보관리

④ 책임완수

⑤ 자기계발

　　해설 제4조는 책임완수, 제7조는 이해충돌 회피, 제8조는 부당이득 수수 금지, 제12조는 투명한 정보관리에 관한 내용이다. 자기계발에 관한 부분은 언급되지 않았다.

10 다음의 빈칸에 들어갈 내용으로 가장 적절한 것은?

- 연구주제 : 중·고등학생의 게임 몰입이 주변 사람과의 대화에 미치는 영향
- 연구가설
  〈가설 1〉 게임을 적게 할수록 부모와의 대화는 많을 것이다.
  〈가설 2〉 _____ ㈎ _____
- 자료 수집
  −조사방법 : 중·고등학생 1,000명을 무작위 선정하여 설문 조사
  −조사내용 : 게임 시간 정도, 부모와의 대화 정도, 친구와 대화 정도
- 자료 분석 결과
  −자료 분석 결과 아래 표와 같고, 부모와의 대화 정도 및 친구와의 대화 정도는 게임 시간 정도에 따라 통계적으로 유의미한 차이가 있는 것으로 나타났다.

대화정도 게임시간정도		많음	중간	적음
부모와 대화 많음	친구와 대화 많음	78	100	120
	친구와 대화 적음	52	70	80
부모와 대화 적음	친구와 대화 많음	172	100	60
	친구와 대화 적음	48	120	180

---

① 게임을 많이 할수록 친구와 게임에 관련한 내용의 대화를 나눌 것이다.

② 게임을 적게 할수록 부모와의 대화 빈도가 줄어들 것이다.

③ 게임을 적게 할수록 친구와의 대화는 많을 것이다.

④ 게임을 많이 할수록 일상 대화량이 많을 것이다.

⑤ 부모와의 대화가 많을수록 친구와의 대화도 많을 것이다.

✅ **해설** 주어진 자료의 분석 결과를 보면 친구와의 대화 정도와 게임 시간 정도를 비교하는 것으로 보아 게임 시간과 친구와의 대화정도를 비교하는 가설이 적절하다.

11 다음 중 관용적 표현이 사용되지 않은 문장은?

① 바깥에 나갔다 오면 손을 씻으렴.

② 손자들이 재롱부리는 모습이 눈에 밟히네.

③ 문제 해결을 위해서 우리 모두 머리를 맞대자.

④ 폭설로 승객 6백여 명이 열차 안에 발이 묶였다.

⑤ 목이 빠지게 기다렸지만 그는 끝내 나타나지 않았다.

✔해설 ①에서 손을 씻는 것은 '부정적인 일이나 찜찜한 일에 대하여 관계를 청산하다'는 관용적 표현이 아닌 실제로 손을 씻는 것을 말하는 표현이다.

12 (가)~(마)에 대한 설명으로 적절하지 않은 것은?

> (가) 십 수 년 전만 해도 약수터에서 물을 마시는 모습을 쉽게 볼 수 있었지만, 지금은 많은 사람들이 돈을 주고 물을 사먹는 실정이다. 이로 인해 생수 사업이 번창하고 있고, 가정에서도 깨끗한 물을 마실 수 있는 정수기가 생활 가전의 하나로 자리 잡았다.
>
> (나) 우리가 가정에서 사용하는 정수기의 대부분은 역삼투압 방식이다. 이 정수기는 삼투압 현상을 응용하여 만든 것이다. '삼투압 현상'이란 반투막을 사이에 둔 두 용액의 농도 차에 의해 저농도용액 속의 물이 고농도용액 속으로 이동하는 현상이다. 이 현상은 생물이 살아가는 데 없어서는 안 될 중요한 기능을 한다. 식물이 뿌리를 통해 물을 흡입하고, 짠 바닷물에서 물고기가 살 수 있는 이유가 여기에 있다.
>
> (다) 반면, '역삼투압 현상'이란 자연계의 '삼투압 현상'을 거꾸로 응용한 것으로 고농도용액에 삼투압 이상의 압력을 가하면 삼투압 현상과는 반대로 고농도용액 측의 물이 저농도용액 쪽으로 빠져나가는 현상이다. 역삼투압 정수기의 정수 과정은 세디멘트 필터 → 펌프 → 선(先) 카본 필터 → 멤브레인 필터 → 후(後) 카본 필터로 진행된다. 이 중 핵심은 멤브레인 필터로 표면에 아주 작은 구멍이 매우 촘촘히 뚫려 있다. 순수한 물 분자의 입자만이 이 작은 구멍을 통과하고 입자가 큰 나머지 이물질은 이 필터를 통과하지 못하고 표면을 스쳐 밖으로 배출된다.
>
> (라) 역삼투압 정수기는 멤브레인 필터를 이용해 0.0001 미크론의 미세한 구멍(사람 머리카락의 100만분의 1)을 통해 물을 거르기 때문에 유기 및 무기 오염 물질, 세균, 바이러스, 중금속을 포함한 이온 물질을 99%에 가깝게 제거하여 순수한 물을 얻을 수 있다. 그러나 정수 과정에서 역삼투압을 만들기 위한 고압의 펌프가 필요하고, 순간적으로 정수되는 물의 양이 너무 적기 때문에 일정량을 모아서 쓰기 위한 정수 저장 탱크도 반드시 있어야 한다. 그리고 필터의 막에 있는 구멍이 막히는 것을 방지하기 위해 전체 물 중 약 3분의 2 정도의 물은 거르지 않고 흘려보낸다.
>
> (마) 이런 문제점을 보완하기 위하여 최근에는 저압형 역삼투압 정수기가 개발되었다. 저압형 역삼투막은 막 표면의 구멍 크기가 기존의 역삼투막보다 크기 때문에 별도의 펌프를 설치하지 않고 사용할 수 있다. 다만, 역삼투압 정수기보다 오염물질 제거율이 다소 떨어지고 종래의 역삼투압 정수기와 같이 별도의 정수 저장 탱크도 꼭 필요하다.

① (가) : 현 실정을 제시하여 독자의 흥미를 유발하고 있다.
② (나) : 대상을 이해하기 위한 사전 정보를 제공하고 있다.
③ (다) : 대상의 작동 원리와 단계적 과정을 설명하고 있다.
④ (라) : 대상이 지닌 장점과 문제점을 제시하고 있다.
⑤ (마) : 글의 내용을 요약하고 미래를 전망하고 있다.

✔해설 ⑤ (마)는 새로운 대상을 제시하고 그 대상의 장·단점을 소개하고 있다.

13 다음 빈칸에 들어갈 말로 적절한 것은?

> 출생시의 낮은 체중이 미국에서 출산 중 또는 출산 직후의 신생아 사망률을 높이는 원인이라는 가정은 750만 건 이상의 출산에 대한 새로운 연구에 의해서 도전받고 있다. 새로운 연구는 낮은 체중이 아니라 조산이 신생아 사망률을 높이는 원인임을 시사한다. 임신 기간이 같을 경우, 미국에서 태어나는 아기들은 노르웨이에서 태어나는 아기들보다 평균 체중이 더 낮았다. 그러나 동일 임신 기간끼리 비교할 경우 미국 아기들의 사망률은 노르웨이의 아기들보다 높지 않았다. 임신 기간이 결정적 요인이라는 것은 임신 기간 중 흡연을 한 산모들과 흡연하지 않은 산모들의 경우에 체중 미달의 신생아들의 생존율을 비교하는 이전의 한 연구에 의해서 지지된다. 흡연은 나쁜 영양 상태와 마찬가지로 태아의 체중 증가를 방해하는 것으로 알려져 있다. 그러나 같은 체중의 신생아들을 비교했더니 "_____"고 보고되었다. 이 역설적인 결과를 연구자들은 다음과 같이 설명한다. 산모의 흡연은 체중 증가를 방해하지만 임신 기간을 줄이지는 않는다. 따라서 저체중 신생아들 중에서 흡연하는 산모에게서 태어나는 아기들은 임신 기간을 채운 경우가 많지만, 흡연하지 않는 산모에게서 태어나는 아기들은 조산하는 경우가 많다. 그러므로 아기들의 저체중이 아니라 조산인 비흡연 산모에게서 태어나는 저체중 신생아들이 더 높은 사망률을 보이는 이유를 설명해준다.

① 흡연하는 산모의 아기들이 흡연하지 않는 산모의 아기들보다 체중이 더 높았다.
② 흡연하지 않는 산모의 아기들이 흡연하는 산모의 아기들보다 체중이 더 높았다.
③ 흡연하는 산모의 아기들이 흡연하지 않는 산모의 아기들보다 생존율이 더 높았다.
④ 흡연하지 않는 산모의 아기들이 흡연하는 산모의 아기들보다 생존율이 더 높았다.
⑤ 흡연하지 않는 산모의 아기들과 흡연하는 산모의 아기들의 유사한 생존율을 보인다.

> ✔해설 빈칸의 내용은 흡연하는 산모와 흡연을 하지 않는 산모의 같은 체중의 아이를 비교한 결과이다. 그 결과 흡연이 아기의 체중 증가는 방해하지만 임신 기간을 줄이지는 않으며 아기들의 저체중이 아니라 조산이 신생아들의 사망률에 큰 영향을 미친다는 것을 설명해준다.

｜14~15｜ 다음은 어느 회사 약관의 일부이다. 약관을 읽고 물음에 답하시오.

제6조(보증사고)

① 보증사고라 함은 아래에 열거된 보증사고 사유 중 하나를 말합니다.
  1. 보증채권자가 전세계약기간 종료 후 1월까지 정당한 사유 없이 전세보증금을 반환받지 못하였을 때
  2. 전세계약 기간 중 전세목적물에 대하여 경매 또는 공매가 실시되어, 배당 후 보증채권자가 전세보증금을 반환받지 못하였을 때

② 제1항 제1호의 보증사고에 있어서는 전세계약기간이 갱신(묵시적 갱신을 포함합니다)되지 않은 경우에 한합니다.

제7조(보증이행 대상이 아닌 채무)

보증회사는 다음 각 호의 어느 하나에 해당하는 사유가 있는 경우에는 보증 채무를 이행하지 아니합니다.
  1. 천재지변, 전쟁, 내란 기타 이와 비슷한 사정으로 주채무자가 전세계약을 이행하지 못함으로써 발생한 채무
  2. 주채무자의 전세보증금 반환의무 지체에 따른 이자 및 지연손해금
  3. 주채무자가 실제 거주하지 않는 명목상 임차인 등 정상계약자가 아닌 자에게 부담하는 채무
  4. 보증채권자가 보증채무이행을 위한 청구서류를 제출하지 아니하거나 협력의무를 이행하지 않는 등 보증채권자의 책임 있는 사유로 발생하거나 증가된 채무 등

제9조(보증채무 이행청구시 제출서류)

① 보증채권자가 보증채무의 이행을 청구할 때에는 보증회사에 다음의 서류를 제출하여야 합니다.
  1. 보증채무이행청구서
  2. 신분증 사본
  3. 보증서 또는 그 사본(보증회사가 확인 가능한 경우에는 생략할 수 있습니다)
  4. 전세계약이 해지 또는 종료되었음을 증명하는 서류
  5. 명도확인서 또는 퇴거예정확인서
  6. 배당표 등 전세보증금 중 미수령액을 증명하는 서류(경·공매시)
  7. 회사가 요구하는 그 밖의 서류

② 보증채권자는 보증회사로부터 전세계약과 관계있는 서류사본의 교부를 요청받은 때에는 이에 응하여야 합니다.

③ 보증채권자가 제1항 내지 제2항의 서류 중 일부를 누락하여 이행을 청구한 경우 보증회사는 서면으로 기한을 정하여 서류보완을 요청할 수 있습니다.

제18조(분실·도난 등)

보증채권자는 이 보증서를 분실·도난 또는 멸실한 경우에는 즉시 보증회사에 신고하여야 합니다. 만일 신고하지 아니함으로써 일어나는 제반 사고에 대하여 보증회사는 책임을 부담하지 아니합니다.

14 이 회사의 사원 L은 약관을 읽고 질의응답에 답변을 했다. 질문에 대한 답변으로 옳지 않은 것은?

① Q : 2년 전세 계약이 만료되고 묵시적으로 계약이 연장되었는데, 이 경우도 보증사고에 해당하는 건가요?

    A : 묵시적으로 전세계약기간이 갱신된 경우에는 보증사고에 해당하지 않습니다.

② Q : 보증서를 분실하였는데 어떻게 해야 하나요?

    A : 즉시 보증회사에 신고하여야 합니다. 그렇지 않다면 제반 사고에 대하여 보증회사는 책임지지 않습니다.

③ Q : 주채무자가 전세보증금 반환의무를 지체하는 바람에 생긴 지연손해금도 보증회사에서 이행하는 건가요?

    A : 네. 주채무자의 전세보증금 반환의무 지체에 따른 이자 및 지연손해금도 보증 채무를 이행하고 있습니다.

④ Q : 보증회사에 제출해야 하는 서류는 어떤 것들이 있나요?

    A : 보증채무이행청구서, 신분증 사본, 보증서 또는 그 사본, 전세계약이 해지 또는 종료되었음을 증명하는 서류, 명도확인서 또는 퇴거예정확인서, 배당표 등 전세보증금중 미수령액을 증명하는 서류(경·공매시) 등이 있습니다.

⑤ Q : 여름 홍수로 인해서 주채무자가 전세계약을 이행하지 못하고 있습니다. 이 경우에도 보증회사가 보증 채무를 이행하는 건가요?

    A : 천재지변의 사유가 있는 경우에는 보증 채무를 이행하지 아니합니다.

✔ **해설** ③ 주채무자의 전세보증금 반환의무 지체에 따른 이자 및 지연손해금은 보증 채무를 이행하지 아니한다(제7조 제2호).

15 다음과 같은 상황이 발생하여 적용되는 약관을 찾아보려고 한다. 적용되는 약관의 조항과 그에 대한 대응방안으로 옳은 것은?

> 보증채권자인 A는 보증채무 이행을 청구하기 위하여 보증채무이행청구서, 신분증 사본, 보증서 사본, 명도확인서를 제출하였다. 이를 검토해 보던 사원 L은 A가 전세계약이 해지 또는 종료되었음을 증명하는 서류를 제출하지 않은 것을 알게 되었다. 이 때, 사원 L은 어떻게 해야 하는가?

① 제9조 제2항, 청구가 없었던 것으로 본다.

② 제9조 제2항, 기간을 정해 서류보완을 요청한다.

③ 제9조 제3항, 청구가 없었던 것으로 본다.

④ 제9조 제3항, 기간을 정해 서류보완을 요청한다.

⑤ 제9조 제3항, 처음부터 청구를 다시 하도록 한다.

✔ **해설** 보증채권자가 서류 중 일부를 누락하여 이행을 청구한 경우 보증회사는 서면으로 기한을 정하여 서류보완을 요청할 수 있다.

16 다음 글의 밑줄 친 부분을 고쳐 쓰기 위한 방안으로 적절하지 않은 것은?

> 봉사는 자발적으로 이루어지는 것이므로 원칙적으로 아무런 보상이 주어지지 않는다. ㉠ 그리고 적절한 칭찬이 주어지면 자발적 봉사자들의 경우에도 더욱 적극적으로 활동하게 된다고 한다. ㉡그러나 이러한 칭찬 대신 일정액의 보상을 제공하면 어떻게 될까? ㉢오히려 봉사자들의 동기는 약화된다고 한다. ㉣나는 여름방학 동안에 봉사활동을 많이 해 왔다. 왜냐하면 봉사에 대해 주어지는 금전적 보상은 봉사자들에게 그릇된 메시지를 전달하기 때문이다. 봉사에 보수가 주어지면 봉사자들은 다른 봉사자들도 무보수로는 일하지 않는다고 생각할 것이고 언제나 보수를 기대하게 된다. 보수를 기대하게 되면 그것은 봉사라고 하기 어렵다. ㉤즉, 자발적 봉사가 사라진 자리를 이익이 남는 거래가 차지하고 만다.

① ㉠은 앞의 문장과는 상반된 내용이므로 '하지만'으로 고쳐 쓴다.
② ㉡에서 만일의 상황을 가정하므로 '그러나'는 '만일'로 고쳐 쓴다.
③ ㉢'오히려'는 뒤 내용이 일반적 예상과는 다른 결과가 될 것임을 암시하는데, 이는 적절하므로 그대로 둔다.
④ ㉣은 글의 내용과는 관련 없는 부분이므로 삭제한다.
⑤ ㉤의 '즉'은 '예를 들면'으로 고쳐 쓴다.

✔해설 ⑤ '즉'은 옳게 쓰여진 것으로 고쳐 쓰면 안 된다.

17 다음 자료는 H전자 50주년 기념 프로모션에 대한 안내문이다. 안내문을 보고 이해한 내용으로 틀린 사람을 모두 고른 것은?

H전자 50주년 기념행사 안내

50년이라는 시간동안 저희 H전자를 사랑해주신 고객여러분들께 감사의 마음을 전하고자 아래와 같이 행사를 진행합니다. 많은 이용 부탁드립니다.

– 아래 –

1. 기간 : 20××년 12월 1일~ 12월 15일
2. 대상 : 전 구매고객
3. 내용 : 구매 제품별 혜택 상이

제품명		혜택	비고
노트북	H-100	• 15% 할인	현금결제 시 할인금액의 5% 추가 할인
	H-105	• 2년 무상 A/S • 사은품 : 노트북 파우치 or 5GB USB(택1)	
세탁기	H 휘롬	• 20% 할인 • 사은품 : 세제 세트, 고급 세탁기커버	전시상품 구매 시 할인 금액의 5% 추가 할인
TV	스마트 H TV	• 46in 구매시 LED TV 21.5in 무상 증정	
스마트폰	H-Tab20	• 10만 원 할인(H카드 사용 시) • 사은품 : 샤오밍 10000mAh 보조배터리	–
	H-V10	• 8만 원 할인(H카드 사용 시) • 사은품 : 샤오밍 5000mAh 보조배터리	–

4. 기타 : 기간 내에 H카드로 매장 방문 20만 원 이상 구매고객에게 1만 서비스 포인트를 더 드립니다.
5. 추첨행사 안내 : 매장 방문고객 모두에게 추첨권을 드립니다(1인 1매).

등수	상품
1등상(1명)	H캠-500D
2등상(10명)	샤오밍 10000mAh 보조배터리
3등상(500명)	스타베네 상품권(1만 원)

※ 추첨권 당첨자는 20××년 12월 25일 www.H-digital.co.kr에서 확인하실 수 있습니다.

ⓐ 수미 : H-100 노트북을 현금으로 사면 20%나 할인 받을 수 있구나.
ⓑ 병진 : 스마트폰 할인을 받으려면 H카드가 있어야 해.
ⓒ 지수 : 46in 스마트 H TV를 사면 같은 기종의 작은 TV를 사은품으로 준대.
ⓓ 효정 : H전자에서 할인 혜택을 받으려면 H카드나 현금만 사용해야 하나봐.

① 수미

② 병진, 지수

③ 수미, 효정

④ 수미, 병진, 효정

⑤ 수미, 지수, 효정

✔해설 ㉠ 15% 할인 후 가격에서 5%가 추가로 할인되는 것이므로 20%보다 적게 할인된다.
㉡ 위 안내문과 일치한다.
㉢ 같은 기종이 아닌 LED TV가 증정된다.
㉣ 노트북, 세탁기, TV는 따로 H카드를 사용해야 한다는 항목이 없으므로 옳지 않다.

Answer 17.⑤

18

> 저소득 계층을 위한 지원 방안으로는 대상자에게 현금을 직접 지급하는 소득보조, 생활필수품의 가격을 할인해 주는 가격보조 등이 있다.
>
> (가) 특별한 조건이 없다면 최적의 소비선택은 무차별 곡선과 예산선의 접점에서 이루어진다.
>
> (나) 또한 X재, Y재를 함께 구매했을 때, 만족도가 동일하게 나타나는 X재와 Y재 수량을 조합한 선을 무차별 곡선이라고 한다.
>
> (다) 그런데 소득보조나 가격보조가 실시되면 실질 소득의 증가로 예산선이 변하고, 이에 따라 소비자마다 만족하는 상품 조합도 변하게 된다.
>
> (라) 이 제도들을 이해하기 위해서는 먼저 대체효과와 소득효과의 개념을 아는 것이 필요하다.
>
> (마) 어떤 소비자가 X재와 Y재만을 구입한다고 할 때, 한정된 소득 범위 내에서 최대로 구입 가능한 X재와 Y재의 수량을 나타낸 선을 예산선이라고 한다.
>
> 즉 예산선과 무차별 곡선의 변화에 따라 각 소비자의 최적 선택지점도 변하는 것이다.

① (가) - (나) - (라) - (마) - (다)

② (다) - (마) - (가) - (나) - (라)

③ (라) - (마) - (나) - (가) - (다)

④ (마) - (가) - (나) - (다) - (라)

⑤ (나) - (가) - (마) - (다) - (라)

✔해설 (라) '이 제도'라는 것을 보아 앞에 제도에 대한 설명이 있음을 알 수 있다. 따라서 제시된 글의 바로 뒤에 와야 한다.

(마) (라)에서 개념을 아는 것이 필요하다고 했으므로 뒤에서 설명이 시작됨을 알 수 있다.

(나) '또한'이라는 말을 통해 (마)의 이야기에 연결된다는 것을 알 수 있다.

(가) 예산선과 무차별 곡선에 대한 이야기가 나오고, 특별한 조건이 없다면 이 둘의 접점에서 최적의 소비선택이 이루어진다고 말하고 있다.

(다) '그런데' 이후는 (가)에서 제시된 특별한 조건에 해당한다.

19

제약 산업은 1960년대 냉전 시대부터 지금까지 이윤율 1위를 계속 고수해 온 고수익 산업이다.

㈎ 또 미국은 미-싱가폴 양자 간 무역 협정을 통해 특허 기간을 20년에서 50년으로 늘렸고, 이를 다른 나라와의 무역 협정에도 적용하려 하고 있다.

㈏ 다국적 제약사를 갖고 있는 미국 등 선진국들이 지적 재산권을 적극적으로 주장하는 핵심적인 이유도 이런 독점을 이용한 이윤 창출에 있다.

㈐ 이 이윤율의 크기는 의약품 특허에 따라 결정되는데 독점적인 특허권을 바탕으로 '마음대로' 정해진 가격이 유지되고 있다.

㈑ 이를 위해 다국적 제약 회사와 해당 국가들은 지적 재산권을 제도화하고 의약품 특허를 더욱 강화하고 있다.

㈒ 제약 산업은 냉전 시대에는 군수 산업보다 높은 이윤을 창출하였고, 신자유주의 시대인 지금은 은행보다 더 높은 평균이윤율을 자랑하고 있다.

① ㈏ - ㈑ - ㈎ - ㈒ - ㈐
② ㈐ - ㈎ - ㈑ - ㈏ - ㈒
③ ㈐ - ㈑ - ㈏ - ㈎ - ㈒
④ ㈒ - ㈏ - ㈐ - ㈑ - ㈎
⑤ ㈒ - ㈐ - ㈏ - ㈑ - ㈎

✅**해설** 첫 번째 문장에 제약 산업에 관한 글이 제시되었다. 제약 산업에 관한 연결된 글로 ㈒가 적절하다. ㈒에서 제시된 평균이윤율을 ㈐에서 '이 이윤율'이라고 하여 설명하고 있으므로 ㈒ - ㈐의 순서가 된다. ㈏의 '이런 독점'이라는 단어를 통해 ㈐의 독점을 이용한 이윤 창출이라는 말과 연결된다는 것을 알 수 있다. ㈑의 '이를 위해'는 ㈏의 '이런 독점을 이용한 이윤 창출'과 연결되고, ㈎에서는 ㈑의 구체적 사례를 들고 있다.

20 다음 글을 통해 답을 찾을 수 없는 질문은?

사진은 자신의 주관대로 끌고 가야 한다. 일정한 규칙이 없는 사진 문법으로 의사소통을 하고자 할 때 필요한 것은 대상이 되는 사물의 객관적 배열이 아니라 주관적 조합이다. 어떤 사물을 어떻게 조합해서 어떤 생각이나 느낌을 나타내는가 하는 것은 작가의 주관적 판단에 의할 수밖에 없다. 다만 철저하게 주관적으로 엮어야 한다는 것만은 확실하다.

주관적으로 엮고, 사물을 조합한다고 해서 소위 '만드는 사진'처럼 합성을 하고 이중 촬영을 하라는 뜻은 아니다. 특히 요즈음 디지털 사진이 보편화되면서 포토샵을 이용한 합성이 많이 보이지만, 그런 것을 권하려는 것이 아니다. 사물을 있는 그대로 찍되, 주위 환경과 어떻게 어울리게 하여 어떤 의미로 살려 낼지를 살펴서 그들끼리 연관을 지을 줄 아는 능력을 키우라는 뜻이다.

사람들 중에는 아직도 사진이 객관적인 매체라고 오해하는 사람들이 퍽 많다. 그러나 사진의 형태만 보면 객관적일 수 있지만, 내용으로 들어가 보면 객관성은 한 올도 없다. 어떤 대상을 찍을 것인가 하는 것부터가 주관적인 선택 행위이다. 아름다움을 표현하기 위해서 꽃을 찍는 사람이 있는가 하면 꽃 위를 나는 나비를 찍는 사람도 있을 것이고 그 곁의 여인을 찍는 사람도 있을 것이다. 이처럼 어떤 대상을 택하는가 하는 것부터가 주관적인 작업이며, 이것이 사진이라는 것을 머리에 새겨 두고 사진에 임해야 한다. 특히 그 대상을 어떻게 찍을 것인가로 들어가면 이제부터는 전적으로 주관적인 행위일 수밖에 없다. 렌즈의 선택, 셔터 스피드나 조리개 값의 결정, 대상과의 거리 정하기 등 객관적으로는 전혀 찍을 수 없는 것이 사진이다. 그림이나 조각만이 주관적 예술은 아니다.

때로 객관적이고자 하는 마음으로 접근할 수도 있기는 하다. 특히 다큐멘터리 사진의 경우 상황을 객관적으로 파악, 전달하고자 하는 마음은 이해가 되지만, 어떤 사람도 완전히 객관적으로 접근할 수는 없다. 그 객관이라는 것도 그 사람 입장에서의 객관이지 절대적 객관이란 이 세상에 있을 수가 없는 것이다. 더구나 예술로서의 사진으로 접근함에 있어서야 말할 것도 없는 문제이다. 객관적이고자 하는 시도도 과거의 예술에서 있기는 했지만, 그 역시 객관적이고자 실험을 해 본 것일 뿐 객관적 예술을 이루었다는 것은 아니다.

예술이 아닌 단순 매체로서의 사진이라 해도 객관적일 수는 없다. 그 이유는 간단하다. 사진기가 저 혼자 찍으면 모를까, 찍는 사람이 있는 한 그 사람의 생각과 느낌은 어떻게든지 그 사진에 작용을 한다. 하다못해 무엇을 찍을 것인가 하는 선택부터가 주관적인 행위이다. 더구나 예술로서, 창작으로서의 사진은 주관을 배제하고는 존재조차 할 수 없다는 사실을 깊이 새겨서, 언제나 '나는 이렇게 보았다. 이렇게 생각한다. 이렇게 느꼈다.'라는 점에 충실하도록 노력해야 할 것이다.

① 사진의 주관성을 염두에 두어야 하는 까닭은 무엇인가?

② 사진으로 의사소통을 하고자 할 때 필요한 것은 무엇인가?

③ 단순 매체로서의 사진도 객관적일 수 없는 까닭은 무엇인가?

④ 사진의 객관성을 살리기 위해서는 구체적으로 어떤 작업을 해야 하는가?

⑤ 사진을 찍을 때 사물을 주관적으로 엮고 조합하라는 것은 어떤 의미인가?

✔해설 ④ 이 글에서는 사진의 주관성에 대해 설명하면서 주관적으로 사진을 찍어야 함을 강조하고 있을 뿐, 사진을 객관적으로 찍으려면 어떻게 작업해야 한다는 구체적인 정보는 나와 있지 않다.

21 다음은 주문과 다른 물건을 배송 받은 Mr. Hopkins에게 보내는 사과문이다. 순서를 바르게 나열한 것은?

Dear Mr. Hopkins

a. We will send you the correct items free of delivery charge.

b. We are very sorry to hear that you received the wrong order.

c. Once again, please accept our apologies for the inconvenience, and we look forward to serving you again in the future.

d. Thank you for your letter dated October 23 concerning your recent order.

e. Apparently, this was caused by a processing error.

① c − e − a − d − b

② d − b − e − a − c

③ b − c − a − e − d

④ e − a − b − d − c

⑤ a − e − d − b − c

✔해설 「Mr. Hopkins에게

d. 당신의 최근 주문에 관한 10월 23일의 편지 감사합니다.

b. 당신이 잘못된 주문을 받았다니 매우 유감스럽습니다.

e. 듣자 하니, 이것은 프로세싱 오류로 인해 야기되었습니다.

a. 우리는 무료배송으로 당신에게 정확한 상품을 보낼 것입니다.

c. 다시 한 번, 불편을 드린 것에 대한 저희의 사과를 받아주시길 바라오며, 장래에 다시 서비스를 제공할 수 있기를 기대합니다.」

22 다음은 안전한 스마트뱅킹을 위한 스마트폰 정보보호 이용자 6대 안전수칙이다. 다음 안전수칙에 따르지 않은 행동은?

---

1. 의심스러운 애플리케이션 다운로드하지 않기

   스마트폰용 악성코드는 위·변조된 애플리케이션에 의해 유포될 가능성이 있습니다. 따라서 의심스러운 애플리케이션의 다운로드를 자제하시기 바랍니다.

2. 신뢰할 수 없는 사이트 방문하지 않기

   의심스럽거나 알려지지 않은 사이트를 방문할 경우 정상 프로그램으로 가장한 악성 프로그램이 사용자 몰래 설치될 수 있습니다. 인터넷을 통해 단말기가 악성코드에 감염되는 것을 예방하기 위해서 신뢰할 수 없는 사이트에는 방문 하지 않도록 합니다.

3. 발신인이 불명확하거나 의심스러운 메시지 및 메일 삭제하기

   멀티미디어메세지(MMS)와 이메일은 첨부파일 기능을 제공하기 때문에 스마트폰 악성코드를 유포하기 위한 좋은 수단으로 사용되고 있습니다. 해커들은 게임이나 공짜 경품지급, 혹은 유명인의 사생활에 대한 이야기 등 자극적이거나 흥미로운 내용을 전달하여 사용자를 현혹하는 방법으로 악성코드를 유포하고 있습니다. 발신인이 불명확하거나 의심스러운 메시지 및 메일은 열어보지 마시고 즉시 삭제하시기 바랍니다.

4. 블루투스 등 무선인터페이스는 사용 시에만 켜놓기

   지금까지 국외에서 발생한 스마트폰 악성코드의 상당수가 무선인터페이스의 일종인 블루투스(Bluetooth) 기능을 통해 유포된 것으로 조사되고 있습니다. 따라서 블루투스나 무선랜을 사용하지 않을 경우에는 해당 기능을 비활성화(꺼놓음) 하는 것이 필요합니다. 이로써 악성코드 감염 가능성을 줄일 뿐만 아니라 단말기의 불필요한 배터리 소모를 막을 수 있습니다.

5. 다운로드한 파일은 바이러스 유무를 검사한 후 사용하기

   스마트폰용 악성프로그램은 인터넷을 통해 특정 프로그램이나 파일에 숨겨져 유포될 수 있으므로, 프로그램이나 파일을 다운로드하여 실행하고자 할 경우 가급적 스마트폰용 백신프로그램으로 바이러스 유무를 검사한 후 사용하는 것이 좋습니다.

6. 비밀번호 설정 기능을 이용하고 정기적으로 비밀번호 변경하기

   단말기를 분실 혹은 도난당했을 경우 개인정보가 유출되는 것을 방지하기 위하여 단말기 비밀번호를 설정하여야 합니다. 또한 단말기를 되찾은 경우라도 악의를 가진 누군가에 의해 악성코드가 설치될 수 있기 때문에 비밀번호 설정은 중요합니다. 제품출시 시 기본으로 제공되는 비밀번호(예 : "0000")를 반드시 변경하여 사용하시기 바라며, 비밀번호를 설정할 때에는 유추하기 쉬운 비밀번호(예 : "1111", "1234" 등)는 사용하지 않도록 합니다.

---

① 봉순이는 유명인 A씨에 대한 사생활 내용이 담긴 MMS를 받아서 열어보고선 삭제했다.

② 형식이는 개인정보 유출을 방지하기 위해 1개월에 한번 씩 비밀번호를 변경하고 있다.

③ 음악을 즐겨듣는 지수는 블루투스를 사용하지 않을 때에는 항상 블루투스를 꺼놓는다.

④ 평소 의심이 많은 봉기는 신뢰할 수 없는 사이트는 절대 방문하지 않는다.

⑤ 해진이는 스마트폰으로 파일을 다운로드 한 경우는 반드시 바이러스 유무를 검사한 후 사용한다.

✔해설 ① 발신인이 불명확하거나 의심스러운 메시지 및 메일은 열어보지 말고 즉시 삭제해야 한다.

23 다음 ㉠, ㉡에 들어갈 내용으로 올바르게 짝지어진 것은?

현행 「독점규제 및 공정거래에 관한 법률」(이하 "공정거래법") 집행의 큰 문제점 중의 하나는 제재는 많으나 피해기업에 대한 배상은 쉽지가 않다는 점이다. 과징금제도는 제재와 부당이득환수의 목적이 있으나 금전적으로는 부당이득을 피해자가 아닌 국가가 환수하는 구조이다. 공정거래법 위반으로 인해 피해를 입은 자가 공정거래위원회에 신고하여 가해기업에게 거액의 과징금이 부과된다 하더라도 과징금은 국고로 편입되어 버리기 때문에 피해자에 대한 배상은 별도의 민사소송을 제기하여야 한다.

그런데 민사소송은 절차가 복잡하고 시간이 많이 소요될 뿐만 아니라 미국식의 당연위법원칙, 약자에게 관대한 경향이 있는 배심원 제도, 증거개시제도(discovery) 등이 도입되어 있지 않기 때문에 경제적 약자가 경제적 강자를 상대로 소송을 제기하여 승소하는 것은 쉽지가 않다. 미국에서도 사적 집행으로서의 손해배상소송이 급증한 것은 1960년대 이후이며 1977년에 절정이었는데, 당연위법원칙이나 배심원 제도 등이 주요 원인으로 지적되고 있다. 반면 1980년대 들어서는 당연위법원칙의 후퇴, 시카고학파의 영향에 따른 경제분석 강화 등으로 손해배상소송이 (㉠)

결국, 피해자의 신고 후 공정거래위원회가 조사하여 거액의 과징금을 부과한다 하더라도 피해자는 그 결과에 만족하지 못하는 경우가 생기게 되고 그렇게 되면 공정거래절차의 효용성이 크게 (㉡) 국민의 불신이 높아질 수밖에 없다. 따라서 피해자의 실질적인 구제를 위하여서는 별도의 민사소송 제기 없이 공정거래위원회의 결정에 의해 손해배상명령을 직접 내리는 것이 효율적이라는 주장이 과거에도 간헐적으로 제기되어 왔다. 하지만 이러한 제도는 외국에서도 사례를 찾아보기 어려울 뿐만 아니라 우리나라의 법체계에 있어서도 너무나 독특한 것이기 때문에 정부 안팎에서만 논의가 되었을 뿐이다.

	㉠	㉡
①	늘어났다.	떨어지고
②	늘어났다.	올라가고
③	줄어들었다.	올라가고
④	줄어들었다.	떨어지고
⑤	유지되었다.	떨어지고

✔해설 ㉠ 미국에서 손해배상소송이 급증한 것은 당연위법원칙이나 배심원 제도 때문이었는데 1980년대 들어서 당연위법원칙이 후퇴하였으므로 손해배상소송이 줄어들었다.
㉡ 가해자에게 과징금을 부과한다 하더라도 국고로 편입되기 때문에 피해자는 만족하지 못하게 되며 공정거래절차의 효용성이 크게 떨어지고 국민의 불신이 높아진다.

24 다음 글의 핵심적인 논지를 바르게 정리한 것은?

주먹과 손바닥으로 상징되는 이항 대립 체계는 롤랑 바르트도 지적하고 있듯이 서구 문화의 뿌리를 이루고 있는 기본 체계이다. 천사와 악마, 영혼과 육신, 선과 악, 괴물을 죽여야 공주와 행복한 결혼을 한다는 이른바 세인트 조지 콤플렉스가 바로 서구 문화의 본질이었다고 할 수 있다. 그러니까 서양에는 이항 대립의 중간항인 가위가 결핍되어 있었던 것이다. 주먹과 보자기만 있는 대립항에서는 어떤 새로운 변화도 일어나지 않는다. 항상 이기는 보자기와 지는 주먹의 대립만이 존재한다.

서양에도 가위바위보와 같은 민속놀이가 있긴 하지만 그것은 동아시아에서 들어온 것이라고 한다. 그들은 이런 놀이를 들여옴으로써 서양 문화가 논리적 배중률이니 모순율이니 해서 극력 배제하려고 했던 가위의 힘, 말하자면 세 손가락은 닫혀 있고 두 손가락은 펴 있는 양쪽의 성질을 모두 갖춘 중간항을 발견하였다. 열려 있으면서도 닫혀 있는 가위의 존재, 그 때문에 이항 대립의 주먹과 보자기의 세계에 새로운 생기와 긴장감이 생겨난다. 주먹은 가위를 이기고 가위는 보자기를 이기며 보자기는 주먹을 이기는, 그 어느 것도 정상에 이를 수 없으며 그 어느 것도 밑바닥에 깔리지 않는 서열 없는 관계가 형성되는 것이다.

유교에서 말하는 중용(中庸)도 가위의 기호 체계로 보면 정태론이 아니라 강력한 동태적 생성력으로 해석될 수 있을 것이다. 그것은 단순한 균형이나 조화가 아니라 주먹과 보자기의 가치 시스템을 파괴하고 새로운 질서를 끌어내는 혁명의 원리라고도 볼 수 있다. 〈역경(易經)〉을 서양 사람들이 변화의 서(書)라고 부르듯이 중용 역시 변화를 전제로 한 균형이며 조화라는 것을 잊어서는 안 된다. 쥐구멍에도 볕들 날이 있다는 희망은 이와 같이 변화의 상황에서만 가능한 꿈이라고 할 수 있다.

요즘 서구에서 일고 있는 '제3의 길'이란 것은 평등과 자유가 이항 대립으로 치닫고 있는 것을 새로운 가위의 패러다임으로 바꾸려는 시도라고 풀이할 수 있다. 지난 냉전 체제는 바로 정치 원리인 평등을 극단적으로 추구하는 구소련의 체제와 경제 원리인 자유를 극대화한 미국 체제의 충돌이었다고 할 수 있다. 이 '바위-보'의 대립 구조에 새로운 가위가 끼어들면서 구소련은 붕괴하고 자본주의는 승리라기보다 새로운 패러다임의 전환점에 서 있게 된 것이다. 새 천년의 21세기는 새로운 게임, 즉 가위바위보의 게임으로 상징된다고도 볼 수 있다. 화식과 생식의 요리 모델밖에 모르는 서구 문화에 화식(火食)도 생식(生食)도 아닌 발효식의 한국 김치가 들어가게 되면 바로 그러한 가위 문화가 생겨나게 되는 것이다.

역사학자 홉스봄의 지적대로 20세기는 극단의 시대였다. 이런 대립적인 상황이 열전이나 냉전으로 나타나 1억 8천만 명의 전사자를 낳는 비극을 만들었다. 전쟁만이 아니라 정신과 물질의 양극화로 환경은 파괴되고 세대의 갈등과 양성의 대립은 가족의 붕괴, 윤리의 붕괴를 일으키고 있다. 원래 예술과 기술은 같은 것이었으나 그것이 양극화되어 이상과 현실의 간극처럼 되고 인간 생활의 균형을 깨뜨리고 말았다. 이런 위기에서 벗어나기 위해 우리는 주먹과 보자기의 대립을 조화시키고 융합하는 방법을 찾아야 할 것이다.

① 예술과 기술의 조화를 이룬 발전을 이루어야 한다.

② 미래의 사회는 자유와 평등을 함께 구현하여야 한다.

③ 동양 문화의 장점을 살려 새로운 문화를 창조해야 한다.

④ 이분법적인 사고에서 벗어나 새로운 발상을 하여야 한다.

⑤ 냉전 시대의 해체로 화합과 조화의 자세가 요구되고 있다.

> ✔해설 ④ 이분법적인 사고를 바탕으로 한 이항 대립의 한계(서구 문화)를 극복하고, 새로운 패러다임(중간항의 존재)으로 전환해야 한다는 논지를 전개하고 있다.

25 다음은 은행을 사칭한 대출 주의 안내문이다. 이에 대한 설명으로 옳지 않은 것은?

항상 OO은행을 이용해 주시는 고객님께 감사드립니다.

최근 OO은행을 사칭하면서 대출 협조문이 Fax로 불특정 다수에게 발송되고 있어 각별한 주의가 요망됩니다. OO은행은 절대로 Fax를 통해 대출 모집을 하지 않으니 아래의 Fax 발견시 즉시 폐기하시기 바랍니다.

아래 내용을 검토하시어 자금문제로 고민하는 대표이하 직원 여러분들에게 저의 은행의 금융정보를 공유할 수 있도록 업무협조 부탁드립니다.

수신 : 직장인 및 사업자
발신 : OO은행 여신부
여신상담전화번호 : 070-xxxx-xxxx

대상	직장인 및 개인/법인 사업자
금리	개인신용등급적용 (최저 4.8~)
연령	만 20세~만 60세
상환 방식	1년만기일시상환, 원리금균등분할상환
대출 한도	100만원~1억원
대출 기간	12개월~최장 60개월까지 설정가능
서류 안내	공통서류 - 신분증 직장인 - 재직, 소득서류 사업자 - 사업자 등록증, 소득서류

※ 기타사항
• 본 안내장의 내용은 법률 및 관련 규정 변경시 일부 변경될 수 있습니다.
• 용도에 맞지 않을 시, 연락 주시면 수신거부 처리 해드리겠습니다.

현재 OO은행을 사칭하여 문자를 보내는 불법업체가 기승입니다. OO은행에서는 본 안내장 외엔 문자를 발송치 않으니 이점 유의하시어 대처 바랍니다.

① Fax 수신문에 의하면 최대 대출 한도는 1억원까지이다.
② Fax로 수신되는 대출 협조문은 OO은행에서 보낸 것이 아니다.
③ 대출 주의 안내문은 수신거부 처리가 가능하다.
④ Fax로 수신되는 대출 협조문은 즉시 폐기하여야 한다.
⑤ OO은행에서는 대출 협조문을 문자로 발송한다.

✔ 해설 ⑤ OO은행에서는 본 안내장 외엔 문자를 발송하지 않는다.

26 다음은 고령화 시대의 노인 복지 문제라는 제목으로 글을 쓰기 위해 수집한 자료이다. 자료를 모두 종합하여 설정할 수 있는 논지 전개 방향으로 가장 적절한 것은?

㉠ 노령화 지수 추이(통계청)

연도	1990	2000	2010	2020	2030
노령화 지수	20.0	34.3	62.0	109.0	186.6

※ 노령화 지수 : 유년인구 100명당 노령인구

㉡ 경제 활동 인구 한 명당 노인 부양 부담이 크게 증가할 것으로 예상된다. 노인 인구에 대한 의료비 증가로 건강 보험 재정도 위기 상황에 처할 수 있을 것으로 보인다. 향후 노인 요양 시설 및 재가(在家) 서비스를 위해 부담해야 할 투자비용도 막대하다.

– 00월 00일 ○○뉴스 중

㉢ 연금 보험이나 의료 보험 같은 혜택도 중요하지만 우리 같은 노인이 경제적으로 독립할 수 있도록 일자리를 만들어 주는 것이 더 중요한 것 같습니다.

– 정년 퇴직자의 인터뷰 중 –

---

① 노인 인구의 증가 속도에 맞춰 노인 복지 예산 마련이 시급한 상황이다. 노인 복지 예산을 마련하기 위한 구체적 방안은 무엇인가?

② 노인 인구의 급격한 증가로 여러 가지 사회 문제가 나타날 것으로 예상된다. 이러한 상황의 심각성을 사람들에게 어떻게 인식시킬 것인가?

③ 노인 인구의 증가가 예상되면서 노인 복지 대책 또한 절실히 요구되고 있다. 이러한 상황에서 노인 복지 정책의 바람직한 방향은 무엇인가?

④ 노인 인구가 증가하면서 노인 복지 정책에 대한 노인들의 불만도 높아지고 있다. 이러한 불만을 해소하기 위해서 정부는 어떠한 노력을 해야 하는가?

⑤ 현재 정부의 노인 복지 정책이 마련되어 있기는 하지만 실질적인 복지 혜택으로 이어지지 않고 있다. 이러한 현상이 나타나게 된 근본 원인은 무엇인가?

> **✔해설** ㉠㉡을 통해 노인인구 증가에 대한 문제제기를 제기하고, ㉢을 통해 노인 복지 정책의 바람직한 방향을 금전적인 복지보다는 경제적인 독립, 즉 일자리 창출 등으로 잡아야 한다고 논지를 전개해야 한다.

27 다음은 라디오 대담의 일부이다. 대담 참여자의 말하기 방식에 대한 설명으로 적절하지 않은 것은?

> 진행자 : 청취자 여러분, 안녕하세요. 오늘은 ○○ 법률 연구소에 계신 법률 전문가를 모시고 생활 법률 상식을 배워보겠습니다. 안녕하세요?
>
> 전문가 : 네, 안녕하세요. 오늘은 '정당행위'에 대해 말씀드리고자 합니다. 먼저 여러분께 문제 하나 내 보겠습니다. 만약 스파이더맨이 도시를 파괴하려는 악당들과 싸우다 남의 건물을 부쉈다면, 부서진 건물은 누가 배상해야 할까요?
>
> 진행자 : 일반적인 경우라면 건물을 부순 사람이 보상해야겠지만, 이런 경우에 정의를 위해 악당과 싸운 스파이더맨에게 보상을 요구하는 것은 좀 지나친 것 같습니다.
>
> 전문가 : 청취자 여러분들도 이와 비슷한 생각을 하실 것 같은데요, 이런 경우에는 스파이더맨의 행위를 악당으로부터 도시를 지키기 위한 행위로 보고 민법 761조 1항에 의해 배상책임을 면할 수 있도록 하고 있습니다. 이때 스파이더맨의 행위를 '정당행위'라고 합니다.
>
> 진행자 : 아, 그러니까 악당으로부터 도시를 지키기 위해 싸운 스파이더맨의 행위가 '정당행위'이고, 정당행위로 인한 부득이한 손해는 배상할 필요가 없다는 뜻이군요.
>
> 전문가 : 네, 맞습니다. 그래야 스파이더맨의 경우처럼 불의를 보고 나섰다가 오히려 손해를 보는 일이 없겠죠.
>
> 진행자 : 그런데 문득 이런 의문이 드네요. 만약 스파이더맨에게 배상을 받을 수 없다면 건물 주인은 누구에게 배상을 받을 수 있을까요?
>
> 전문가 : 그래서 앞서 말씀드린 민법 동일 조항에서는 정당행위로 인해 손해를 입은 사람이 애초에 불법행위를 저질러 손해의 원인을 제공한 사람에게 배상을 청구할 수 있도록 하고 있습니다. 즉 건물 주인은 악당에게 손해배상을 청구할 수 있습니다.

① 진행자는 화제와 관련된 질문을 던지며 대담을 진전시키고 있다.
② 진행자는 전문가가 한 말의 핵심 내용을 재확인함으로써 청취자들의 이해를 돕고 있다.
③ 전문가는 청취자가 관심을 가질 질문을 던져 화제에 집중도를 높이고 있다.
④ 전문가는 구체적인 법률 근거를 제시하여 신뢰성을 높이고 있다.
⑤ 전문가는 추가적인 정보를 제시함으로써 진행자의 오해를 바로 잡고 있다.

> ✔ **해설** 제시문은 라디오 대담 상황으로, 진행자와 전문가의 대담을 통해 '정당행위'의 개념과 배상 책임 면제에 관한 법리를 쉽게 설명해 주고 있다. 전문가는 마지막 말에서 추가적인 정보를 제시하고 있지만 그것을 통해 진행자의 오해를 바로잡고 있는 것은 아니다.

28 문화체육관광부 홍보팀에 근무하는 김문화씨는 '탈춤'에 관한 영상물을 제작하는 프로젝트를 맡게 되었다. 제작계획서 중 다음의 제작 회의 결과가 제대로 반영되지 않은 것은?

- 제목 : 탈춤 체험의 기록임이 나타나도록 표현
- 주 대상층 : 탈춤에 무관심한 젊은 세대
- 내용 : 실제 경험을 통해 탈춤을 알아가고 가까워지는 과정을 보여 주는 동시에 탈춤에 대한 정보를 함께 제공
- 구성 : 간단한 이야기 형식으로 구성
- 전달방식 : 정보들을 다양한 방식으로 전달

〈제작계획서〉

제목		'기획 특집 – 탈춤 속으로 떠나는 10일간의 여행'	①
제작 의도		젊은 세대에게 우리 고유의 문화유산인 탈춤에 대한 관심을 불러일으킨다.	②
전체 구성	중심 얼개	• 대학생이 우리 문화 체험을 위해 탈춤이 전승되는 마을을 찾아가는 상황을 설정한다. • 탈춤을 배우기 시작하여 마지막 날에 공연으로 마무리한다는 줄거리로 구성한다.	③
	보조 얼개	탈춤에 대한 정보를 별도로 구성하여 중간 중간에 삽입한다.	
전달 방식	해설	내레이션을 통해 탈춤에 대한 학술적 이견들을 깊이 있게 제시하여 탈춤에 조예가 깊은 시청자들의 흥미를 끌도록 한다.	④
	영상 편집	• 탈에 대한 정보를 시각 자료로 제시한다. • 탈춤의 종류, 지역별 탈춤의 특성 등에 대한 그래픽 자료를 보여 준다. • 탈춤 연습 과정과 공연 장면을 현장감 있게 보여 준다.	⑤

✔해설 ④ 해당 영상물의 제작 의도는 탈춤에 무관심한 젊은 세대를 대상으로 하여 우리 고유의 문화유산인 탈춤에 대한 관심을 불러일으키기 위한 것이다. 따라서 탈춤에 대한 학술적 이견들을 깊이 있게 제시하는 것은 제작 의도와 맞지 않는다.

Answer 27.⑤ 28.④

|29~30| 다음은 어느 공항의 〈교통약자 공항이용안내〉의 일부이다. 이를 읽고 물음에 답하시오.

패스트트랙
- Fast Track을 이용하려면 교통약자(보행장애인, 7세 미만 유소아, 80세 이상 고령자, 임산부, 동반여객 2인 포함)는 본인이 이용하는 항공사의 체크인카운터에서 이용대상자임을 확인 받고 'Fast Track Pass'를 받아 Fast Track 전용출국장인 출국장 1번, 6번 출국장입구에서 여권과 함께 제시하면 됩니다.
- 인천공항 동편 전용출국통로(Fast Track, 1번 출국장), 오전7시 ~ 오후7시까지 운영 중이며, 운영상의 미비점을 보완하여 정식운영(동·서편, 전 시간 개장)을 개시할 예정에 있습니다.

휠체어 및 유모차 대여
공항 내 모든 안내데스크에서 휠체어 및 유모차를 필요로 하는 분께 무료로 대여하여 드리고 있습니다.

장애인 전용 화장실
- 여객터미널 내 화장실마다 최소 1실의 장애인 전용화장실이 있습니다.
- 장애인분들의 이용 편의를 위하여 넓은 출입구와 내부공간, 버튼식자동문, 비상벨, 센서작동 물내림 시설을 설치하였으며 항상 깨끗하게 관리하여 편안한 공간이 될 수 있도록 하고 있습니다.

주차대행 서비스
- 공항에서 허가된 주차대행 서비스(유료)를 이용하시면 보다 편리하고 안전하게 차량을 주차하실 수 있습니다.
- 경차, 장애인, 국가유공자의 경우 할인된 금액으로 서비스를 이용하실 수 있습니다.

장애인 주차 요금 할인
주차장 출구의 유인부스를 이용하는 장애인 차량은 장애인증을 확인 후 일반주차요금의 50%를 할인하여 드리고 있습니다.

휠체어 리프트 서비스
- 장기주차장에서 여객터미널까지의 이동이 불편한 장애인, 노약자 등 교통약자의 이용 편의 증진을 위해 무료 이동 서비스를 제공하여 드리고 있습니다.
- 여객터미널↔장기주차장, 여객터미널↔화물터미널행의 모든 셔틀버스에 휠체어 탑승리프트를 설치, 편안하고 안전하게 모시고 있습니다.

29 다음 교통약자를 위한 서비스 중 무료로 이용할 수 있는 서비스만으로 묶인 것은?

① 주차대행 서비스, 장애인 전용 화장실 이용

② 장애인 차량 주차, 휠체어 및 유모차 대여

③ 휠체어 및 유모차 대여, 휠체어 리프트 서비스

④ 휠체어 및 유모차 대여, 주차대행 서비스

⑤ 장애인 차량 주차, 휠체어 리프트 서비스

> ✔해설 ①④ 주차대행 서비스가 유료이다.
> ②⑤ 장애인 차량은 장애인증 확인 후 일반주차요금의 50%가 할인된다.

30 Fast Track 이용 가능한 교통약자가 아닌 사람은?

① 80세 고령자　　　　　　　② 임산부

③ 보행장애인　　　　　　　　④ 8세 아동

⑤ 6세 유아

> ✔해설 Fast Track 이용 가능한 교통약자는 보행장애인, 7세 미만 유소아, 80세 이상 고령자, 임산부, 동반여객 2인
> 이다.

Chapter 02 수리능력

1 직장생활과 수리능력

(1) 기초직업능력으로서의 수리능력

① 개념 … 직장생활에서 요구되는 사칙연산과 기초적인 통계를 이해하고 도표의 의미를 파악하거나 도표를 이용해서 결과를 효과적으로 제시하는 능력을 말한다.

② 수리능력은 크게 기초연산능력, 기초통계능력, 도표분석능력, 도표작성능력으로 구성된다.
  - ㉠ **기초연산능력**: 직장생활에서 필요한 기초적인 사칙연산과 계산방법을 이해하고 활용할 수 있는 능력
  - ㉡ **기초통계능력**: 평균, 합계, 빈도 등 직장생활에서 자주 사용되는 기초적인 통계기법을 활용하여 자료의 특성과 경향성을 파악하는 능력
  - ㉢ **도표분석능력**: 그래프, 그림 등 도표의 의미를 파악하고 필요한 정보를 해석하는 능력
  - ㉣ **도표작성능력**: 도표를 이용하여 결과를 효과적으로 제시하는 능력

(2) 업무수행에서 수리능력이 활용되는 경우

① 업무상 계산을 수행하고 결과를 정리하는 경우

② 업무비용을 측정하는 경우

③ 고객과 소비자의 정보를 조사하고 결과를 종합하는 경우

④ 조직의 예산안을 작성하는 경우

⑤ 업무수행 경비를 제시해야 하는 경우

⑥ 다른 상품과 가격비교를 하는 경우

⑦ 연간 상품 판매실적을 제시하는 경우

⑧ 업무비용을 다른 조직과 비교해야 하는 경우

⑨ 상품판매를 위한 지역조사를 실시해야 하는 경우

⑩ 업무수행과정에서 도표로 주어진 자료를 해석하는 경우

⑪ 도표로 제시된 업무비용을 측정하는 경우

예제 1

다음 자료를 보고 주어진 상황에 대한 물음에 답하시오.

〈근로소득에 대한 간이 세액표〉

월 급여액(천 원) [비과세 및 학자금 제외]		공제대상 가족 수				
이상	미만	1	2	3	4	5
2,500	2,520	38,960	29,280	16,940	13,570	10,190
2,520	2,540	40,670	29,960	17,360	13,990	10,610
2,540	2,560	42,380	30,640	17,790	14,410	11,040
2,560	2,580	44,090	31,330	18,210	14,840	11,460
2,580	2,600	45,800	32,680	18,640	15,260	11,890
2,600	2,620	47,520	34,390	19,240	15,680	12,310
2,620	2,640	49,230	36,100	19,900	16,110	12,730
2,640	2,660	50,940	37,810	20,560	16,530	13,160
2,660	2,680	52,650	39,530	21,220	16,960	13,580
2,680	2,700	54,360	41,240	21,880	17,380	14,010
2,700	2,720	56,070	42,950	22,540	17,800	14,430
2,720	2,740	57,780	44,660	23,200	18,230	14,850
2,740	2,760	59,500	46,370	23,860	18,650	15,280

※ 갑근세는 제시되어 있는 간이 세액표에 따름
※ 주민세＝갑근세의 10%
※ 국민연금＝급여액의 4.50%
※ 고용보험＝국민연금의 10%
※ 건강보험＝급여액의 2.90%
※ 교육지원금＝분기별 100,000원(매 분기별 첫 달에 지급)

박○○ 사원의 5월 급여내역이 다음과 같고 전월과 동일하게 근무하였으나, 특별수당은 없고 차량지원금으로 100,000원을 받게 된다면, 6월에 받게 되는 급여는 얼마인가? (단, 원 단위 절삭)

(주) 서원플랜테크 5월 급여내역			
성명	박○○	지급일	5월 12일
기본급여	2,240,000	갑근세	39,530
직무수당	400,000	주민세	3,950
명절 상여금		고용보험	11,970
특별수당	20,000	국민연금	119,700
차량지원금		건강보험	77,140
교육지원		기타	
급여계	2,660,000	공제합계	252,290
		지급총액	2,407,710

① 2,443,910
② 2,453,910
③ 2,463,910
④ 2,473,910

출제의도

업무상 계산을 수행하거나 결과를 정리하고 업무비용을 측정하는 능력을 평가하기 위한 문제로서, 주어진 자료에서 문제를 해결하는 데에 필요한 부분을 빠르고 정확하게 찾아내는 것이 중요하다.

해 설

기본급여	2,240,000	갑근세	46,370
직무수당	400,000	주민세	4,630
명절상여금		고용보험	12,330
특별수당		국민연금	123,300
차량지원금	100,000	건강보험	79,460
교육지원		기타	
급여계	2,740,000	공제합계	266,090
		지급총액	2,473,910

답 ④

(3) 수리능력의 중요성

① 수학적 사고를 통한 문제해결

② 직업세계의 변화에의 적응

③ 실용적 가치의 구현

(4) 단위환산표

구분	단위환산
길이	1cm = 10mm, 1m = 100cm, 1km = 1,000m
넓이	1cm² = 100mm², 1m² = 10,000cm², 1km² = 1,000,000m²
부피	1cm³ = 1,000mm³, 1m³ = 1,000,000cm³, 1km³ = 1,000,000,000m³
들이	1ml = 1cm³, 1dl = 100cm³, 1L = 1,000cm³ = 10dl
무게	1kg = 1,000g, 1t = 1,000kg = 1,000,000g
시간	1분 = 60초, 1시간 = 60분 = 3,600초
할푼리	1푼 = 0.1할, 1리 = 0.01할, 1모 = 0.001할

예제 2

둘레의 길이가 4.4km인 정사각형 모양의 공원이 있다. 이 공원의 넓이는 몇 a인가?

① 12,100a

② 1,210a

③ 121a

④ 12.1a

출제의도

길이, 넓이, 부피, 들이, 무게, 시간, 속도 등 단위에 대한 기본적인 환산 능력을 평가하는 문제로서, 소수점 계산이 필요하며, 자릿수를 읽고 구분할 줄 알아야 한다.

해 설

공원의 한 변의 길이는

$4.4 \div 4 = 1.1(\text{km})$이고

$1\text{km}^2 = 10,000a$이므로

공원의 넓이는

$1.1\text{km} \times 1.1\text{km} = 1.21km^2$

$= 12,100a$

답 ①

2 수리능력을 구성하는 하위능력

(1) 기초연산능력

① 사칙연산 … 수에 관한 덧셈, 뺄셈, 곱셈, 나눗셈의 네 종류의 계산법으로 업무를 원활하게 수행하기 위해서는 기본적인 사칙연산뿐만 아니라 다단계의 복잡한 사칙연산까지도 수행할 수 있어야 한다.

② 검산 … 연산의 결과를 확인하는 과정으로 대표적인 검산방법으로 역연산과 구거법이 있다.
  - ㉠ 역연산 : 덧셈은 뺄셈으로, 뺄셈은 덧셈으로, 곱셈은 나눗셈으로, 나눗셈은 곱셈으로 확인하는 방법이다.
  - ㉡ 구거법 : 원래의 수와 각 자리 수의 합이 9로 나눈 나머지가 같다는 원리를 이용한 것으로 9를 버리고 남은 수로 계산하는 것이다.

예제 3

다음 식을 바르게 계산한 것은?

$$1 + \frac{2}{3} + \frac{1}{2} - \frac{3}{4}$$

① $\dfrac{13}{12}$　　　　　　　② $\dfrac{15}{12}$

③ $\dfrac{17}{12}$　　　　　　　④ $\dfrac{19}{12}$

출제의도

직장생활에서 필요한 기초적인 사칙연산과 계산방법을 이해하고 활용할 수 있는 능력을 평가하는 문제로서, 분수의 계산과 통분에 대한 기본적인 이해가 필요하다.

해 설

$$\frac{12}{12} + \frac{8}{12} + \frac{6}{12} - \frac{9}{12} = \frac{17}{12}$$

답 ③

---

(2) 기초통계능력

① 업무수행과 통계
  - ㉠ 통계의 의미 : 통계란 집단현상에 대한 구체적인 양적 기술을 반영하는 숫자이다.
  - ㉡ 업무수행에 통계를 활용함으로써 얻을 수 있는 이점
    - 많은 수량적 자료를 처리가능하고 쉽게 이해할 수 있는 형태로 축소
    - 표본을 통해 연구대상 집단의 특성을 유추
    - 의사결정의 보조수단
    - 관찰 가능한 자료를 통해 논리적으로 결론을 추출·검증

ⓒ 기본적인 통계치

- 빈도와 빈도분포 : 빈도란 어떤 사건이 일어나거나 증상이 나타나는 정도를 의미하며, 빈도분포란 빈도를 표나 그래프로 종합적으로 표시하는 것이다.
- 평균 : 모든 사례의 수치를 합한 후 총 사례 수로 나눈 값이다.
- 백분율 : 전체의 수량을 100으로 하여 생각하는 수량이 그중 몇이 되는가를 퍼센트로 나타낸 것이다.

② 통계기법

㉠ 범위와 평균

- 범위 : 분포의 흩어진 정도를 가장 간단히 알아보는 방법으로 최곳값에서 최젓값을 뺀 값을 의미한다.
- 평균 : 집단의 특성을 요약하기 위해 가장 자주 활용하는 값으로 모든 사례의 수치를 합한 후 총 사례 수로 나눈 값이다.
- 관찰값이 1, 3, 5, 7, 9일 경우 범위는 $9 - 1 = 8$이 되고, 평균은 $\dfrac{1+3+5+7+9}{5} = 5$가 된다.

㉡ 분산과 표준편차

- 분산 : 관찰값의 흩어진 정도로, 각 관찰값과 평균값의 차의 제곱의 평균이다.
- 표준편차 : 평균으로부터 얼마나 떨어져 있는가를 나타내는 개념으로 분산값의 제곱근 값이다.
- 관찰값이 1, 2, 3이고 평균이 2인 집단의 분산은 $\dfrac{(1-2)^2 + (2-2)^2 + (3-2)^2}{3} = \dfrac{2}{3}$이고 표준편차는 분산값의 제곱근 값인 $\sqrt{\dfrac{2}{3}}$이다.

③ 통계자료의 해석

㉠ 다섯숫자요약

- 최솟값 : 원자료 중 값의 크기가 가장 작은 값
- 최댓값 : 원자료 중 값의 크기가 가장 큰 값
- 중앙값 : 최솟값부터 최댓값까지 크기에 의하여 배열했을 때 중앙에 위치하는 사례의 값
- 하위 25%값 · 상위 25%값 : 원자료를 크기 순으로 배열하여 4등분한 값

㉡ 평균값과 중앙값 : 평균값과 중앙값은 그 개념이 다르기 때문에 명확하게 제시해야 한다.

인터넷 쇼핑몰에서 회원가입을 하고 디지털캠코더를 구매하려고 한다. 다음은 구입하고자 하는 모델에 대하여 인터넷 쇼핑몰 세 곳의 가격과 조건을 제시한 표이다. 표에 있는 모든 혜택을 적용하였을 때 디지털캠코더의 배송비를 포함한 실제 구매가격을 바르게 비교한 것은?

구분	A 쇼핑몰	B 쇼핑몰	C 쇼핑몰
정상가격	129,000원	131,000원	130,000원
회원혜택	7,000원 할인	3,500원 할인	7% 할인
할인쿠폰	5% 쿠폰	3% 쿠폰	5,000원
중복할인여부	불가	가능	불가
배송비	2,000원	무료	2,500원

① A<B<C
② B<C<A
③ C<A<B
④ C<B<A

출제의도

직장생활에서 자주 사용되는 기초적인 통계기법을 활용하여 자료의 특성과 경향성을 파악하는 능력이 요구되는 문제이다.

해 설

㉠ A 쇼핑몰
• 회원혜택을 선택한 경우 : 129,000 − 7,000 + 2,000 = 124,000(원)
• 5% 할인쿠폰을 선택한 경우 : 129,000 × 0.95 + 2,000 = 124,550
㉡ B 쇼핑몰 : 131,000 × 0.97 − 3,500 = 123,570
㉢ C 쇼핑몰
• 회원혜택을 선택한 경우 : 130,000 × 0.93 + 2,500 = 123,400
• 5,000원 할인쿠폰을 선택한 경우 : 130,000 − 5,000 + 2,500 = 127,500
∴ C<B<A

답 ④

(3) 도표분석능력

① 도표의 종류
   ㉠ 목적별 : 관리(계획 및 통제), 해설(분석), 보고
   ㉡ 용도별 : 경과 그래프, 내역 그래프, 비교 그래프, 분포 그래프, 상관 그래프, 계산 그래프
   ㉢ 형상별 : 선 그래프, 막대 그래프, 원 그래프, 점 그래프, 층별 그래프, 레이더 차트

② 도표의 활용

③ 선 그래프

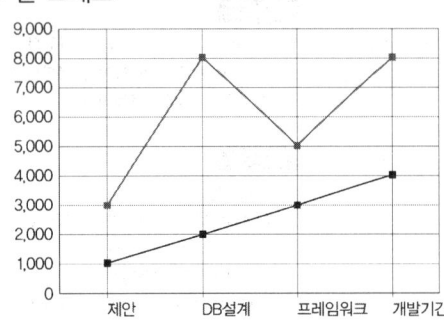

- 주로 시간의 경과에 따라 수량에 의한 변화 상황(시계열 변화)을 절선의 기울기로 나타내는 그래프이다.
- 경과, 비교, 분포를 비롯하여 상관관계 등을 나타낼 때 쓰인다.

ⓒ 막대 그래프

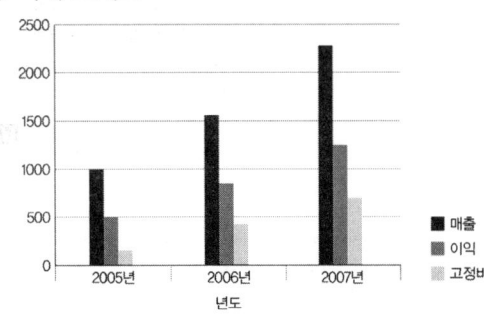

- 비교하고자 하는 수량을 막대 길이로 표시하고 그 길이를 통해 수량 간의 대소관계를 나타내는 그래프이다.
- 내역, 비교, 경과, 도수 등을 표시하는 용도로 쓰인다.

ⓒ 원 그래프

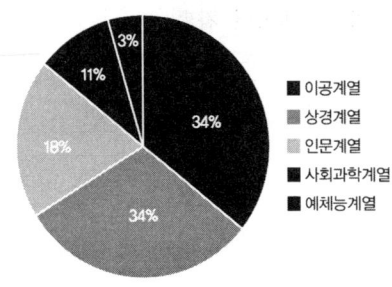

- 내역이나 내용의 구성비를 원을 분할하여 나타낸 그래프이다.
- 전체에 대해 부분이 차지하는 비율을 표시하는 용도로 쓰인다.

ⓔ 점 그래프

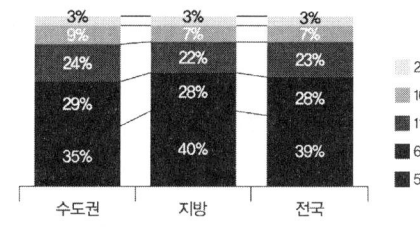

- 종축과 횡축에 2요소를 두고 보고자 하는 것이 어떤 위치에 있는가를 나타내는 그래프이다.
- 지역분포를 비롯하여 도시, 지방, 기업, 상품 등의 평가나 위치·성격을 표시하는데 쓰인다.

ⓜ 층별 그래프

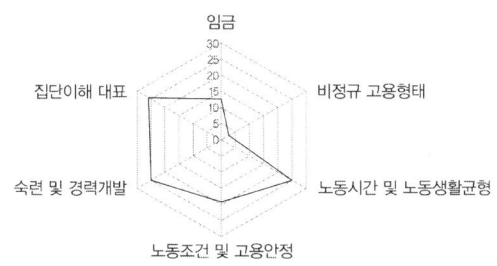

- 선 그래프의 변형으로 연속내역 봉 그래프라고 할 수 있다. 선과 선 사이의 크기로 데이터 변화를 나타낸다.
- 합계와 부분의 크기를 백분율로 나타내고 시간적 변화를 보고자 할 때나 합계와 각 부분의 크기를 실수로 나타내고 시간적 변화를 보고자 할 때 쓰인다.

ⓗ 레이더 차트(거미줄 그래프)

- 원 그래프의 일종으로 비교하는 수량을 직경, 또는 반경으로 나누어 원의 중심에서의 거리에 따라 각 수량의 관계를 나타내는 그래프이다.
- 비교하거나 경과를 나타내는 용도로 쓰인다.

③ 도표 해석상의 유의사항

　　㉠ 요구되는 지식의 수준을 넓힌다.

　　㉡ 도표에 제시된 자료의 의미를 정확히 숙지한다.

　　㉢ 도표로부터 알 수 있는 것과 없는 것을 구별한다.

　　㉣ 총량의 증가와 비율의 증가를 구분한다.

　　㉤ 백분위수와 사분위수를 정확히 이해하고 있어야 한다.

예제 5

다음 표는 2024 ~ 2025년 지역별 직장인들의 자기개발에 관해 조사한 내용을 정리한 것이다. 이에 대한 분석으로 옳은 것은?

(단위 : %)

연도 지역 구분	2024				2025			
	자기개발 하고 있음	자기개발 비용 부담 주체			자기개발 하고 있음	자기개발 비용 부담 주체		
		직장 100%	본인 100%	직장50%+ 본인50%		직장 100%	본인 100%	직장50%+ 본인50%
충청도	36.8	8.5	88.5	3.1	45.9	9.0	65.5	24.5
제주도	57.4	8.3	89.1	2.9	68.5	7.9	68.3	23.8
경기도	58.2	12	86.3	2.6	71.0	7.5	74.0	18.5
서울시	60.6	13.4	84.2	2.4	72.7	11.0	73.7	15.3
경상도	40.5	10.7	86.1	3.2	51.0	13.6	74.9	11.6

① 2024년과 2025년 모두 자기개발 비용을 본인이 100% 부담하는 사람의 수는 응답자의 절반 이상이다.

② 자기개발을 하고 있다고 응답한 사람의 수는 2024년과 2025년 모두 서울시가 가장 많다.

③ 자기개발 비용을 직장과 본인이 각각 절반씩 부담하는 사람의 비율은 2024년과 2025년 모두 서울시가 가장 높다.

④ 2024년과 2025년 모두 자기개발을 하고 있다고 응답한 비율이 가장 높은 지역에서 자기개발비용을 직장이 100% 부담한다고 응답한 사람의 비율이 가장 높다.

출제의도

그래프, 그림, 도표 등 주어진 자료를 이해하고 의미를 파악하여 필요한 정보를 해석하는 능력을 평가하는 문제이다.

해　설

② 지역별 인원수가 제시되어 있지 않으므로, 각 지역별 응답자 수는 알 수 없다.

③ 2024년에는 경상도에서, 2025에는 충청도에서 가장 높은 비율을 보인다.

④ 2024년과 2025년 모두 '자기 개발을 하고 있다'고 응답한 비율이 가장 높은 지역은 서울시이며, 2020년의 경우 자기개발 비용을 직장이 100% 부담한다고 응답한 사람의 비율이 가장 높은 지역은 경상도이다.

답 ①

(4) 도표작성능력

① 도표작성 절차
  ㉠ 어떠한 도표로 작성할 것인지를 결정
  ㉡ 가로축과 세로축에 나타낼 것을 결정
  ㉢ 한 눈금의 크기를 결정
  ㉣ 자료의 내용을 가로축과 세로축이 만나는 곳에 표현
  ㉤ 표현한 점들을 선분으로 연결
  ㉥ 도표의 제목을 표기

② 도표작성 시 유의사항
  ㉠ 선 그래프 작성 시 유의점
    • 세로축에 수량, 가로축에 명칭구분을 제시한다.
    • 선의 높이에 따라 수치를 파악하는 경우가 많으므로 세로축의 눈금을 가로축보다 크게 하는 것이 효과적이다.
    • 선이 두 종류 이상일 경우 반드시 그 명칭을 기입한다.
  ㉡ 막대 그래프 작성 시 유의점
    • 막대 수가 많을 경우에는 눈금선을 기입하는 것이 알아보기 쉽다.
    • 막대의 폭은 모두 같게 하여야 한다.
  ㉢ 원 그래프 작성 시 유의점
    • 정각 12시의 선을 기점으로 오른쪽으로 그리는 것이 보통이다.
    • 분할선은 구성비율이 큰 순서로 그린다.
  ㉣ 층별 그래프 작성 시 유의점
    • 눈금은 선 그래프나 막대 그래프보다 적게 하고 눈금선은 넣지 않는다.
    • 층별로 색이나 모양이 완전히 다른 것이어야 한다.
    • 같은 항목은 옆에 있는 층과 선으로 연결하여 보기 쉽도록 한다.

출제예상문제

1 다음은 가구당 순자산 보유액 구간별 가구 분포에 관련된 표이다. 이 표를 바탕으로 이해한 내용으로 가장 적절한 것은?

〈가구당 순자산 보유액 구간별 가구 분포〉

(단위 : %, %p)

순자산(억 원)	가구분포		
	2024년	2025년	전년차(비)
-1 미만	0.2	0.2	0.0
-1~0 미만	2.6	2.7	0.1
0~1 미만	31.9	31.2	-0.7
1~2 미만	19.1	18.5	-0.6
2~3 미만	13.8	13.5	-0.3
3~4 미만	9.5	9.4	-0.1
4~5 미만	6.3	6.8	0.5
5~6 미만	4.4	4.6	0.2
6~7 미만	3.0	3.2	0.2
7~8 미만	2.0	2.2	0.2
8~9 미만	1.5	1.5	0.0
9~10 미만	1.2	1.2	0.0
10 이상	4.5	5.0	0.5
평균(만 원)	29,918	31,142	4.1
중앙값(만 원)	17,740	18,525	4.4

① 순자산 보유액이 많은 가구보다 적은 가구의 2025년 비중이 전년보다 더 증가하였다.

② 순자산이 많은 가구의 소득은 2024년 대비 2025년에 더 감소하였다.

③ 소수의 사람들이 많은 순자산을 가지고 있다.

④ 2025년의 순자산 보유액이 3억 원 미만인 가구는 전체의 50%가 조금 안 된다.

⑤ 1억 원 미만의 순자산을 보유한 가구의 비중은 2025년에 전혀 줄지 않았다.

✅**해설** 2025년을 기준으로 볼 때, 중앙값이 1억 8,525만 원이며, 평균이 3억 1,142만 원임을 알 수 있다. 중앙값이 평균값에 비해 매우 적다는 것은 소수의 사람들에게 순자산 보유액이 집중되어 있다는 것을 의미한다고 볼 수 있다.

① 순자산 보유액 구간의 중간인 '4~5' 미만 기준으로 구분해 보면, 상대적으로 순자산 보유액이 많은 가구가 적은 가구보다 2025년 비중이 전년보다 더 증가하였다.

② 주어진 표로 가구의 소득은 알 수 없다.

④ 전체의 66.1%를 차지한다.

⑤ 2024년 34.7%에서 2025년 34.1%로 0.6%p 줄었다.

2 다음은 신재생 에너지 및 절약 분야 사업 현황이다. '신재생 에너지' 분야의 사업별 평균 지원액이 '절약' 분야의 사업별 평균 지원액의 5배 이상이 되기 위한 사업 수의 최대 격차는? (단, '신재생 에너지' 분야의 사업 수는 '절약' 분야의 사업 수보다 큼)

(단위 : 억 원, %, 개)

구분	신재생 에너지	절약	합
지원금(비율)	3,500(85.4)	600(14.6)	4,100(100.0)
사업 수	( )	( )	600

① 44개 　　　　　　　　　② 46개

③ 48개 　　　　　　　　　④ 54개

⑤ 56개

✅**해설** '신재생 에너지' 분야의 사업 수를 x, '절약' 분야의 사업 수를 y라고 하면

$x + y = 600$ ······ ㉠

$\dfrac{3,500}{x} \geq 5 \times \dfrac{600}{y}$ → (양 변에 xy 곱함) → $3,500y \geq 3,000x$ ······ ㉡

㉠, ㉡을 연립하여 풀면 $y \geq 276.92 \cdots$

따라서 '신재생 에너지' 분야의 사업별 평균 지원액이 '절약' 분야의 사업별 평균 지원액의 5배 이상이 되기 위한 사업 수의 최대 격차는 '신재생 에너지' 분야의 사업 수가 323개, '절약' 분야의 사업 수가 277개일 때로 46개이다.

3 다음은 A시의 연도별·혼인종류별 건수와 관련된 자료이다. 빈 칸 ㉠, ㉡에 들어갈 알맞은 수치는 얼마인가?

〈A시의 연도별·혼인종류별 건수〉

(단위 : 건)

구분		2016	2017	2018	2019	2020	2021	2022	2023	2024	2025
남자	초혼	279	270	253	274	278	274	272	257	253	㉠
	재혼	56	58	52	53	47	55	48	47	45	㉡
여자	초혼	275	266	248	269	270	272	267	255	249	231
	재혼	60	62	57	58	55	57	53	49	49	49

(단위 : 건)

구분	2016	2017	2018	2019	2020	2021	2022	2023	2024	2025
남(초) + 여(초)	260	250	235	255	260	255	255	241	( )	( )
남(재) + 여(초)	15	16	13	14	10	17	12	14	( )	( )
남(초) + 여(재)	19	20	18	19	18	19	17	16	( )	( )
남(재) + 여(재)	41	42	39	39	37	38	36	33	( )	( )

※ 초 : 초혼, 재 : 재혼

구분	2024년의 2016대비 증감 수	2023~2025년의 연평균 건수
남(초) + 여(초)	-22	233
남(재) + 여(초)	-4	12
남(초) + 여(재)	-4	16
남(재) + 여(재)	-7	33

① 237, 53

② 240, 55

③ 237, 43

④ 240, 43

⑤ 237, 55

✔해설 주어진 자료를 근거로 괄호 안의 숫자를 채우면 다음과 같다.

구분	2024년	2025년
남(초) + 여(초)	$260 - 22 = 238$	$(241 + 238 + x) \div 3 = 233,\ x = 220$
남(재) + 여(초)	$15 - 4 = 11$	$(14 + 11 + x) \div 3 = 12,\ x = 11$
남(초) + 여(재)	$19 - 4 = 15$	$(16 + 15 + x) \div 3 = 16,\ x = 17$
남(재) + 여(재)	$41 - 7 = 34$	$(33 + 34 + x) \div 3 = 33,\ x = 32$

따라서 ㉠은 초혼 남자이므로 '남(초) + 여(초)'인 220명과 '남(초) + 여(재)'인 17명의 합인 237명이 되며, ㉡은 재혼 남자이므로 '남(재) + 여(초)'인 11명과 '남(재) + 여(재)'인 32명의 합인 43명이 된다.

4 다음은 A사가 추진하는 과제의 전공별 연구책임자 현황에 대한 자료이다. 다음 설명 중 옳지 않은 것을 고르면?

(단위 : 명, %)

전공 \ 연구책임자	남자		여자	
	연구책임자 수	비율	연구책임자 수	비율
이학	2,833	14.8	701	30.0
공학	11,680	61.0	463	19.8
농학	1,300	6.8	153	6.5
의학	1,148	6.0	400	17.1
인문사회	1,869	9.8	544	23.3
기타	304	1.6	78	3.3
계	19,134	100.0	2,339	100.0

① 전체 연구책임자 중 공학전공의 연구책임자가 차지하는 비율이 50%를 넘는다.
② 전체 연구책임자 중 의학전공의 여자 연구책임자가 차지하는 비율은 1.9%이다.
③ 전체 연구책임자 중 인문사회전공의 연구책임자가 차지하는 비율은 12%를 넘는다.
④ 전체 연구책임자 중 농학전공의 남자 연구책임자가 차지하는 비율은 6%를 넘는다.
⑤ 전체 연구책임자 중 이학전공의 연구책임자가 차지하는 비율은 16%를 넘는다.

✔해설 ③ $\dfrac{1,869 + 544}{19,134 + 2,339} \times 100 ≒ 11.23$이므로 12%를 넘지 않는다.

Answer 3.③ 4.③

5 다음은 P사의 계열사 중 철강과 지원 분야에 관한 자료이다. 다음을 이용하여 A, B, C 중 두 번째로 큰 값은? (단, 지점은 역할에 따라 실, 연구소, 공장, 섹션, 사무소 등으로 구분되며, 하나의 지점은 1천 명의 직원으로 조직된다.)

구분	그룹사	편제	직원 수(명)
철강	PO강판	1지점	1,000
	PONC	2지점	2,000
지원	PO메이트	실 10지점, 공장 A지점	( )
	PO터미날	실 5지점, 공장 B지점	( )
	PO기술투자	실 7지점, 공장 C지점	( )
	PO휴먼스	공장 6지점, 연구소 1지점	( )
	PO인재창조원	섹션 1지점, 사무소 1지점	2,000
	PO경영연구원	1지점	1,000
계		45지점	45,000

• PO터미날과 PO휴먼스의 직원 수는 같다.
• PO메이트의 공장 수는 PO휴먼스의 공장 수의 절반이다.
• PO메이트의 공장 수와 PO터미날의 공장 수를 합하면 PO기술투자의 공장 수와 같다.

① 3   ② 4
③ 5   ④ 6
⑤ 7

 해설 • 총 45지점이므로 $A+B+C=10$
• PO터미날과 PO휴먼스의 직원 수가 같으므로 $5+B=6+1$, ∴ $B=2$
• PO메이트의 공장 수는 PO휴먼스의 공장 수의 절반이므로 ∴ $A=6 \times \frac{1}{2}=3$
• PO메이트의 공장 수와 PO터미날의 공장 수를 합하면 PO기술투자의 공장 수와 같으므로 $A+B=C$, ∴ $C=5$
따라서 $A=3$, $B=2$, $C=5$이므로 두 번째로 큰 값은 $3(A)$이다.

6 다음은 사무용 물품의 조달단가와 구매 효용성을 나타낸 것이다. 20억 원 이내에서 구매예산을 집행한다고 할 때, 정량적 기대효과 총합의 최댓값은?

(단, 각 물품은 구매하지 않거나, 1개만 구매 가능하며 구매효용성 $= \dfrac{\text{정량적 기대효과}}{\text{조달단가}}$ 이다.)

구분＼물품	A	B	C	D	E	F	G	H
조달단가(억 원)	3	4	5	6	7	8	10	16
구매 효용성	1	0.5	1.8	2.5	1	1.75	1.9	2

① 35
② 36
③ 37
④ 38
⑤ 39

 해설

구분＼물품	A	B	C	D	E	F	G	H
조달단가(억 원)	3	4	5	6	7	8	10	16
구매 효용성	1	0.5	1.8	2.5	1	1.75	1.9	2
정량적 기대효과	3	2	9	15	7	14	19	32

따라서 20억 원 이내에서 구매예산을 집행한다고 할 때, 정량적 기대효과 총합이 최댓값이 되는 조합은 C, D, F로 9 + 15 + 14 = 38이다.

7 다음 자료에 대한 설명으로 올바른 것은?

〈한우 연도별 등급 비율〉

(단위 : %, 두)

연도	육질 등급					합계	한우등급 판정두수
	1++	1+	1	2	3		
2019	7.5	19.5	27.0	25.2	19.9	99.1	588,003
2020	8.6	20.5	27.6	24.7	17.9	99.3	643,930
2021	9.7	22.7	30.7	25.2	11.0	99.3	602,016
2022	9.2	22.6	30.6	25.5	11.6	99.5	718,256
2023	9.3	20.2	28.6	27.3	14.1	99.5	842,771
2024	9.2	21.0	31.0	27.1	11.2	99.5	959,751
2025	9.3	22.6	32.8	25.4	8.8	98.9	839,161

① 1++ 등급으로 판정된 한우의 두수는 2021년이 2022년보다 더 많다.

② 1등급 이상이 60%를 넘은 해는 모두 3개년이다.

③ 3등급 판정을 받은 한우의 두수는 2021년이 가장 적다.

④ 전년보다 1++ 등급의 비율이 더 많아진 해에는 3등급의 비율이 매번 더 적어졌다.

⑤ 1++ 등급의 비율이 가장 낮은 해는 3등급의 비율이 가장 높은 해이며, 반대로 1++ 등급의 비율이 가장 높은 해는 3등급의 비율이 가장 낮다.

✔ 해설 ③ 3등급 판정을 받은 한우의 비율은 2025년이 가장 낮지만, 비율을 통해 한우등급 판정두수를 계산해 보면 2021년의 두수가 602,016×0.11=약 66,222두로, 2025년의 839,161× 0.088=약 73,846두보다 더 적음을 알 수 있다.

① 1++ 등급으로 판정된 한우의 수는 2021년이 602,016×0.097=약 58,396두이며, 2022년이 718,256×0.092= 약 66,080두이다.

② 1등급 이상이 60%를 넘은 해는 2021, 2022, 2024, 2025년으로 4개년이다.

④ 2022년에서 2023년으로 넘어가면서 1++등급은 0.1%p 비율이 더 많아졌으며, 3등급의 비율도 2.5%p 더 많아졌다.

⑤ 1++ 등급의 비율이 가장 낮은 2019년에는 3등급의 비율이 가장 높았지만, 반대로 1++ 등급의 비율이 가장 높은 2021년에는 3등급의 비율도 11%로 2025년보다 더 높아 가장 낮지 않았다.

8 다음은 최근 5년간 혼인형태별 평균연령에 관한 자료이다. A~E에 들어갈 값으로 옳지 않은 것은? (단, 남성의 나이는 여성의 나이보다 항상 많다)

(단위 : 세)

연도	평균 초혼연령			평균 이혼연령			평균 재혼연령		
	여성	남성	남녀차	여성	남성	남녀차	여성	남성	남녀차
2021	24.8	27.8	3.0	C	36.8	4.1	34.0	38.9	4.9
2022	25.4	28.4	A	34.6	38.4	3.8	35.6	40.4	4.8
2023	26.5	29.3	2.8	36.6	40.1	3.5	37.5	42.1	4.6
2024	27.0	B	2.8	37.1	40.6	3.5	37.9	E	4.3
2025	27.3	30.1	2.8	37.9	41.3	D	38.3	42.8	4.5

① A − 3.0
② B − 29.8
③ C − 32.7
④ D − 3.4
⑤ E − 42.3

✔해설 ⑤ E에 들어갈 값은 37.9 + 4.3 = 42.2이다.

9 다음은 2023~2025년도의 지방자치단체 재정력지수에 대한 자료이다. 매년 지방자치단체의 기준재정수입액이 기준재정수요액에 미치지 않는 경우, 중앙정부는 그 부족분만큼의 지방교부세를 당해년도에 지급한다고 할 때, 3년간 지방교부세를 지원받은 적이 없는 지방자치단체는 모두 몇 곳인가?

(재정력지수 $= \dfrac{\text{기준재정수입액}}{\text{기준재정수요액}}$)

연도 지방 자치단체	2023	2024	2025	평균
서울	1.106	1.088	1.010	1.068
부산	0.942	0.922	0.878	0.914
대구	0.896	0.860	0.810	0.855
인천	1.105	0.984	1.011	1.033
광주	0.772	0.737	0.681	0.730
대전	0.874	0.873	0.867	0.871
울산	0.843	0.837	0.832	0.837
경기	1.004	1.065	1.032	1.034
강원	0.417	0.407	0.458	0.427
충북	0.462	0.446	0.492	0.467
충남	0.581	0.693	0.675	0.650
전북	0.379	0.391	0.408	0.393
전남	0.319	0.330	0.320	0.323
경북	0.424	0.440	0.433	0.432
경남	0.653	0.642	0.664	0.653

① 0곳
② 1곳
③ 2곳
④ 3곳
⑤ 5곳

✔해설 재정력지수가 1 이상이면 지방교부세를 지원받지 않는다. 따라서 3년간 지방교부세를 지원받은 적이 없는 지방자치단체는 서울, 경기 두 곳이다.

10 다음은 푸르미네의 에너지 사용량과 연료별 탄소배출량 및 수종(樹種)별 탄소흡수량을 나타낸 것이다. 푸르미네 가족의 월간 탄소배출량과 나무의 월간 탄소흡수량을 같게 하기 위한 나무의 올바른 조합을 고르면?

■ 푸르미네의 에너지 사용량

연료	사용량
전기	420kWh/월
상수도	40㎥/월
주방용 도시가스	60㎥/월
자동차 가솔린	160ℓ/월

■ 연료별 탄소배출량

연료	탄소배출량
전기	0.1kg/kWh
상수도	0.2kg/㎥
주방용 도시가스	0.3kg/㎥
자동차 가솔린	0.5kg/ℓ

■ 수종별 탄소흡수량

수종	탄소흡수량
소나무	14kg/그루·월
벗나무	6kg/그루·월

① 소나무 4그루와 벗나무 12그루

② 소나무 6그루와 벗나무 9그루

③ 소나무 7그루와 벗나무 10그루

④ 소나무 8그루와 벗나무 6그루

⑤ 소나무 9그루와 벗나무 4그루

✔ 해설 ·푸르미네 가족의 월간 탄소배출량은

$(420 \times 0.1) + (40 \times 0.2) + (60 \times 0.3) + (160 \times 0.5) = 42 + 8 + 18 + 80 = 148$kg이다.

·소나무 8그루와 벗나무 6그루를 심을 경우 흡수할 수 있는 탄소흡수량은

$(14 \times 8) + (6 \times 6) = 112 + 36 = 148$kg/그루·월로 푸르미네 가족의 월간 탄소배출량과 같다.

11 다음은 2025년 인구 상위 10개국과 2055년 예상 인구 상위 10개국에 대한 자료이다. 이에 대한 설명 중 옳지 않은 것을 고르면?

(단위 : 백만 명)

구분 순위	2025년		2055년(예상)	
	국가	인구	국가	인구
1	중국	1,311	인도	1,628
2	인도	1,122	중국	1,437
3	미국	299	미국	420
4	인도네시아	225	나이지리아	299
5	브라질	187	파키스탄	295
6	파키스탄	166	인도네시아	285
7	방글라데시	147	브라질	260
8	러시아	146	방글라데시	231
9	나이지리아	135	콩고	196
10	콩고	128	러시아	145

① 2025년 대비 2055년 콩고의 인구는 50% 이상 증가할 것으로 예상된다.
② 2025년 대비 2055년 러시아의 인구는 감소할 것으로 예상된다.
③ 2025년 대비 2055년 인도의 인구 증가율은 중국의 인구 증가율보다 낮을 것으로 예상된다.
④ 2025년 대비 2055년 미국의 인구 증가율은 중국의 인구 증가율보다 높을 것으로 예상된다.
⑤ 2025년 대비 2055년 나이지리아의 인구는 두 배 이상이 될 것으로 예상된다.

✔해설 ③ 2025년 대비 2055년 인도의 인구 증가율 $= \dfrac{1,628 - 1,122}{1,122} \times 100 ≒ 45.1\%$

2025년 대비 2055년 중국의 인구 증가율 $= \dfrac{1,437 - 1,311}{1,311} \times 100 ≒ 9.6\%$

① 2025년 대비 2055년 콩고의 인구 증가율 $= \dfrac{196 - 128}{128} \times 100 = 53.125\%$

② 2025년 러시아의 인구는 146(백만 명), 2055년 러시아의 인구는 145(백만 명)

④ 2025년 대비 2055년 미국의 인구 증가율 $= \dfrac{420 - 299}{299} \times 100 ≒ 40.5\%$

2025년 대비 2055년 중국의 인구 증가율 $= \dfrac{1,437 - 1,311}{1,311} \times 100 ≒ 9.6\%$

⑤ 2025년 나이지리아의 인구는 135(백만 명), 2055년 나이지리아의 인구는 299(백만 명)

12 다음은 A~E 5대의 자동차별 속성과 연료 종류별 가격에 관한 자료이다. 60km를 운행하는 데에 연료비가 가장 많이 드는 자동차는?

■ 자동차별 속성

자동차 \ 특성	사용연료	최고시속(km/h)	연비(km/l)	연료탱크용량(l)
A	휘발유	200	10	60
B	LPG	160	8	60
C	경유	150	12	50
D	휘발유	180	20	45
E	경유	200	8	50

■ 연료 종류별 가격

연료 종류	리터당 가격(원/l)
휘발유	1,700
LPG	1,000
경유	1,500

① A
② B
③ C
④ D
⑤ E

✔해설 60km를 운행할 때 연료비는
① A의 연료비 : 60/10 × 1,700 = 10,200원
② B의 연료비 : 60/8 × 1,000 = 7,500원
③ C의 연료비 : 60/12 × 1,500 = 7,500원
④ D의 연료비 : 60/20 × 1,700 = 5,100원
⑤ E의 연료비 : 60/8 × 1,500 = 11,250원

13 다음은 '갑' 지역의 연도별 65세 기준 인구의 분포를 나타낸 자료이다. 이에 대한 올바른 해석은 어느 것인가?

구분	인구 수(명)		
	계	65세 미만	65세 이상
2018년	66,557	51,919	14,638
2019년	68,270	53,281	14,989
2020년	150,437	135,130	15,307
2021년	243,023	227,639	15,384
2022년	325,244	310,175	15,069
2023년	465,354	450,293	15,061
2024년	573,176	557,906	15,270
2025년	659,619	644,247	15,372

① 65세 미만 인구수는 조금씩 감소하였다.

② 전체 인구수는 매년 지속적으로 증가하였다.

③ 65세 이상 인구수는 매년 지속적으로 증가하였다.

④ 65세 이상 인구수는 매년 전체의 5% 이상이다.

⑤ 전년 대비 65세 이상 인구수가 가장 많이 변화한 3개 연도는 2019년, 2020년, 2024년이다.

✔ 해설 ② 전체 인구수는 전년보다 동일하거나 감소하지 않고 매년 꾸준히 증가한 것을 알 수 있다.
① 65세 미만 인구수 역시 매년 꾸준히 증가하였다.
③ 2022년과 2023년에는 전년보다 감소하였다.
④ 2022년 이후부터는 5% 미만 수준을 계속 유지하고 있다.
⑤ 증가나 감소가 아닌 변화 전체를 묻고 있으므로 2019년(+351명), 2020년(+318명), 그리고 2022년(-315명)이 된다.

14 다음은 산업재산권 유지를 위한 등록료에 관한 자료이다. 다음 중 권리 유지비용이 가장 많이 드는 것은? (단, 특허권, 실용신안권의 기본료는 청구범위의 항 수와는 무관하게 부과되는 비용으로 청구범위가 1항인 경우 기본료와 1항에 대한 가산료가 부과된다)

(단위 : 원)

권리 \ 구분	설정등록료(1~3년분)		연차등록료			
			4~6년차	7~9년차	10~12년차	13~15년차
특허권	기본료	81,000	매년 60,000	매년 120,000	매년 240,000	매년 480,000
	가산료 (청구범위의 1항마다)	54,000	매년 25,000	매년 43,000	매년 55,000	매년 68,000
실용 신안권	가산료	60,000	매년 40,000	매년 80,000	매년 160,000	매년 320,000
	가산료 (청구범위의 1항마다)	15,000	매년 10,000	매년 15,000	매년 20,000	매년 25,000
디자인권	75,000		매년 35,000	매년 70,000	매년 140,000	매년 280,000
상표권	211,000 (10년분)		10년 연장 시 256,000			

① 청구범위가 3항인 특허권에 대한 3년간의 권리 유지
② 청구범위가 1항인 특허권에 대한 4년간의 권리 유지
③ 청구범위가 3항인 실용신안권에 대한 5년간의 권리 유지
④ 한 개의 디자인권에 대한 7년간의 권리 유지
⑤ 한 개의 상표권에 대한 10년간의 권리 유지

 해설 ④ 75,000 + (35,000 × 3) + 70,000 = 250,000원
① 81,000 + (54,000 × 3) = 243,000원
② 81,000 + 54,000 + 25,000 = 160,000원
③ 60,000 + (15,000 × 3) + (10,000 × 2) = 125,000원
⑤ 211,000원

▮15~16▮ 다음 표는 성, 연령집단 및 교육수준별 삶의 만족도에 관한 표이다. 다음 표를 보고 물음에 답하시오.

(단위 : %)

		2015	2018	2021	2023	2024	2025
전체	전체	20.4	28.9	20.9	24.1	33.3	34.1
	만족도 점수	4.7	4.8	4.6	4.9	5.4	5.5
성별	남자	21	29.4	22.3	24.4	33.6	34.6
	여자	19.9	28.5	19.5	23.9	33	33.6
연령집단	20세 미만	25.5	35.9	23.8	36.1	47.8	48
	20 ~ 29세	22.9	31.1	23	26.1	36.1	38.9
	30 ~ 39세	23.1	33	24.1	26.1	36.4	39.6
	40 ~ 49세	18.8	28.1	22.5	25.7	34.2	36
	50 ~ 59세	16.4	24.3	19.4	21.1	28.5	27.5
	60세 이상	16.3	22.9	13.6	14.5	23.6	22.1
교육수준	초졸 이하	14.6	21	10.7	16.2	25.8	24.7
	중졸	17.1	25.7	17.1	22.1	31.1	28.8
	고졸	19	26.5	17.7	20.8	30.4	29.9
	대졸 이상	29.6	39.4	31.6	33	41.5	45.4

* 만족도 : "귀하의 생활을 전반적으로 고려할 때 현재 삶에 어느 정도 만족하십니까?"라는 질문에 대하여 "매우 만족"과 "약간 만족'
'의 응답비율을 합한 것

* 만족도점수 : "매우 만족"에 10점, "약간 만족"에 7.5점, "보통"에 5점, "약간 불만족"에 2.5점, "매우 불만족"에 0점을 부여하여 산
출한 응답 평균 점수

15 위의 표에 대한 설명으로 옳지 않은 것은?

① 대체로 교육수준이 높을수록 삶의 만족도가 높다.

② 대체로 연령이 낮을수록 삶의 만족도가 높다.

③ 20세 미만의 경우 2025년에는 거의 과반수가 "매우 만족" 또는 "약간 만족"이라고 응답했다.

④ 전체집단의 삶의 만족도는 점점 증가하고 있다.

⑤ 만족도 점수를 보았을 때 전체집단의 평균적인 삶의 만족도는 보통 수준이다.

✔해설 ④ 전체집단의 삶의 만족도는 2021년에 감소했다.

16 2024년 응답 대상자 중 여자가 24,965(천 명)이라고 한다면, 2024년 응답 대상자 중 질문에 대하여 "매우 만족"과 "약간 만족"에 응답한 여자는 총 몇 명인가?

① 8,238,440명

② 8,238,450명

③ 8,238,460명

④ 8,238,470명

⑤ 8,238,480명

✔해설 $24,965,000 \times 0.33 = 8,238,450$

17~18 다음 표는 가구 월평균 교통비 지출액 및 지출율에 관한 표이다. 다음 표를 보고 물음에 답하시오.

(단위 : 천 원, %)

		2020	2021	2022	2023	2024	2025
월평균 교통비 (천 원)	전체	271	295	302	308	334	322
	개인교통비	215	238	242	247	271	258
	대중교통비	56	57	60	61	63	63
교통비 지출율 (%)	전체	11.9	12.3	12.3	12.4	13.1	12.5
	개인교통비	9.4	9.9	9.8	10	10.6	10.1
	대중교통비	2.4	2.4	2.4	2.4	2.5	2.5

* 교통비 지출율 : 가구 월평균 소비지출 중 교통비가 차지하는 비율
* 개인교통비 : 자동차 구입비, 기타 운송기구(오토바이, 자전거 등) 구입비, 운송기구 유지 및 수리비(부품 및 관련용품, 유지 및 수리비), 운송기구 연료비, 기타 개인교통서비스(운전교습비, 주차료, 통행료, 기타 개인교통) 등 포함
* 대중교통비 : 철도운송비, 육상운송비, 기타운송비(항공, 교통카드 이용, 기타 여객운송) 등 포함

17 위의 표에 대한 설명으로 옳은 것은?

① 2020년 월평균 교통비에서 개인교통비는 80% 이상을 차지한다.
② 2021년 월평균 교통비에서 대중교통비는 20% 이상을 차지한다.
③ 2022년 월평균 교통비에서 개인교통비는 80% 이상을 차지한다.
④ 전체 월평균 교통비는 해마다 증가한다.
⑤ 개인 월평균 교통비는 해마다 증가한다.

 해설 ③ 242÷302×100=80.13
① 215÷271×100=79.33
② 57÷295×100=19.32
④ 2025년에는 전체 월평균 교통비가 감소했다.
⑤ 2025년에는 개인 월평균 교통비가 감소했다.

18 2025년의 가구 월평균 소비지출은 얼마인가?

① 2,572,000원
② 2,573,000원
③ 2,574,000원
④ 2,575,000원
⑤ 2,576,000원

해설 가구 월평균 소비지출 중 교통비가 차지하는 비율이 교통비 지출율이므로 이를 이용해서 2025년 가구 월평균 소비지출을 구할 수 있다.

2025년 가구 월평균 소비지출 = $\frac{322,000}{0.125}$ = 2,576,000원

19 다음은 OECD 가입 국가별 공공도서관을 비교한 표이다. 다음 중 바르게 설명한 것을 고르면?

국명	인구수	도서관수	1관당 인구수	장서수	1인당 장서수	기준년도
한국	49,268,928	607	81,168	54,450,217	1.11	2025
미국	299,394,900	9,198	31,253	896,786,000	3.1	2023
영국	59,855,742	4,549	13,158	107,654,000	1.8	2023
일본	127,998,984	3,111	41,144	356,710,000	2.8	2024
프랑스	60,798,563	4,319	14,077	152,159,000	2.51	2023
독일	82,505,220	10,339	7,980	125,080,000	1.5	2023

ⓒ 2025년 우리나라 공공도서관 수는 607개관으로 8만 1천명 당 1개관 수준으로 국제 간 비교 도서관 수와 이용자 서비스의 수준이 떨어진다.

ⓒ 우리나라의 1관당 인구수가 미국 대비 약 2.5배, 일본 대비 약 2배로 도서관 수가 OECD 선진국 대비 현저히 부족하다.

ⓒ 우리나라의 도서관수는 현재 미국이나, 일본의 2분의 1 수준이나 영국 등과는 비슷한 수준이다.

※ 단, 수치는 백의 자리에서 버림, 소수 둘째자리에서 반올림한다.

① ㉠, ㉢
② ㉠, ㉡
③ ㉡, ㉢
④ ㉡, ㉣
⑤ ㉢, ㉣

✔ **해설** ㉢ 미국이나 일본의 2분의 1 수준에도 미치지 못한다.

20 다음 제시된 〈도표〉는 외국인 직접투자의 '투자건수 비율'과 '투자금액 비율'을 투자규모에 따라 정리한 자료이다. 이에 대한 설명으로 옳은 것을 고르면?

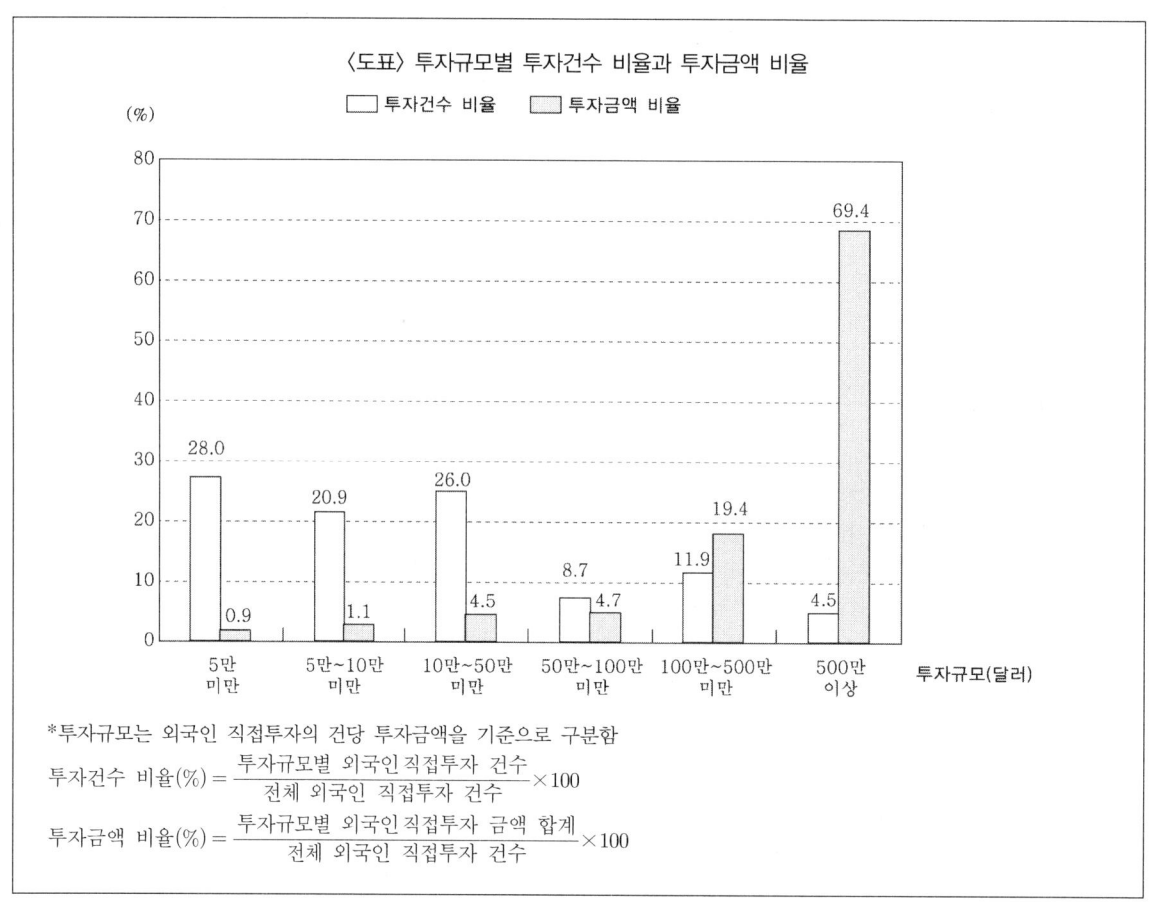

〈도표〉 투자규모별 투자건수 비율과 투자금액 비율

*투자규모는 외국인 직접투자의 건당 투자금액을 기준으로 구분함

$$투자건수\ 비율(\%) = \frac{투자규모별\ 외국인\ 직접투자\ 건수}{전체\ 외국인\ 직접투자\ 건수} \times 100$$

$$투자금액\ 비율(\%) = \frac{투자규모별\ 외국인\ 직접투자\ 금액\ 합계}{전체\ 외국인\ 직접투자\ 건수} \times 100$$

① 투자규모가 50만 달러 미만인 투자건수 비율은 75% 이상이다.

② 투자규모가 100만 달러 이상인 투자금액 비율은 85% 이하이다.

③ 투자규모가 100만 달러 이상인 투자건수는 5만 달러 미만의 투자건수보다 적다.

④ 투자규모가 100만 달러 이상인 투자건수는 전체 외국인 직접 투자건수의 25% 이상이다.

⑤ 투자규모가 100만 달러 이상 500만 달러 미만인 투자금액 비율은 50만 달러 미만의 투자금액 비율보다 적다.

✅**해설** ③ 100만 달러 이상의 투자건수 비율은 16.4%(= 11.9 + 4.5), 5만 달러 미만의 투자건수 비율 28%보다 적다.

① 투자규모가 50만 달러 미만인 투자건수 비율은 74.9%(= 28 + 20.9 + 26)이다.

② 투자규모가 100만 달러 이상인 투자금액 비율은 88.8%(= 19.4 + 69.4)이다.

④ 100만 달러 이상의 투자건수 비율은 16.4%(= 11.9 + 4.5)이다.

⑤ 100만 달러 이상 500만 달러 미만인 투자금액 비율은 19.4%이고, 50만 달러 미만의 투자금액 비율은 6.5%(= 0.9 + 1.1 + 4.5)이다.

21 두 사건 A, B에 대하여 $P(A \cup B) = \dfrac{2}{3} P(A) = \dfrac{2}{5} P(B)$일 때, $\dfrac{P(A \cup B)}{P(A \cap B)}$의 값은? (단, $P(A \cap B) \neq 0$이다.)

① 3

② $\dfrac{7}{2}$

③ 4

④ $\dfrac{9}{2}$

⑤ 5

✅**해설** $P(A \cap B) = \dfrac{2}{3} P(A) = \dfrac{2}{5} P(B)$에서

$P(A) = \dfrac{3}{2} P(A \cap B)$, $P(B) = \dfrac{5}{2} P(A \cap B)$이므로

$P(A \cup B) = P(A) + P(B) - P(A \cap B)$

$= \dfrac{3}{2} P(A \cap B) + \dfrac{5}{2} P(A \cap B) - P(A \cap B)$

$= 3P(A \cap B)$

$\therefore \dfrac{P(A \cup B)}{P(A \cap B)} = \dfrac{3P(A \cap B)}{P(A \cap B)} = 3$

Answer 20.③ 21.①

22 은행에서 10명이 업무를 하면 60시간이 걸린다. 24시간 안에 일을 끝내고 싶다면 최소 몇 명이 더 필요한가?

① 6명

② 9명

③ 12명

④ 15명

⑤ 18명

 해설 전체 작업량을 1이라 하면, 10명이서 60시간 동안 일을 완성하므로 시간당 작업량은 $\frac{1}{60}$ 이다.

10명이므로 1인당 작업량은 시간당 $\frac{1}{600}$ 이다.

x명이 24시간 동안 일을 하면

$\frac{1}{600} \times x \times 24 = 1$

$\therefore x = 25$

지금보다 15명 이상이 많아야 한다.

23 일의 자리의 숫자가 8인 두 자리의 자연수에서 십의 자리와 일의 자리의 숫자를 바꾸면 원래의 수의 2배보다 26만큼 크다. 이 자연수는?

① 28

② 38

③ 48

④ 58

⑤ 68

 해설 십의 자리 수를 x라 하면

$2(10x + 8) + 26 = 80 + x$

$19x = 38$

$x = 2$

따라서 자연수는 28이다.

24 두 사건 A, B에 대하여 $\mathrm{P}(A \cap B) = \dfrac{1}{8}$, $\mathrm{P}(B^C | A) = 2\mathrm{P}(B | A)$일 때, $\mathrm{P}(A)$의 값은? (단, B^C는 B의 여사건이다.)

① $\dfrac{5}{12}$ ② $\dfrac{3}{8}$

③ $\dfrac{1}{3}$ ④ $\dfrac{7}{24}$

⑤ $\dfrac{1}{4}$

✔ **해설** $\mathrm{P}(B|A) + \mathrm{P}(B^C|A) = 1$이므로

$3\mathrm{P}(B|A) = 1$ ∴ $\mathrm{P}(B|A) = \dfrac{1}{3}$

$\mathrm{P}(B|A) = \dfrac{\mathrm{P}(A \cap B)}{\mathrm{P}(A)}$ 이므로 $\mathrm{P}(A) = \dfrac{\mathrm{P}(A \cap B)}{\mathrm{P}(B|A)} = \dfrac{\frac{1}{8}}{\frac{1}{3}} = \dfrac{3}{8}$

---

25 상인이 우산을 팔려고 한다. 우산 원가의 30%의 이익을 붙여서 정가를 매겼는데, 정가에서 1,000원을 할인해서 팔았더니 원가에 대해 10%이 이익이 생겼다면 처음에 매긴 정가는 얼마인가?

① 5,000원   ② 5,500원
③ 6,000원   ④ 6,500원
⑤ 7,000원

✔ **해설**   원가를 x라 하면

$1.3x - 1,000 = 1.1x$

$0.2x = 1,000$

∴ $x = 5,000$원

원가가 5,000원이므로 처음에 매긴 정가는 $1.3 \times 5,000 = 6,500$원

26 철수는 2026년 1월 말부터 매달 말에 20만 원씩 적금을 넣기로 하였다. 월이율 2%의 복리로 계산할 때, 2027년 12월 말에 철수가 모은 금액은? (단, $1.02^{12} = 1.3$으로 계산한다)

① 300만 원

② 690만 원

③ 790만 원

④ 850만 원

⑤ 900만 원

✅해설 월 납입액을 a, 월이율을 r, 납입 월수를 n이라고 하고 철수가 2027년 12월 말까지 모은 금액 M_n을 등비급수로 계산하면

$$M_n = \frac{a(r^n - 1)}{r - 1} = \frac{20(1.02^{24} - 1)}{1.02 - 1} = \frac{20(1.3^2 - 1)}{0.02}$$

∴ 철수가 2027년 12월 말까지 모은 금액은 690만 원이다.

27 어떤 상품을 40% 이상의 이익이 남게 정가를 정한 후 결국 할인을 30%해서 9,800원으로 판매하였다. 원가는 얼마인가?

① 9,200원

② 9,400원

③ 9,600원

④ 9,800원

⑤ 10,000원

✅해설 원가를 x라 하면,

$x \times (1 + 0.4) \times (1 - 0.3) = 9800$

$0.98x = 9800$

$x = 10,000$원

28 어떤 마을의 총인구는 150명이다. 어른과 어린이의 비율이 2 : 1이고, 남자어린이와 여자어린이의 비율이 2 : 3이면 남자어린이의 수는?

① 15명

② 20명

③ 25명

④ 30명

⑤ 35명

✅해설 어른과 어린이의 비율이 각각 $\frac{2}{3}$, $\frac{1}{3}$이므로, 어린아이의 수는 $150 \times \frac{1}{3} = 50$(명)이다.

남자어린이와 여자어린이의 비율이 각각 $\frac{2}{5}$, $\frac{3}{5}$이므로, 남자어린이의 수는 $50 \times \frac{2}{5} = 20$(명)이다.

29 원가가 150원의 상품을 200개 사들이고 4할 이익이 남게 정가를 정하여 판매하였지만 그 중 50개가 남았다. 팔다 남은 상품을 정가의 2할 할인으로 전부 팔았다면 이익의 총액은 얼마인가?

① 9,900원   ② 10,000원

③ 11,000원   ④ 11,200원

⑤ 13,000원

✔ **해설** 판매가의 이익은 $150 \times 0.4 = 60$이고, 150개 판매했으므로
$60 \times 150 = 9,000$(원)이다.
판매가에서 2할 할인가격은 $150(1+0.4)(1-0.2) = 168$(원)
원가와의 차익은 $168 - 150 = 18$(원)
나머지 판매에서 얻은 이익은 $18 \times 50 = 900$(원)
∴ 총 이익은 $9,000 + 900 = 9,900$(원)

30 상자 속에 검사하지 않은 제품 30개가 있다. 이 상자에서 2개의 제품을 임의로 선택하여 한 개씩 검사할 때, 두 개 모두 합격품이면 30개 모두 합격품인 것으로 인정한다. 30개의 제품 중 불량품이 6개 들어 있을 때, 이들 30개의 제품이 합격품으로 인정받을 확률은?

① $\dfrac{83}{135}$ ② $\dfrac{91}{135}$

③ $\dfrac{87}{145}$ ④ $\dfrac{82}{145}$

⑤ $\dfrac{92}{145}$

✔ **해설** • 30개의 제품이 합격품으로 인정받으려면 24개의 합격품 중 2개를 뽑아야 한다.

• 상자에서 처음 꺼낸 제품이 합격품이 나올 확률은 $\dfrac{24}{30} = \dfrac{4}{5}$, 두 번째 제품이 합격품일 확률은 $\dfrac{23}{29}$ 이다.

∴ $\dfrac{4}{5} \times \dfrac{23}{29} = \dfrac{92}{145}$

Chapter 03 문제해결능력

1 문제와 문제해결

(1) 문제의 정의와 분류

① 정의 … 문제란 업무를 수행함에 있어서 답을 요구하는 질문이나 의논하여 해결해야 되는 사항이다.

② 문제의 분류

구분	창의적 문제	분석적 문제
문제제시 방법	현재 문제가 없더라도 보다 나은 방법을 찾기 위한 문제 탐구→문제 자체가 명확하지 않음	현재의 문제점이나 미래의 문제로 예견될 것에 대한 문제 탐구→문제 자체가 명확함
해결방법	창의력에 의한 많은 아이디어의 작성을 통해 해결	분석, 논리, 귀납과 같은 논리적 방법을 통해 해결
해답 수	해답의 수가 많으며, 많은 답 가운데 보다 나은 것을 선택	답의 수가 적으며 한정되어 있음
주요특징	주관적, 직관적, 감각적, 정성적, 개별적, 특수성	객관적, 논리적, 정량적, 이성적, 일반적, 공통성

(2) 업무수행과정에서 발생하는 문제 유형

① **발생형 문제(보이는 문제)** … 현재 직면하여 해결하기 위해 고민하는 문제이다. 원인이 내재되어 있기 때문에 원인지향적인 문제라고도 한다.
  ㉠ **일탈문제** : 어떤 기준을 일탈함으로써 생기는 문제
  ㉡ **미달문제** : 어떤 기준에 미달하여 생기는 문제

② **탐색형 문제(찾는 문제)** … 현재의 상황을 개선하거나 효율을 높이기 위한 문제이다. 방치할 경우 큰 손실이 따르거나 해결할 수 없는 문제로 나타나게 된다.
  ㉠ **잠재문제** : 문제가 잠재되어 있어 인식하지 못하다가 확대되어 해결이 어려운 문제
  ㉡ **예측문제** : 현재로는 문제가 없으나 현 상태의 진행 상황을 예측하여 찾아야 앞으로 일어날 수 있는 문제가 보이는 문제
  ㉢ **발견문제** : 현재로서는 담당 업무에 문제가 없으나 선진기업의 업무 방법 등 보다 좋은 제도나 기법을 발견하여 개선시킬 수 있는 문제

③ 설정형 문제(미래 문제) … 장래의 경영전략을 생각하는 것으로 앞으로 어떻게 할 것인가 하는 문제이다. 문제해결에 창조적인 노력이 요구되어 창조적 문제라고도 한다.

예제 1

D회사 신입사원으로 입사한 귀하는 신입사원 교육에서 업무수행과정에서 발생하는 문제 유형 중 설정형 문제를 하나씩 찾아오라는 지시를 받았다. 이에 대해 귀하는 교육받은 내용을 다시 복습하려고 한다. 설정형 문제에 해당하는 것은?

① 현재 직면하여 해결하기 위해 고민하는 문제
② 현재의 상황을 개선하거나 효율을 높이기 위한 문제
③ 앞으로 어떻게 할 것인가 하는 문제
④ 원인이 내재되어 있는 원인지향적인 문제

출제의도

업무수행 중 문제가 발생하였을 때 문제 유형을 구분하는 능력을 측정하는 문항이다.

해설

업무수행과정에서 발생하는 문제 유형으로는 발생형 문제, 탐색형 문제, 설정형 문제가 있으며 ①④는 발생형 문제이며 ②는 탐색형 문제, ③이 설정형 문제이다.

답 ③

---

(3) 문제해결

① 정의 … 목표와 현상을 분석하고 이 결과를 토대로 과제를 도출하여 최적의 해결책을 찾아 실행·평가해 가는 활동이다.

② 문제해결에 필요한 기본적 사고
　㉠ **전략적 사고** : 문제와 해결방안이 상위 시스템과 어떻게 연결되어 있는지를 생각한다.
　㉡ **분석적 사고** : 전체를 각각의 요소로 나누어 그 의미를 도출하고 우선순위를 부여하여 구체적인 문제해결 방법을 실행한다.
　㉢ **발상의 전환** : 인식의 틀을 전환하여 새로운 관점으로 바라보는 사고를 지향한다.
　㉣ **내·외부자원의 활용** : 기술, 재료, 사람 등 필요한 자원을 효과적으로 활용한다.

③ 문제해결의 장애요소
　㉠ 문제를 철저하게 분석하지 않는 경우
　㉡ 고정관념에 얽매이는 경우
　㉢ 쉽게 떠오르는 단순한 정보에 의지하는 경우
　㉣ 너무 많은 자료를 수집하려고 노력하는 경우

④ 문제해결방법

　　㉠ 소프트 어프로치 : 문제해결을 위해서 직접적인 표현보다는 무언가를 시사하거나 암시를 통하여 의사를
　　　전달하여 문제해결을 도모하고자 한다.

　　㉡ 하드 어프로치 : 상이한 문화적 토양을 가지고 있는 구성원을 가정하고, 서로의 생각을 직설적으로 주장
　　　하고 논쟁이나 협상을 통해 서로의 의견을 조정해 가는 방법이다.

　　㉢ 퍼실리테이션(facilitation) : 촉진을 의미하며 어떤 그룹이나 집단이 의사결정을 잘 하도록 도와주는 일
　　　을 의미한다.

2 문제해결능력을 구성하는 하위능력

(1) 사고력

① 창의적 사고 … 개인이 가지고 있는 경험과 지식을 통해 새로운 가치 있는 아이디어를 산출하는 사고능력이
　다.

　　㉠ 창의적 사고의 특징
　　　• 정보와 정보의 조합
　　　• 사회나 개인에게 새로운 가치 창출
　　　• 창조적인 가능성

예제 2

M사 홍보팀에서 근무하고 있는 귀하는 입사 5년차로 창의적인 기획안을 제출하기
로 유명하다. S부장은 이번 신입사원 교육 때 귀하에게 창의적인 사고란 무엇인지
교육을 맡아달라고 부탁하였다. 창의적인 사고에 대한 귀하의 설명으로 옳지 않은
것은?

① 창의적인 사고는 새롭고 유용한 아이디어를 생산해 내는 정신적인 과정이다.
② 창의적인 사고는 특별한 사람들만이 할 수 있는 대단한 능력이다.
③ 창의적인 사고는 기존의 정보들을 특정한 요구조건에 맞거나 유용하도록 새롭게 조합
　시킨 것이다.
④ 창의적인 사고는 통상적인 것이 아니라 기발하거나, 신기하며 독창적인 것이다.

출제의도

창의적 사고에 대한 개념을 정확히 파악하고
있는지를 묻는 문항이다.

해 설

흔히 사람들은 창의적 사고에 대해 특별한
사람들만이 할 수 있는 대단한 능력이라고 생
각하지만 그리 대단한 능력이 아니며 이미 알
고 있는 경험과 지식을 해체하여 다시 새로운
정보로 결합하여 가치 있는 아이디어를 산출하
는 사고라고 할 수 있다.

답 ②

ⓛ 발산적 사고 : 창의적 사고를 위해 필요한 것으로 자유연상법, 강제연상법, 비교발상법 등을 통해 개발할 수 있다.

구분	내용
자유연상법	생각나는 대로 자유롭게 발상 ex) 브레인스토밍
강제연상법	각종 힌트에 강제적으로 연결 지어 발상 ex) 체크리스트
비교발상법	주제의 본질과 닮은 것을 힌트로 발상 ex) NM법, Synectics

Point ≫ 브레인스토밍
ⓙ 진행방법
  • 주제를 구체적이고 명확하게 정한다.
  • 구성원의 얼굴을 볼 수 있는 좌석 배치와 큰 용지를 준비한다.
  • 구성원들의 다양한 의견을 도출할 수 있는 사람을 리더로 선출한다.
  • 구성원은 다양한 분야의 사람들로 5~8명 정도로 구성한다.
  • 발언은 누구나 자유롭게 할 수 있도록 하며, 모든 발언 내용을 기록한다.
  • 아이디어에 대한 평가는 비판해서는 안 된다.
ⓛ 4대 원칙
  • 비판엄금(Support) : 평가 단계 이전에 결코 비판이나 판단을 해서는 안 되며 평가는 나중까지 유보한다.
  • 자유분방(Silly) : 무엇이든 자유롭게 말하고 이런 바보 같은 소리를 해서는 안 된다는 등의 생각은 하지 않아야 한다.
  • 질보다 양(Speed) : 질에는 관계없이 가능한 많은 아이디어들을 생성해내도록 격려한다.
  • 결합과 개선(Synergy) : 다른 사람의 아이디어에 자극되어 보다 좋은 생각이 떠오르고, 서로 조합하면 재미있는 아이디어가 될 것 같은 생각이 들면 즉시 조합시킨다.

② 논리적 사고 … 사고의 전개에 있어 전후의 관계가 일치하고 있는가를 살피고 아이디어를 평가하는 사고능력이다.
  ⓙ 논리적 사고를 위한 5가지 요소 : 생각하는 습관, 상대 논리의 구조화, 구체적인 생각, 타인에 대한 이해, 설득
  ⓛ 논리적 사고 개발 방법
    • 피라미드 구조 : 하위의 사실이나 현상부터 사고하여 상위의 주장을 만들어가는 방법
    • so what기법 : '그래서 무엇이지?'하고 자문자답하여 주어진 정보로부터 가치 있는 정보를 이끌어 내는 사고 기법

③ 비판적 사고 … 어떤 주제나 주장에 대해서 적극적으로 분석하고 종합하며 평가하는 능동적인 사고이다.
  ⓙ 비판적 사고 개발 태도 : 비판적 사고를 개발하기 위해서는 지적 호기심, 객관성, 개방성, 융통성, 지적 회의성, 지적 정직성, 체계성, 지속성, 결단성, 다른 관점에 대한 존중과 같은 태도가 요구된다.

ⓛ 비판적 사고를 위한 태도
- 문제의식 : 비판적인 사고를 위해서 가장 먼저 필요한 것은 바로 문제의식이다. 자신이 지니고 있는 문제와 목적을 확실하고 정확하게 파악하는 것이 비판적인 사고의 시작이다.
- 고정관념 타파 : 지각의 폭을 넓히는 일은 정보에 대한 개방성을 가지고 편견을 갖지 않는 것으로 고정관념을 타파하는 일이 중요하다.

(2) 문제처리능력과 문제해결절차

① 문제처리능력 … 목표와 현상을 분석하고 이를 토대로 문제를 도출하여 최적의 해결책을 찾아 실행·평가하는 능력이다.

② 문제해결절차 … 문제 인식 → 문제 도출 → 원인 분석 → 해결안 개발 → 실행 및 평가
  ㉠ 문제 인식 : 문제해결과정 중 'what'을 결정하는 단계로 환경 분석 → 주요 과제 도출 → 과제 선정의 절차를 통해 수행된다.
  - 3C 분석 : 환경 분석 방법의 하나로 사업환경을 구성하고 있는 요소인 자사(Company), 경쟁사(Competitor), 고객(Customer)을 분석하는 것이다.

예제 3

L사에서 주력 상품으로 밀고 있는 TV의 판매 이익이 감소하고 있는 상황에서 귀하는 B부장으로부터 3C분석을 통해 해결방안을 강구해 오라는 지시를 받았다. 다음 중 3C에 해당하지 않는 것은?

① Customer   ② Company
③ Competitor   ④ Content

출제의도

3C의 개념과 구성요소를 정확히 숙지하고 있는지를 측정하는 문항이다.

해 설

3C 분석에서 사업 환경을 구성하고 있는 요소인 자사(Company), 경쟁사(Competitor), 고객을 3C(Customer)라고 한다. 3C 분석에서 고객 분석에서는 '고객은 자사의 상품·서비스에 만족하고 있는지'를, 자사 분석에서는 '자사가 세운 달성목표와 현상 간에 차이가 없는지'를 경쟁사 분석에서는 '경쟁기업의 우수한 점과 자사의 현상과 차이가 없는지'에 대한 질문을 통해서 환경을 분석하게 된다.

답 ④

- SWOT 분석 : 기업내부의 강점과 약점, 외부환경의 기회와 위협요인을 분석·평가하여 문제해결 방안을 개발하는 방법이다.

		내부환경요인	
		강점(Strengths)	약점(Weaknesses)
외부환경요인	기회 (Opportunities)	SO 내부강점과 외부기회 요인을 극대화	WO 외부기회를 이용하여 내부약점을 강점으로 전환
	위협 (Threat)	ST 외부위협을 최소화하기 위해 내부강점을 극대화	WT 내부약점과 외부위협을 최소화

ⓛ 문제 도출 : 선정된 문제를 분석하여 해결해야 할 것이 무엇인지를 명확히 하는 단계로, 문제 구조 파악 →핵심 문제 선정 단계를 거쳐 수행된다.
- Logic Tree : 문제의 원인을 파고들거나 해결책을 구체화할 때 제한된 시간 안에서 넓이와 깊이를 추구하는데 도움이 되는 기술로 주요 과제를 나무모양으로 분해·정리하는 기술이다.

ⓒ 원인 분석 : 문제 도출 후 파악된 핵심 문제에 대한 분석을 통해 근본 원인을 찾는 단계로 Issue 분석→ Data 분석→원인 파악의 절차로 진행된다.

ⓔ 해결안 개발 : 원인이 밝혀지면 이를 효과적으로 해결할 수 있는 다양한 해결안을 개발하고 최선의 해결안을 선택하는 것이 필요하다.

ⓜ 실행 및 평가 : 해결안 개발을 통해 만들어진 실행계획을 실제 상황에 적용하는 활동으로 실행계획 수립 →실행→Follow-up의 절차로 진행된다.

예제 4

C사는 최근 국내 매출이 지속적으로 하락하고 있어 사내 분위기가 심상치 않다. 이에 대해 Y부장은 이 문제를 극복하고자 문제처리 팀을 구성하여 해결방안을 모색하도록 지시하였다. 문제처리 팀의 문제해결 절차를 올바른 순서로 나열한 것은?

① 문제 인식→원인 분석→해결안 개발→문제 도출→실행 및 평가
② 문제 도출→문제 인식→해결안 개발→원인 분석→실행 및 평가
③ 문제 인식→원인 분석→문제 도출→해결안 개발→실행 및 평가
④ 문제 인식→문제 도출→원인 분석→해결안 개발 →실행 및 평가

출제의도

실제 업무 상황에서 문제가 일어났을 때 해결 절차를 알고 있는지를 측정하는 문항이다.

해 설

일반적인 문제해결절차는 '문제 인식→문제 도출→원인 분석→해결안 개발 →실행 및 평가로 이루어진다.

답 ④

출제예상문제

1   다음 주어진 관계에 따라 가돌이가 좋아할 가능성이 있는 사람으로만 묶인 것은?

> '나나'라는 마을에는 한 사람이 다른 사람을 일방적으로 좋아하는 경우는 없다. 즉 A가 B를 좋아한다는 것은 B도 A를 좋아한다는 것을 뜻한다. 그리고 나나마을에 사는 사람들은 애매한 관계를 싫어하기 때문에 이들의 관계는 좋아하거나 좋아하지 않는 것 두 가지뿐이다. 이 마을에는 가돌, 나돌, 다돌, 라돌, 마돌, 바돌만이 살고 있으며 이들의 관계는 다음과 같다.
> ㉠ 가돌이가 마돌이를 좋아하면 라돌이는 가돌이를 좋아하지 않는다.
> ㉡ 나돌이는 가돌이를 좋아하거나 가돌이는 다돌이를 좋아한다.
> ㉢ 바돌이가 가돌이를 좋아하면 라돌이는 다돌이를 좋아하거나 가돌이는 라돌이를 좋아한다.
> ㉣ 마돌이가 가돌이를 좋아하지 않으면 가돌이를 좋아하는 사람은 아무도 없다.
> ㉤ 다돌이는 가돌이를 좋아하지 않는 사람들은 좋아하지 않는다.
> ㉥ 가돌이와 나돌이가 서로 좋아하지 않고 가돌이가 다돌이를 좋아하지 않으면 가돌이는 아무도 좋아하지 않는다.

① 나돌, 라돌
② 나돌, 다돌, 라돌
③ 나돌, 다돌, 마돌
④ 다돌, 마돌, 바돌
⑤ 바돌, 마돌

> **✔해설** ㉣의 대우 명제 '가돌이를 좋아하는 사람이 있으면 마돌이가 가돌이를 좋아한다'가 되므로 마돌이는 가돌이가 좋아할 가능성이 있는 사람이다. 따라서 가돌이가 마돌이를 좋아하므로 라돌이는 가돌이를 좋아하지 않는다 (㉠). ㉤에 의해 다돌이는 라돌이를 좋아하지 않는다. ㉢의 대우 명제 '라돌이가 다돌이를 싫어하고 가돌이가 라돌이를 싫어하면 바돌이가 가돌이를 싫어한다'가 되며 전제(라돌이가 다돌이를 싫어함, 가돌이가 라돌이를 싫어함)이 모두 참이므로 바돌이는 가돌이를 싫어한다. ㉥의 대우 명제 '가돌이가 누군가를 좋아하면 가돌이와 나돌이가 서로 좋아하거나 가돌이가 다돌이를 좋아한다'와 ㉡의 명제를 통해 나돌이와 다돌이도 가돌이가 좋아할 가능성이 있는 사람이다. 따라서 가돌이가 좋아할 가능성이 있는 사람은 나돌, 다돌, 마돌이다.

2 다음 두 사건은 별개의 사건으로 다음이 조건을 따를 때 옳은 것은?

〈사건 1〉
가인 : 저는 빵을 훔치지 않았어요.
나은 : 다영이는 절대 빵을 훔치지 않았어요.
다영 : 제가 빵을 훔쳤습니다.
그런데 나중에 세 명 중 두 명은 거짓말을 했다고 자백하였고, 빵을 훔친 사람은 한 명이라는 것이 밝혀졌다.

〈사건 2〉
라희 : 저는 결코 창문을 깨지 않았습니다.
마준 : 라희의 말이 맞습니다.
바은 : 제가 창문을 깼습니다.
그런데 나중에 창문을 깬 사람은 한 명이고 그 범인은 거짓말을 했다는 것이 밝혀졌다.

① 가인이의 진술은 참이었다.
② 사건 2에서 참을 말한 사람이 1명 이상이다.
③ 마준이의 진술은 거짓이다.
④ 다영이는 창문을 깬 범인일 수 있다.
⑤ 나영이는 거짓을 말하지 않았다.

✔해설 주어진 조건에 따라 범인을 가정하여 진술을 판단하면 다음과 같다.

〈사건 1〉

진술 \ 범인	가인	나은	다영
가인	거짓	참	참
나은	참	참	거짓
다영	거짓	거짓	참

〈사건 2〉

진술 \ 범인	라희	마준	바은
라희	거짓	참	참
마준	거짓	참	참
바은	거짓	거짓	참

따라서 〈사건 1〉의 범인은 가인, 〈사건 2〉의 범인은 라희이다.

┃3~4┃ 다음 자료를 보고 이어지는 물음에 답하시오.

〈입찰 관련 낙찰업체 선정 기준〉

1. 1차 평가 : 책임건축사의 경력 및 실적(50점)

구분	배점	등급				
[경력] 전문분야 신축 건축설계 경력기간 합산 평가	20점	20년 이상	20년 미만 18년 이상	18년 미만 16년 이상	16년 미만 14년 이상	14년 미만
		20.0	16.0	12.0	8.0	0
[수행실적] 공고일 기준 최근 10년간 업무시설 신축 건축설계 수행실적	30점	4건 이상	3건 이상	2건 이상	1건 이상	1건 미만
		30.0	25.0	20.0	15.0	0

2. 2차 평가 : 계약회사 및 협력회사(50점)

   1) 계약회사(건축설계) 30점

구분		배점	등급				
[수행실적] 공고일 기준 최근 10년간 건축회사의 업무시설 신축 건축설계 수행실적	건수	15점	4건 이상	3건 이상	2건 이상	1건 이상	1건 미만
			15.0	12.0	9.0	6.0	0
	면적	15점	8만㎡ 이상	8만㎡ 미만 6만㎡ 이상	6만㎡ 미만 4만㎡ 이상	4만㎡ 미만 2만㎡ 이상	2만㎡ 미만
			15.0	12.0	9.0	6.0	0

   2) 협력회사(정비계획, 지하 공간 등) 20점

구분	배점	등급				
[수행실적] 정비계획 실적(착수~고시)	10점	4건 이상	3건 이상	2건 이상	1건 이상	1건 미만
		10.0	8.0	6.0	4.0	0
[지하 공간 수행실적] 지하공공보행통로 설계 실적	10점	4건 이상	3건 이상	2건 이상	1건 이상	1건 미만
		10.0	8.0	6.0	4.0	0

3. 환산점수 : 해당회사 점수 합계 ÷ 100 × 20
   ■ 환산점수 20점과 입찰 가격 80점을 합하여 100점 만점에 최고 득점 업체로 선정함.

3 다음 중 위의 낙찰업체 선정 기준에 대한 설명으로 올바르지 않은 것은 어느 것인가?

① 책임건축사와 계약회사가 모두 경력이 많을수록 낙찰될 확률이 높다.

② 책임건축사의 경력기간이 10년인 업체와 15년인 업체와의 환산점수는 8점의 차이가 난다.

③ 협력회사의 수행실적은 착수 단계에서 고시가 완료된 단계까지가 포함된 것을 인정한다.

④ 계약회사의 수행실적에서는 수행 면적의 크기도 평가 항목에 포함된다.

⑤ 계약회사의 수행 실적과 경력이 협력회사의 수행 실적과 경력보다 더 중요한 판단기준이다.

> ✅해설 8점의 차이는 해당 항목의 환산 전 항목의 평가 점수 차이이며, 이 차이는 환산 점수화되면 5분의 1로 줄어들게 된다.
> ① 1차와 2차 평가 항목에서는 책임건축사와 건축회사 모두의 수행 경력을 평가기준으로 삼고 있다.
> ③ 협력회사의 평가 기준상 착수~고시완료까지의 실적을 인정하는 것으로 명시되어 있다.
> ④ 면적은 15점의 배점이 되어 있는 평가 항목이다.
> ⑤ 계약회사에 대한 평가 배점은 30점, 협력회사에 대한 평가 배점은 20점이므로 올바른 설명이다.

4 1, 2차 평가를 거쳐 가격 점수와 함께 비교 대상이 된 다음 2개 업체의 환산점수는 각각 몇 점인가?

구분		A	B
책임건축사	경력기간	18년	16년
	실적	3건	4건
계약회사	건수	3건	2건
	면적	4.5만㎡	6만㎡
협력회사	정비계획	4건	3건
	지하 공간	2건	3건

① 15.5점, 15.5점
② 15.8점, 15.6점
③ 15.3점, 15.6점
④ 15.2점, 15.4점
⑤ 15.6점, 15.8점

✔ 해설 주어진 정보를 통해 점수를 계산해 보면 다음과 같다.

구분		A	B
책임건축사	경력기간	18년	16년
	실적	3건	4건
계약회사	건수	3건	2건
	면적	4.5만㎡	6만㎡
협력회사	정비계획	4건	3건
	지하 공간	2건	3건
계		16+25+12+9+10+6＝78점	12+30+9+12+8+8＝79점

따라서 환산점수는 A가 $78 \div 100 \times 20 = 15.6$점이며, B가 $79 \div 100 \times 20 = 15.8$점이 된다.

5 다음 글을 근거로 판단할 때 옳지 않은 것은?

> □□학과는 지망자 5명(A~E) 중 한 명을 교환학생으로 추천하기 위하여 각각 5회의 평가를 실시하고, 그 결과에 바탕을 둔 추첨을 하기로 했다. 평가 및 추첨 방식과 현재까지 진행된 평가 결과는 아래와 같다.
> - 매 회 100점 만점으로 10점 단위의 점수를 매기며, 100점을 얻은 지망자에게는 5장의 카드, 90점을 얻은 지망자에게는 2장의 카드, 80점을 얻은 지망자에게는 1장의 카드를 부여한다. 70점 이하를 얻은 지망자에게는 카드를 부여하지 않는다.
> - 5회차 평가 이후 각 지망자는 자신이 받은 모든 카드에 본인의 이름을 적고, 추첨함에 넣는다. 다만 5번의 평가의 총점이 400점 미만인 지망자는 본인의 카드를 추첨함에 넣지 못한다.
> - □□학과장은 추첨함에서 한 장의 카드를 무작위로 뽑아 카드에 이름이 적힌 지망자를 □□학과의 교환학생으로 추천한다.

구분	1회	2회	3회	4회	5회
A	90	90	90	90	
B	80	80	70	70	
C	90	70	90	70	
D	70	70	70	70	
E	80	80	90	80	

① 5회차에서 B만 100점을 받는다면 적어도 D보다는 추천될 확률이 높다.

② C가 5회차에서 90점만 받아도 E보다 추천될 확률이 높아진다.

③ D는 5회차 평가 점수와 관계없이 추첨함에 카드를 넣지 못한다.

④ 5회차에 모두가 같은 점수를 받는다면 A가 추천될 확률이 가장 높다.

⑤ 5회차에 모두 80점을 받는다면 2명 이상이 추첨함에 카드를 넣지 못한다.

✔ **해설**　② C와 E는 4회차까지 4장, 5장의 카드를 확보했다. C가 5회차에 2장의 카드를 추가하게 되면 6장으로 4회차의 E보다는 카드가 많지만 E가 5회차에 80점 이상의 점수를 획득할 경우 E의 카드는 6장 이상이 되므로 C가 E보다 추천될 확률이 높다고 할 수 없다.
　① 5회차에서 B만 100점을 받는다고 했으므로 D가 90점을 받더라도 B가 추천될 확률이 더 높다.
　③ D는 5회차 점수와 상관없이 총점이 400점을 넘지 못하여 추첨함에 카드를 넣을 수 없다.
　④ 5회차에 모두 같은 점수를 받는다면 전원이 추가되는 카드 수가 같으므로 4회차까지 획득한 카드의 수가 가장 많은 A가 추천될 확률이 가장 높다.
　⑤ 5회차에 모두 80점을 받는다면 B와 D는 총점이 400점을 넘지 못해 추첨함에 자신의 카드를 넣을 수 없다.

┃6~7┃ 다음은 A은행의 3개 지점 간 송금 및 입금 내역을 나타낸 자료이다. 이를 보고 이어지는 물음에 답하시오.

(단위 : 백만 원)

구분\날짜	K지점		H지점		S지점	
	송금	입금	송금	입금	송금	입금
8/1일	120	80	95	120	100	115
8/2일	85	85	60	40	55	75
8/3일	50	110	70	60	80	30
8/4일	100	125	125	65	75	110

* 세 지점 간의 송금과 입금 이외에는 고려하지 않는다.

6 다음 중 입금액이 송금액보다 더 적은 지점과 송금 규모가 가장 큰 날짜가 올바르게 짝지어진 것은 어느 것인가?

① H지점, 8/1일   ② S지점, 8/1일
③ S지점, 8/4일   ④ H지점, 8/4일
⑤ K지점, 8/4일

✔해설 각 지점별 송금과 입금의 합계액 및 날짜별 송금액 합계액을 구하여 표에 추가하면 다음과 같다.

(단위 : 백만 원)

구분\날짜	K지점		H지점		S지점		송금 계
	송금	입금	송금	입금	송금	입금	
8/1일	120	80	95	120	100	115	315
8/2일	85	85	60	40	55	75	200
8/3일	50	110	70	60	80	30	200
8/4일	100	125	125	65	75	110	300
합계	355	400	350	285	310	330	

따라서 입금액이 송금액보다 더 적은 지점은 H지점(350/285)이며, 송금 규모는 8/1일이 315백만 원으로 가장 큰 것을 알 수 있다.

7 8/1일의 K지점의 송금액 중 절반씩이 각각 H지점과 S지점으로 송금되었을 경우에 대한 설명으로 올바른 것은 어느 것인가?

① 'H지점→K지점'의 송금액은 'H지점→S지점'의 송금액보다 더 많다.

② S지점은 H지점으로부터 50백만 원이 입금되었다.

③ K지점으로 입금된 80백만 원 중 30백만 원은 S지점으로부터 입금되었다.

④ 'S지점→H지점'의 송금액은 'S지점→K지점'의 송금액보다 더 많다.

⑤ H지점으로 입금된 120백만 원 중 70백만 원은 K지점으로부터 입금되었다.

✔해설 K지점의 송금액 중 60백만 원씩이 각각 H지점과 S지점으로 송금된 것이므로 다음과 같이 나머지 정보를 얻을 수 있다. (괄호 안의 숫자는 '송금액/입금액'을 의미함)

구분 날짜	K지점		H지점		S지점	
	송금	입금	송금	입금	송금	입금
8/1일	120(H60/S60)	80(H40/S40)	95(K40/S55)	120(K60/S60)	100(K40/H60)	115(K60/H55)

따라서 'S지점→H지점'의 송금액은 60백만 원으로 'S지점→K지점'의 송금액인 40백만 원보다 더 많다.

① 'H지점→K지점'의 송금액은 40백만 원으로 'H지점→S지점'의 송금액인 55백만 원보다 더 적다.

② S지점은 H지점으로부터 55백만 원이 입금되었다.

③ K지점으로 입금된 80백만 원은 H지점과 S지점으로부터 각각 40백만 원씩 동일한 금액이 입금되었다.

⑤ H지점으로 입금된 120백만 원은 K지점과 S지점으로부터 각각 60백만 원씩 동일한 금액이 입금되었다.

8   다음 조건을 바탕으로 을순이의 사무실과 어제 갔던 식당이 위치한 곳을 올바르게 짝지은 것은?

> • 갑동, 을순, 병호는 각각 10동, 11동, 12동 중 한 곳에 사무실이 있으며 서로 같은 동에 사무실이 있지 않다.
> • 이들 세 명은 어제 각각 자신의 사무실이 있는 건물이 아닌 다른 동에 있는 식당에 갔었으며, 서로 같은 동의 식당에 가지 않았다.
> • 병호는 12동에서 근무하며, 갑동이와 을순이는 어제 11동 식당에 가지 않았다.
> • 을순이는 병호가 어제 갔던 식당이 있는 동에서 근무한다.

	사무실	식당
①	11동	10동
②	10동	11동
③	12동	12동
④	11동	12동
⑤	10동	11동

✔ 해설   세 사람은 모두 각기 다른 동에 사무실이 있으며, 어제 갔던 식당도 서로 겹치지 않는다.
  • 세 번째 조건 후단에서 갑동이와 을순이는 어제 11동 식당에 가지 않았다고 하였으므로, 어제 11동 식당에 간 것은 병호이다. 따라서 병호는 12동에 근무하며 11동 식당에 갔었다.
  • 네 번째 조건에 따라 을순이는 11동에 근무하므로, 남은 갑동이는 10동에 근무한다.
  • 두 번째 조건 전단에 따라 을순이가 10동 식당에, 갑동이가 12동 식당을 간 것이 된다.
  따라서 을순이는 11동에 사무실이 있으며, 어제 갔던 식당은 10동에 위치해 있다.

9 △△사는 신사업 개발팀 결성을 위해 기존의 A~H팀의 예산을 줄이기로 하였다. △△사는 다음의 조건에 따라 예산을 감축하기로 하였다. 다음 중 옳지 않은 것을 고르면?

〈조건〉
㉠ 만약 금융팀 예산을 감축하면, 총무팀의 예산은 감축되지 않는다.
㉡ 만약 관리팀 예산을 감축하면, 영업팀과 디자인팀의 예산은 감축하지 않는다.
㉢ 만약 인사팀과 디자인팀이 모두 예산을 감축하면, 기획팀의 예산도 감축된다.
㉣ 총무팀, 기획팀, 영업팀 가운데 두 팀만 예산을 감축한다.

① 만약 기획팀과 영업팀의 예산이 감축된다면 총무팀과 관리팀은 예산이 감축되지 않는다.
② 만약 관리팀의 예산이 감축되면 인사팀이나 디자인팀의 예산이 감축되지 않는다.
③ 만약 총무팀의 예산이 감축되면 금융팀의 예산은 감축되지 않는다.
④ 만약 관리팀의 예산이 감축되면 총무팀과 기획팀의 예산이 감축된다.
⑤ 만약 금융팀의 예산이 감축되면 기획팀과 영업팀의 예산도 감축된다.

✔해설 ② 관리팀의 예산이 감축되면 영업팀과 디자인팀의 예산이 감축되지 않고 ㉣에 따라 총무팀, 기획팀의 예산이 감축된다. ㉢의 대우 명제 '기획팀 예산이 감축되지 않으면 인사팀이나 디자인팀의 예산이 감축되지 않는다'는 참이지만 기획팀의 예산이 감축될 것이므로 옳지 않다.
① 기획팀과 영업팀의 예산이 감축되면 ㉣에 따라 총무팀은 예산이 감축되지 않고 ㉡의 대우 명제인 '영업팀이나 디자인팀의 예산이 감축되면 관리팀의 예산이 감축되지 않는다'에 따라 관리팀의 예산도 감축되지 않는다.
③ 총무팀의 예산이 감축될 경우 조건 ㉠의 대우 명제에 따라 금융팀의 예산은 감축되지 않는다.
④ 관리팀의 예산이 감축되면 영업팀과 디자인팀의 예산이 감축되지 않고 ㉣에 따라 총무팀, 기획팀의 예산이 감축된다.
⑤ 만약 금융팀의 예산이 감축되면 총무팀의 예산이 감축되지 않으므로 ㉣에 따라 기획팀과 영업팀의 예산이 감축된다.

▮10~11▮ 다음은 지방자치단체(지자체) 경전철 사업분석의 결과로서 분야별 문제점을 정리한 것이다. 다음 물음에 답하시오.

분야	문제점
추진주체 및 방식	• 기초지자체 중심(선심성 공약 남발)의 무리한 사업추진으로 인한 비효율 발생 • 지자체의 사업추진 역량부족으로 지방재정 낭비심화 초래 • 종합적 표준지침 부재로 인한 각 지자체마다 개별적으로 추진
타당성 조사 및 계획수립	• 사업주관 지자체의 행정구역만을 고려한 폐쇄적 계획 수립 • 교통수요 예측 및 사업타당성 검토의 신뢰성·적정성 부족 • 이해관계자 참여를 통한 사업계획의 정당성 확보 노력 미흡
사업자 선정 및 재원지원	• 토목 및 건설자 위주 지분참여로 인한 고비용·저효율 시공 초래 • 민간투자사업 활성화를 위한 한시적 규제유예 효과 미비
노선건설 및 차량시스템 선정	• 건설시공 이익 검토미흡으로 인한 재원낭비 심화 • 국내개발 시스템 도입 활성화를 위한 방안 마련 부족

10 다음 〈보기〉에서 '추진주체 및 방식'의 문제점에 대한 개선방안을 모두 고르면?

〈보기〉
㉠ 이해관계자 의견수렴 활성화를 통한 사업추진 동력 확보
㉡ 지자체 역량 강화를 통한 사업관리의 전문성·효율성 증진
㉢ 교통수요 예측 정확도 제고 등 타당성 조사 강화를 위한 여건 조성
㉣ 모든 지방자치단체에 적용할 수 있는 표준지침 마련
㉤ 무분별한 해외시스템 도입 방지 및 국산기술·부품의 활성화 전략 수립
㉥ 상위교통계획 및 생활권과의 연계강화를 통한 사업계획의 체계성 확보
㉦ 시공이익에 대한 적극적 검토를 통해 총사업비 절감 효과 도모

① ㉠㉡
② ㉡㉣
③ ㉡㉣㉦
④ ㉣㉤㉥
⑤ ㉥㉦

✔해설 ㉡ : '지자체의 사업추진 역량부족으로 지방재정 낭비심화 초래'에 대한 개선방안이다.
㉣ : '종합적 표준지침 부재로 인한 각 지자체마다 개별적으로 추진'에 대한 개선방안이다.

11 다음 〈보기〉에서 '타당성 조사 및 계획수립'의 문제점에 대한 개선방안을 모두 고르면?

> ㉠ 이해관계자 의견수렴 활성화를 통한 사업추진 동력 확보
> ㉡ 지자체 역량 강화를 통한 사업관리의 전문성·효율성 증진
> ㉢ 교통수요 예측 정확도 제고 등 타당성 조사 강화를 위한 여건 조성
> ㉣ 경전철 사업관련 업무처리 지침 마련 및 법령 보완
> ㉤ 무분별한 해외시스템 도입 방지 및 국산기술·부품의 활성화 전략 수립
> ㉥ 상위교통계획 및 생활권과의 연계강화를 통한 사업계획의 체계성 확보
> ㉦ 시공이익에 대한 적극적 검토를 통해 총사업비 절감 효과 도모

① ㉠㉢㉥
② ㉠㉢㉦
③ ㉡㉢㉤
④ ㉡㉢㉥
⑤ ㉤㉥㉦

✔ 해설 ㉠ : '이해관계자 참여를 통한 사업계획의 정당성 확보 노력 미흡'에 대한 개선방안이다.
㉢ : '교통수요 예측 및 사업타당성 검토의 신뢰성·적정성 부족'에 대한 개선방안이다.
㉥ : '사업주관 지자체의 행정구역만을 고려한 폐쇄적 계획 수립'에 대한 개선방안이다.

12 미란이는 현재 거주하고 있는 A주택의 소유자이며, 소득 인정액이 중위소득 40%에 해당한다. A주택의 노후도 평가 결과, 지붕의 수선이 필요한 주택보수비용 지원 대상에 선정되었다. 미란이가 지원받을 수 있는 주택 보수비용의 최대 액수는?

- 주택을 소유하고 해당 주택에 거주하는 가구를 대상으로 주택 노후도 평가를 실시하여 그 결과(경·중·대보수)에 따라 아래와 같이 주택보수비용을 지원

〈주택보수비용 지원 내용〉

구분	경보수	중보수	대보수
보수항목	도배 혹은 장판	수도시설 혹은 난방시설	지붕 혹은 기둥
주택당 보수비용 지원한도액	350만 원	650만 원	950만 원

- 소득인정액에 따라 위 보수비용 지원한도액의 80~100%를 차등지원

구분	중위소득 25%미만	중위소득 25% 이상 35% 미만	중위소득 35% 이상 43% 미만
지원율	100%	90%	80%

① 520만 원
② 650만 원
③ 760만 원
④ 855만 원
⑤ 950만 원

✔해설 미란이는 중위소득이 40%라고 했으므로 보수비용의 80%를 지원 받을 수 있다. 미란이의 집은 지붕보수가 필요하며 보수 비용은 950만 원이며 여기에 80%인 760만 원을 지원받을 수 있다.

13 다음은 5가지의 영향력을 행사하는 방법과 순정, 석일이의 발언이다. 순정이와 석일이의 발언은 각각 어떤 방법에 해당하는가?

〈영향력을 행사하는 방법〉

• 합리적 설득 : 논리와 사실을 이용하여 제안이나 요구가 실행 가능하고, 그 제안이나 요구가 과업 목표 달성을 위해 필요하다는 것을 보여주는 방법
• 연합 전술 : 영향을 받는 사람들이 제안을 지지하거나 어떤 행동을 하도록 만들기 위해 다른 사람의 지지를 이용하는 방법
• 영감에 호소 : 이상에 호소하거나 감정을 자극하여 어떤 제안이나 요구사항에 몰입하도록 만드는 방법
• 교환 전술 : 제안에 대한 지지에 상응하는 대가를 제공하는 방법
• 합법화 전술 : 규칙, 공식적 방침, 공식 문서 등을 제시하여 제안의 적법성을 인식시키는 방법

〈발언〉

• 순정 : 이 기획안에 대해서는 이미 개발부와 재정부가 동의했습니다. 여러분들만 지지해준다면 계획을 성공적으로 완수할 수 있을 것입니다.
• 석일 : 이 기획안은 우리 기업의 비전과 핵심가치들을 담고 있습니다. 이 계획이야말로 우리가 그동안 염원했던 가치를 실현함으로써 회사의 발전을 이룩할 수 있는 기회라고 생각합니다. 여러분이 그동안 고생한 만큼 이 계획은 성공적으로 끝마쳐야 합니다.

---

① 순정 : 합리적 설득, 석일 : 영감에 호소
② 순정 : 연합 전술, 석일 : 영감에 호소
③ 순정 : 연합 전술, 석일 : 합법화 전술
④ 순정 : 영감에 호소, 석일 : 합법화 전술
⑤ 순정 : 영감에 호소, 석일 : 교환 전술

> ✔해설 ㉠ 순정 : 다른 사람들의 지지를 이용하기 때문에 '연합 전술'에 해당한다.
> ㉡ 석일 : 기업의 비전과 가치를 언급함으로써 이상에 호소하여 제안에 몰입하도록 하기 때문에 '영감에 호소'에 해당한다.

14 G 음료회사는 신제품 출시를 위해 시제품 3개를 만들어 전직원을 대상으로 블라인드 테스트를 진행한 후 기획팀에서 회의를 하기로 했다. 독창성, 대중성, 개인선호도 세 가지 영역에 총 15점 만점으로 진행된 테스트 결과가 다음과 같을 때, 기획팀 직원들의 발언으로 옳지 않은 것은?

	독창성	대중성	개인선호도	총점
시제품 A	5	2	3	10
시제품 B	4	4	4	12
시제품 C	2	5	5	12

① 우리 회사의 핵심가치 중 하나가 창의성 아닙니까? 저는 독창성 점수가 높은 A를 출시해야 한다고 생각합니다.
② 독창성이 높아질수록 총점이 낮아지는 것을 보지 못하십니까? 저는 그 의견에 반대합니다.
③ 무엇보다 현 시점에서 회사의 재정상황을 타개하기 위해서는 대중성을 고려하여 높은 이윤이 날 것으로 보이는 C를 출시해야 하지 않겠습니까?
④ 저도 대중성과 개인선호도가 높은 C를 출시해야 한다고 생각합니다.
⑤ 그럼 독창성과 대중성, 개인선호도 점수가 비슷한 B를 출시하는 것이 어떻겠습니까?

✔ **해설** ② 시제품 B는 C에 비해 독창성 점수가 2점 높지만 총점은 같다. 따라서 옳지 않은 발언이다.

15 다음은 이경제씨가 금융 상품에 대해 상담을 받는 내용이다. 이에 대한 옳은 설명을 모두 고른 것은?

> 이경제씨 : 저기 1,000만 원을 예금하려고 합니다.
> 정기 예금 상품을 좀 추천해 주시겠습니까?
> 은행직원 : 원금에만 연 5%의 금리가 적용되는 A 상품과 원금뿐만 아니라 이자에 대해서도 연 4.5%의 금리가 적용되는 B 상품이 있습니다. 예금 계약 기간은 고객님께서 연 단위로 정하실 수 있습니다.

> ㉠ 이경제씨는 요구불 예금에 가입하고자 한다.
> ㉡ 이경제씨는 간접 금융 시장에 참여하고자 한다.
> ㉢ A 상품은 복리, B 상품은 단리가 적용된다.
> ㉣ 예금 계약 기간에 따라 이경제씨의 정기 예금 상품에 대한 합리적 선택은 달라질 수 있다.

① ㉠㉡   ② ㉠㉢

③ ㉡㉢   ④ ㉡㉣

⑤ ㉢㉣

> ✔ 해설 ㉠ 정기 예금은 저축성 예금에 해당한다.
>   ㉢ A는 단리, B는 복리가 적용된 정기 예금 상품이다.

16 다음은 어느 레스토랑의 3C분석 결과이다. 이 결과를 토대로 하여 향후 해결해야 할 전략과제를 선택하고자 할 때 적절하지 않은 것은?

3C	상황 분석
고객 / 시장(Customer)	• 식생활의 서구화 • 유명브랜드와 기술제휴 지향 • 신세대 및 뉴패밀리 층의 출현 • 포장기술의 발달
경쟁 회사(Competitor)	• 자유로운 분위기와 저렴한 가격 • 전문 패밀리 레스토랑으로 차별화 • 많은 점포수 • 외국인 고용으로 인한 외국인 손님 배려
자사(company)	• 높은 가격대 • 안정적 자금 공급 • 업계 최고의 시장점유율 • 고객증가에 따른 즉각적 응대의 한계

① 원가 절감을 통한 가격 조정

② 유명브랜드와의 장기적인 기술제휴

③ 즉각적인 응대를 위한 인력 증대

④ 안정적인 자금 확보를 위한 자본구조 개선

⑤ 포장기술 발달을 통한 레스토랑 TO GO 점포 확대

> ✔ 해설 '안정적 자금 공급'이 자사의 강점이기 때문에 '안정적인 자금 확보를 위한 자본구조 개선'은 향후 해결해야 할 과제에 속하지 않는다.

17 다음은 특보의 종류 및 기준에 관한 자료이다. ㉠과 ㉡의 상황에 어울리는 특보를 올바르게 짝지은 것은?

〈특보의 종류 및 기준〉

종류	주의보	경보
강풍	육상에서 풍속 14m/s 이상 또는 순간풍속 20m/s 이상이 예상될 때. 다만, 산지는 풍속 17m/s 이상 또는 순간풍속 25m/s 이상이 예상될 때	육상에서 풍속 21m/s 이상 또는 순간풍속 26m/s 이상이 예상될 때. 다만, 산지는 풍속 24m/s 이상 또는 순간풍속 30m/s 이상이 예상될 때
호우	6시간 강우량이 70mm 이상 예상되거나 12시간 강우량이 110mm 이상 예상될 때	6시간 강우량이 110mm 이상 예상되거나 12시간 강우량이 180mm 이상 예상될 때
태풍	태풍으로 인하여 강풍, 풍랑, 호우 현상 등이 주의보 기준에 도달할 것으로 예상될 때	태풍으로 인하여 풍속이 17m/s 이상 또는 강우량이 100mm 이상 예상될 때. 다만, 예상되는 바람과 비의 정도에 따라 아래와 같이 세분한다. ｜｜3급｜2급｜1급 바람(m/s)｜17~24｜25~32｜33이상 비(mm)｜100~249｜250~399｜400이상
폭염	6월~9월에 일최고기온이 33℃ 이상이고, 일최고열지수가 32℃ 이상인 상태가 2일 이상 지속될 것으로 예상될 때	6월~9월에 일최고기온이 35℃ 이상이고, 일최고열지수가 41℃ 이상인 상태가 2일 이상 지속될 것으로 예상될 때

㉠ 태풍이 남해안에 상륙하여 울산지역에 270mm의 비와 함께 풍속 26m/s의 바람이 예상된다.
㉡ 지리산에 오후 3시에서 오후 9시 사이에 약 130mm의 강우와 함께 순간풍속 28m/s가 예상된다.

	㉠	㉡
①	태풍경보 1급	호우주의보
②	태풍경보 2급	호우경보+강풍주의보
③	태풍주의보	강풍주의보
④	태풍경보 2급	호우경보+강풍경보
⑤	태풍경보 1급	강풍주의보

✔ 해설 ㉠ : 태풍경보 표를 보면 알 수 있다. 비가 270mm이고 풍속 26m/s에 해당하는 경우는 태풍경보 2급이다.
  ㉡ : 6시간 강우량이 130mm 이상 예상되므로 호우경보에 해당하며 산지의 경우 순간풍속 28m/s 이상이 예상되므로 강풍주의보에 해당한다.

18 다음 진술이 참이 되기 위해 꼭 필요한 전제를 〈보기〉에서 고르면?

> 반장은 반에서 인기가 많다.

〈보기〉

⊙ 머리가 좋은 친구 중 몇 명은 반에서 인기가 많다.
ⓛ 얼굴이 예쁜 친구 중 몇 명은 반에서 인기가 많다.
ⓒ 반장은 머리가 좋다.
ⓔ 반장은 얼굴이 예쁘다.
ⓜ 머리가 좋거나 얼굴이 예쁘면 반에서 인기가 많다.
ⓗ 머리가 좋고 얼굴이 예쁘면 반에서 인기가 많다.

① ⊙ⓒ　　　　　　　　　　　② ⓛⓔ
③ ⓒⓗ　　　　　　　　　　　④ ⓔⓜ
⑤ ⓔⓗ

✔ **해설** 반장은 머리가 좋다. 또는 반장은 얼굴이 예쁘다(ⓒ 또는 ⓔ).
머리가 좋거나 얼굴이 예쁘면 반에서 인기가 많다(ⓜ).
∴ 반장은 반에서 인기가 많다.
※ ⓗ의 경우 머리도 좋고 얼굴도 예뻐야 반에서 인기가 많다는 의미이므로 주어진 진술이 반드시 참이 되지
않는다.

Answer 17.② 18.④

| 19~20 | 다음 글은 어린이집 입소기준에 대한 규정이다. 다음 글을 읽고 물음에 답하시오.

어린이집 입소기준
• 어린이집의 장은 당해시설에 결원이 생겼을 때마다 '명부 작성방법' 및 '입소 우선순위'를 기준으로 작성된 명부의 선 순위자를 우선 입소조치 한다.

명부작성방법
• 동일 입소신청자가 1·2순위 항목에 중복 해당되는 경우, 해당 항목별 점수를 합하여 점수가 높은 순으로 명부를 작성함
• 1순위 항목당 100점, 2순위 항목당 50점 산정
– 다만, 2순위 항목만 있는 경우 점수합계가 1순위 항목이 있는 자보다 같거나 높더라도 1순위 항목이 있는 자보다 우선 순위가 될 수 없으며, 1순위 항목점수가 동일한 경우에 한하여 2순위 항목에 해당될 경우 추가합산 가능함
• 영유아가 2자녀 이상 가구가 동일 순위일 경우 다자녀가구 자녀가 우선입소
• 대기자 명부 조정은 매분기 시작 월 1일을 기준으로 함

입소 우선순위
• 1순위
– 국민기초생활보장법에 따른 수급자
– 국민기초생활보장법 제24조의 규정에 의한 차상위계층의 자녀
– 장애인 중 보건복지부령이 정하는 장애 등급 이상에 해당하는 자의 자녀
– 아동복지시설에서 생활 중인 영유아
– 다문화가족의 영유아
– 자녀가 3명 이상인 가구 또는 영유아가 2자녀 가구의 영유아
– 산업단지 입주기업체 및 지원기관 근로자의 자녀로서 산업 단지에 설치된 어린이집을 이용하는 영유아
• 2순위
– 한부모 가족의 영유아
– 조손 가족의 영유아
– 입양된 영유아

19 어린이집에 근무하는 A씨가 점수합계를 내보니, 두 영유아가 1순위 항목에서 동일한 점수를 얻었다. 이 경우에는 어떻게 해야 하는가?

① 두 영유아 모두 입소조치 한다.

② 다자녀가구 자녀를 우선 입소조치 한다.

③ 한부모 가족의 영유아를 우선 입소조치 한다.

④ 2순위 항목에 해당될 경우 1순위 항목에 추가합산한다.

⑤ 두 영유아 모두 입소조치 하지 않는다.

> ✔ 해설 명부작성방법에서 1순위 항목점수가 동일한 경우에 한하여 2순위 항목에 해당될 경우 추가합산 가능하다고 나와 있다.

20 다음에 주어진 영유아들의 입소순위로 높은 것부터 나열한 것은?

㉠ 혈족으로는 할머니가 유일하나, 현재는 아동복지시설에서 생활 중인 영유아

㉡ 아버지를 여의고 어머니가 근무하는 산업단지에 설치된 어린이집을 동생과 함께 이용하는 영유아

㉢ 동남아에서 건너온 어머니와 가장 높은 장애 등급을 가진 한국인 아버지가 국민기초생활보장법에 의한 차상위 계층에 해당되는 영유아

---

① ㉠ － ㉡ － ㉢   ② ㉡ － ㉠ － ㉢

③ ㉡ － ㉢ － ㉠   ④ ㉢ － ㉠ － ㉡

⑤ ㉢ － ㉡ － ㉠

> ✔ 해설 ㉢ 300점
> ㉡ 250점
> ㉠ 150점

21

> • 수학을 못하는 사람은 영어도 못한다.
> • 국어를 못하는 사람은 미술도 못한다.
> • 영어를 잘하는 사람은 미술도 잘한다.

> A : 수학을 잘하는 사람은 영어를 잘한다.
> B : 영어를 잘하는 사람은 국어를 잘한다.

① A만 옳다.

② B만 옳다.

③ A와 B 모두 옳다.

④ A와 B 모두 그르다.

⑤ A와 B 모두 옳은지 그른지 알 수 없다.

✔**해설** 각 조건의 대우는 다음과 같다.
• 영어를 잘하는 사람은 수학도 잘한다.
• 미술을 잘하는 사람은 국어도 잘한다.
• 미술을 못하는 사람은 영어도 못한다.
주어진 세 번째 조건과, 두 번째 조건의 대우를 연결하면 '영어를 잘하는 사람은 미술을 잘하고, 미술을 잘하는 사람은 국어도 잘한다'가 되므로 B는 옳다. A는 알 수 없다.

22

> • 날씨가 시원하면 기분이 좋다.
> • 배고프면 라면이 먹고 싶다.
> • 기분이 좋으면 마음이 차분하다.
> • '마음이 차분하면 배고프다'는 명제는 참이다.

> A : 날씨가 시원하면 라면이 먹고 싶다.
> B : 배고프면 마음이 차분하다.

① A만 옳다.
② B만 옳다.
③ A와 B 모두 옳다.
④ A와 B 모두 그르다.
⑤ A와 B 모두 옳은지 그른지 알 수 없다.

> ✔해설 날씨가 시원함→기분이 좋음→마음이 차분함→배고픔→라면이 먹고 싶음
> 따라서 A만 옳다.

23

> • 과일 A에는 씨가 2개, 과일 B에는 씨가 1개 있다.
> • 철수와 영수는 각각 과일 4개씩을 먹었다.
> • 철수는 영수보다 과일 A를 1개 더 먹었다.
> • 철수는 같은 수로 과일 A와 B를 먹었다.

> A : 영수는 B과일을 3개 먹었다.
> B : 두 사람이 과일을 다 먹고 나온 씨의 개수 차이는 1개이다.

① A만 옳다.
② B만 옳다.
③ A와 B 모두 옳다.
④ A와 B 모두 그르다.
⑤ A와 B 모두 옳은지 그른지 알 수 없다.

> ✔해설 철수는 같은 수로 과일 A와 B를 먹었으므로 각각 2개씩 먹었다는 것을 알 수 있다. 철수는 영수보다 과일 A
> 를 1개 더 먹었으므로, 영수는 과일 A를 1개 먹었다.
>
> | | A과일 | B과일 | 씨의 개수 |
> |---|---|---|---|
> | 철수 | 2개 | 2개 | 6개 |
> | 영수 | 1개 | 3개 | 5개 |

24 갑과 을, 병 세 사람은 면세점에서 A, B, C 브랜드 중 하나의 가방을 각각 구입하려고 한다. 소비자들이 가방을 구매하는데 고려하는 것은 브랜드명성, 디자인, 소재, 경제성의 네 가지 속성이다. 각 속성에 대한 평가는 0부터 10까지의 점수로 주어지며, 점수가 높을수록 소비자를 더 만족시킨다고 한다. 각 브랜드의 제품에 대한 평가와 갑, 을, 병 각자의 제품을 고르는 기준이 다음과 같을 때, 소비자들이 구매할 제품으로 바르게 짝지어진 것은?

〈브랜드별 소비자 제품평가〉

	A 브랜드	B 브랜드	C 브랜드
브랜드명성	10	7	7
경제성	4	8	5
디자인	8	6	7
소재	9	6	3

※ 각 평가에 부여하는 가중치 : 브랜드명성(0.4), 경제성(0.3), 디자인(0.2), 소재(0.1)

〈소비자별 구매기준〉

갑 : 가중치가 높은 순으로 가장 좋게 평가된 제품을 선택한다.
을 : 모든 속성을 가중치에 따라 평가(점수×가중치)하여 종합적으로 가장 좋은 대안을 선택한다.
병 : 모든 속성이 4점 이상인 제품을 선택한다. 2가지 이상이라면 디자인 점수가 높은 제품을 선택한다.

	갑	을	병			갑	을	병
①	A	A	A		②	A	A	B
③	A	B	C		④	B	C	B
⑤	B	A	B					

✔ 해설 ㉠ 갑 : 가중치가 가장 높은 브랜드명성이 가장 좋게 평가된 A 브랜드 제품을 선택한다.

㉡ 을 : 각 제품의 속성을 가중치에 따라 평가하면 다음과 같다.

A : $10(0.4)+4(0.3)+8(0.2)+9(0.1)=4+1.2+1.6+0.9=7.7$

B : $7(0.4)+8(0.3)+6(0.2)+6(0.1)=2.8+2.4+1.2+0.6=7$

C : $7(0.4)+5(0.3)+7(0.2)+3(0.1)=2.8+1.5+1.4+0.3=6$

∴ A 브랜드 제품을 선택한다.

㉢ 병 : 모든 속성이 4점 이상인 A, B 브랜드 중 디자인 점수가 더 높은 A 브랜드 제품을 선택한다.

25 다음은 화재손해 발생 시 지급 보험금 산정방법과 피보험물건의 보험금액 및 보험가액에 대한 자료이다. 다음 조건에 따를 때, 지급 보험금이 가장 많은 피보험물건은?

〈표1〉 지급 보험금 산정방법

피보험물건의 유형	조건	지급 보험금
일반물건, 창고물건, 주택	보험금액≥보험가액의 80%	손해액 전액
	보험금액＜보험가액의 80%	손해액 × $\dfrac{\text{보험금액}}{\text{보험가액의 }80\%}$
공장물건, 동산	보험금액≥보험가액	손해액 전액
	보험금액＜보험가액	손해액 × $\dfrac{\text{보험금액}}{\text{보험가액}}$

※ 보험금액은 보험사고가 발생한 때에 보험회사가 피보험자에게 지급해야 하는 금액의 최고한도를 말한다.
※ 보험가액은 보험사고가 발생한 때에 피보험자에게 발생 가능한 손해액의 최고한도를 말한다.

〈표2〉 피보험물건의 보험금액 및 보험가액

피보험물건	피보험물건 유형	보험금액	보험가액	손해액
甲	동산	7천만 원	1억 원	6천만 원
乙	일반물건	8천만 원	1억 원	8천만 원
丙	창고물건	6천만 원	7천만 원	9천만 원
丁	공장물건	9천만 원	1억 원	6천만 원
戊	주택	6천만 원	8천만 원	8천만 원

① 甲

② 乙

③ 丙

④ 丁

⑤ 戊

✔ 해설 ① 甲 : 6천만 원 × $\dfrac{7\text{천만 원}}{1\text{억 원}}$ = 4,200만 원

② 乙 : 손해액 전액이므로 8,000만 원

③ 丙 : 손해액 전액이므로 9,000만 원

④ 丁 : 6천만 원 × $\dfrac{9\text{천만 원}}{1\text{억 원}}$ = 5,400만 원

⑤ 戊 : 8천만 원 × $\dfrac{6\text{천만 원}}{6,400\text{만 원}}$ = 7,500만 원

Answer 24.① 25.③

26 G회사에 근무하는 박과장과 김과장은 점심시간을 이용해 과녁 맞추기를 하였다. 다음 〈조건〉에 근거하여 〈점수표〉의 빈칸을 채울 때 박과장과 김과장의 최종점수가 될 수 있는 것은?

〈조건〉
- 과녁에는 0점, 3점, 5점이 그려져 있다.
- 박과장과 김과장은 각각 10개의 화살을 쏘았고, 0점을 맞힌 화살의 개수만 〈점수표〉에 기록이 되어 있다.
- 최종 점수는 각 화살이 맞힌 점수의 합으로 한다.
- 박과장과 김과장이 쏜 화살 중에는 과녁 밖으로 날아간 화살은 없다.
- 박과장과 김과장이 5점을 맞힌 화살의 개수는 동일하다.

〈점수표〉

점수	박과장의 화살 수	김과장의 화살 수
0점	3	2
3점		
5점		

	박과장의 최종점수	김과장의 최종점수
①	25	29
②	26	29
③	27	30
④	28	30
⑤	29	30

✔**해설** 5점을 맞힌 화살의 개수가 동일하다고 했으므로 5점의 개수에 따라 점수를 정리하면 다음과 같다.

	1개	2개	3개	4개	5개	6개	7개
박과장	5+18=23	10+15=25	15+12=27	20+9=29	25+6=31	30+3=33	35+0=35
김과장	5+21=26	10+18=28	15+15=30	20+12=32	25+9=34	30+6=36	35+3=38

27 다음 〈조건〉에 따를 때 바나나우유를 구매한 사람을 바르게 짝지은 것은?

〈조건〉

- 남은 우유는 10개이며, 흰우유, 초코우유, 바나나우유, 딸기우유, 커피우유 각각 두 개 씩 남아 있다.
- 독미, 민희, 영진, 호섭 네 사람이 남은 열 개의 우유를 모두 구매하였으며, 이들이 구매한 우유의 수는 모두 다르다.
- 우유를 전혀 구매하지 않은 사람은 없으며, 같은 종류의 우유를 두 개 구매한 사람도 없다.
- 독미와 영진이가 구매한 우유 중에 같은 종류가 하나 있다.
- 영진이와 민희가 구매한 우유 중에 같은 종류가 하나 있다.
- 독미와 민희가 동시에 구매한 우유의 종류는 두 가지이다.
- 독미는 딸기우유와 바나나우유는 구매하지 않았다.
- 영진이는 흰우유와 커피우유는 구매하지 않았다.
- 호섭이는 딸기우유를 구매했다.
- 민희는 총 네 종류의 우유를 구매했다.

① 민희, 호섭　　　　　　　　　② 독미, 영진

③ 민희, 영진　　　　　　　　　④ 영진, 호섭

⑤ 독미, 민희

✔해설 독미는 민희와 같은 종류의 우유를 2개 구매하였고, 영진이와도 같은 종류의 우유를 하나 구매하였다. 따라서 독미는 우유를 3개 이상을 구매하게 되는데 딸기우유와 바나나우유를 구매하지 않았다고 했으므로 흰우유, 초코우유, 커피우유를 구매했다. 독미와 영진이가 구매한 우유 중에 같은 종류가 하나 있다고 하였고 영진이가 흰우유와 커피우유를 구매하지 않았다고 하였으므로 영진이는 초코우유를 구매했다. 이로서 초코우유는 독미와 영진이가 구매하였고, 민희는 4종류의 우유를 구매했다고 했으므로 초코우유를 제외한 흰우유, 바나나우유, 딸기우유, 커피우유를 구매하였다. 민희와 영진이가 구매한 우유 중에 같은 종류가 하나 있다고 하였는데 그 우유가 바나나우유이다. 따라서 바나나우유를 구매한 사람은 민희와 영진이다.

28 다음은 공공기관을 구분하는 기준이다. 다음 규정에 따라 각 기관을 구분한 결과가 옳지 않은 것은?

〈공공기관의 구분〉

제00조 제1항
공공기관을 공기업·준정부기관과 기타공공기관으로 구분하여 지정한다. 직원 정원이 50인 이상인 공공기관은 공기업 또는 준정부기관으로, 그 외에는 기타공공기관으로 지정한다.

제00조 제2항
제1항의 규정에 따라 공기업과 준정부기관을 지정하는 경우 자체수입액이 총수입액의 2분의 1 이상인 기관은 공기업으로, 그 외에는 준정부기관으로 지정한다.

제00조 제3항
제1항 및 제2항의 규정에 따른 공기업을 다음의 구분에 따라 세분하여 지정한다.
• 시장형 공기업 : 자산규모가 2조 원 이상이고, 총 수입액 중 자체수입액이 100분의 85 이상인 공기업
• 준시장형 공기업 : 시장형 공기업이 아닌 공기업

〈공공기관의 현황〉

공공기관	직원 정원	자산규모	자체수입비율
A	70명	4조 원	90%
B	45명	2조 원	50%
C	65명	1조 원	55%
D	60명	1.5조 원	45%
E	40명	2조 원	60%

※ 자체수입비율 : 총 수입액 대비 자체수입액 비율

---

① A – 시장형 공기업
② B – 기타공공기관
③ C – 준정부기관
④ D – 준정부기관
⑤ E – 기타공공기관

✔해설 ③ C는 정원이 50명이 넘으므로 기타공공기관이 아니며, 자체수입비율이 55%이므로 자체수입액이 총수입액의 2분의 1 이상이기 때문에 공기업이다. 시장형 공기업 조건에 해당하지 않으므로 C는 준시장형 공기업이다.

29 다음 〈쓰레기 분리배출 규정〉을 준수한 것은?

〈쓰레기 분리배출 규정〉

- 배출 시간 : 수거 전날 저녁 7시~수거 당일 새벽 3시까지(월요일~토요일에만 수거함)
- 배출 장소 : 내 집 앞, 내 점포 앞
- 쓰레기별 분리배출 방법
  - 일반 쓰레기 : 쓰레기 종량제 봉투에 담아 배출
  - 음식물 쓰레기 : 단독주택의 경우 수분 제거 후 음식물 쓰레기 종량제 봉투에 담아서, 공동주택의 경우 음식물 전용용기에 담아서 배출
  - 재활용 쓰레기 : 종류별로 분리하여 투명 비닐봉투에 담아 묶어서 배출
    ① 1종(병류)
    ② 2종(캔, 플라스틱, 페트병 등)
    ③ 3종(폐비닐류, 과자 봉지, 1회용 봉투 등)
      ※ 1종과 2종의 경우 뚜껑을 제거하고 내용물을 비운 후 배출
      ※ 종이류 / 박스 / 스티로폼은 각각 별도로 묶어서 배출
  - 폐가전 · 폐가구 : 폐기물 스티커를 부착하여 배출
- 종량제 봉투 및 폐기물 스티커 구입 : 봉투판매소

---

① 甲은 토요일 저녁 8시에 일반 쓰레기를 쓰레기 종량제 봉투에 담아 자신의 집 앞에 배출하였다.

② 공동주택에 사는 乙은 먹다 남은 찌개를 그대로 음식물 쓰레기 종량제 봉투에 담아 주택 앞에 배출하였다.

③ 丙은 투명 비닐봉투에 캔과 스티로폼을 함께 담아 자신의 집 앞에 배출하였다.

④ 戊는 집에서 쓰던 냉장고를 버리기 위해 폐기물 스티커를 구입 후 부착하여 월요일 저녁 9시에 자신의 집 앞에 배출하였다.

⑤ 丁은 금요일 낮 3시에 병과 플라스틱을 분리하여 투명 비닐봉투에 담아 묶어서 배출하였다.

✔해설 ① 배출 시간은 수거 전날 저녁 7시부터 수거 당일 새벽 3시까지인데 일요일은 수거하지 않으므로 토요일 저녁 8시에 쓰레기를 내놓은 甲은 규정을 준수했다고 볼 수 없다.
② 공동주택에서 음식물 쓰레기를 배출할 경우 음식물 전용용기에 담아서 배출해야 한다.
③ 스티로폼은 별도로 묶어서 배출해야 하는 품목이다.
⑤ 저녁 7시부터 새벽 3시까지 배출해야 한다.

30 다음 내용을 바탕으로 예측한 내용으로 옳은 것은?

사회통합프로그램이란 국내 이민자가 법무부장관이 정하는 소정의 교육과정을 이수하도록 하여 건전한 사회구성원으로 적응·자립할 수 있도록 지원하고 국적취득, 체류허가 등에 있어서 편의를 주는 제도이다. 프로그램의 참여대상은 대한민국에 체류하고 있는 결혼이민자 및 일반이민자(동포, 외국인근로자, 유학생, 난민 등)이다. 사회통합프로그램의 교육과정은 '한국어과정'과 '한국사회이해과정'으로 구성된다. 신청자는 우선 한국어능력에 대한 사전평가를 받고, 그 평가점수에 따라 한국어과정 또는 한국사회이해과정에 배정된다.

일반이민자로서 참여를 신청한 자는 사전평가 점수에 의해 배정된 단계로부터 6단계까지 순차적으로 교육과정을 이수하여야 한다. 한편 결혼이민자로서 참여를 신청한 자는 4~5단계를 면제받는다. 예를 들어 한국어과정 2단계를 배정받은 결혼이민자는 3단계까지 완료한 후 바로 6단계로 진입한다. 다만 결혼이민자의 한국어능력 강화를 위하여 2026년 1월 1일부터 신청한 결혼이민자에 대해서는 한국어과정 면제제도를 폐지하여 일반이민자와 동일하게 프로그램을 운영한다.

〈과정 및 이수시간(2025년 12월 기준)〉

구분		1단계	2단계	3단계	4단계	5단계	6단계
과정		한국어					한국사회 이해
		기초	초급 1	초급 2	중급 1	중급 2	
이수시간		15시간	100시간	100시간	100시간	100시간	50시간
사전평가 점수	일반 이민자	0~10점	11~29점	30~49점	50~69점	70~89점	90~100점
	결혼 이민자	0~10점	11~29점	30~49점	면제		50~100점

① 2025년 12월에 사회통합프로그램을 신청한 결혼이민자 A는 한국어과정을 최소 100시간 이수하여야 한다.

② 2026년 1월에 사회통합프로그램을 신청하여 사전평가에서 95점을 받은 외국인근로자 B는 한국어과정을 이수하여야 한다.

③ 난민 인정을 받은 후 2025년 11월에 사회통합프로그램을 신청한 C는 한국어과정과 한국사회이해과정을 동시에 이수할 수 있다.

④ 2026년 2월에 사회통합프로그램 참여를 신청한 결혼이민자 D는 한국어과정 3단계를 완료한 직후 한국사회이해과정을 이수하면 된다.

⑤ 2025년 12월에 사회통합프로그램을 신청하여 사전평가에서 77점을 받은 유학생 E는 사회통합프로그램 교육과정을 총 150시간 이수하여야 한다.

✔해설 ① 2025년 12월에 사회통합프로그램을 신청한 결혼이민자 A는 사전평가 점수에 따라 한국어과정이 면제될 수 있다.

② 2026년 1월에 사회통합프로그램을 신청하여 사전평가에서 95점을 받은 외국인근로자 B는 한국사회이해과정을 이수하여야 한다.

③ 일반이민자로서 참여를 신청한 자는 사전평가 점수에 의해 배정된 단계로부터 6단계까지 순차적으로 교육과정을 이수하여야 한다고 언급하고 있다.

④ 2026년 1월 1일부터 신청한 결혼이민자에 대해서는 한국어과정 면제제도를 폐지하여 일반이민자와 동일하게 프로그램을 운영한다고 하였으므로 D는 한국어과정 3단계 완료 후 4, 5단계를 완료해야 6단계를 이수할 수 있다.

1 조직과 개인

(1) 조직

① 조직과 기업

    ㉠ **조직** : 두 사람 이상이 공동의 목표를 달성하기 위해 의식적으로 구성된 상호작용과 조정을 행하는 행동의 집합체

    ㉡ **기업** : 노동, 자본, 물자, 기술 등을 투입하여 제품이나 서비스를 산출하는 기관

② 조직의 유형

기준	구분	예
공식성	공식조직	조직의 규모, 기능, 규정이 조직화된 조직
	비공식조직	인간관계에 따라 형성된 자발적 조직
영리성	영리조직	사기업
	비영리조직	정부조직, 병원, 대학, 시민단체
조직규모	소규모 조직	가족 소유의 상점
	대규모 조직	대기업

(2) 경영

① **경영의 의미** … 경영은 조직의 목적을 달성하기 위한 전략, 관리, 운영활동이다.

② 경영의 구성요소

    ㉠ **경영목적** : 조직의 목적을 달성하기 위한 방법이나 과정

    ㉡ **인적자원** : 조직의 구성원·인적자원의 배치와 활용

    ㉢ **자금** : 경영활동에 요구되는 돈·경영의 방향과 범위 한정

    ㉣ **경영전략** : 변화하는 환경에 적응하기 위한 경영활동 체계화

③ 경영자의 역할

대인적 역할	정보적 역할	의사결정적 역할
• 조직의 대표자 • 조직의 리더 • 상징자, 지도자	• 외부환경 모니터 • 변화전달 • 정보전달자	• 문제 조정 • 대외적 협상 주도 • 분쟁조정자, 자원배분자, 협상가

(3) 조직체제 구성요소

① **조직목표** … 전체 조직의 성과, 자원, 시장, 인력개발, 혁신과 변화, 생산성에 대한 목표

② **조직구조** … 조직 내의 부문 사이에 형성된 관계

③ **조직문화** … 조직구성원들 간에 공유하는 생활양식이나 가치

④ **규칙 및 규정** … 조직의 목표나 전략에 따라 수립되어 조직구성원들이 활동범위를 제약하고 일관성을 부여하는 기능

예제 1

주어진 글의 빈칸에 들어갈 말로 가장 적절한 것은?

> 조직이 지속되게 되면 조직구성원들 간 생활양식이나 가치를 공유하게 되는데 이를 조직의 (㉠)라고 한다. 이는 조직구성원들의 사고와 행동에 영향을 미치며 일체감과 정체성을 부여하고 조직이 (㉡)으로 유지되게 한다. 최근 이에 대한 중요성이 부각되면서 긍정적인 방향으로 조성하기 위한 경영층의 노력이 이루어지고 있다.

① ㉠ : 목표, ㉡ : 혁신적
② ㉠ : 구조, ㉡ : 단계적
③ ㉠ : 문화, ㉡ : 안정적
④ ㉠ : 규칙, ㉡ : 체계적

출제의도
본 문항은 조직체계의 구성요소들의 개념을 묻는 문제이다.

해 설
조직문화란 조직구성원들 간에 공유하게 되는 생활양식이나 가치를 말한다. 이는 조직구성원들의 사고와 행동에 영향을 미치며 일체감과 정체성을 부여하고 조직이 안정적으로 유지되게 한다.

답 ③

---

(4) 조직변화의 과정

환경변화 인지 → 조직변화 방향 수립 → 조직변화 실행 → 변화결과 평가

(5) 조직과 개인

개인	지식, 기술, 경험 → ← 연봉, 성과급, 인정, 칭찬, 만족감	조직

2 **조직이해능력을 구성하는 하위능력**

(1) 경영이해능력

① 경영 … 경영은 조직의 목적을 달성하기 위한 전략, 관리, 운영활동이다.
  ㉠ 경영의 구성요소 : 경영목적, 인적자원, 자금, 전략
  ㉡ 경영의 과정

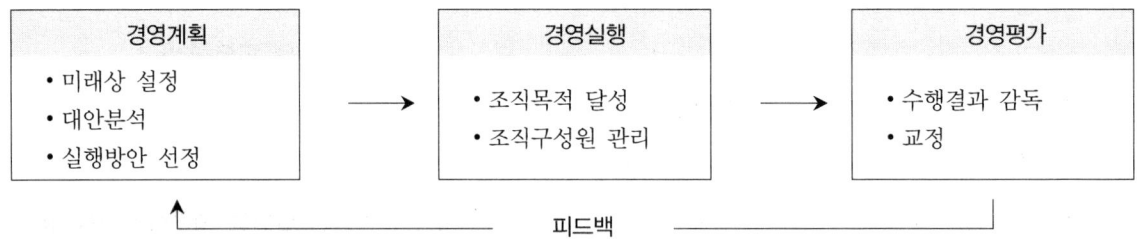

  ㉢ 경영활동 유형
    • 외부경영활동 : 조직외부에서 조직의 효과성을 높이기 위해 이루어지는 활동이다.
    • 내부경영활동 : 조직내부에서 인적, 물적 자원 및 생산기술을 관리하는 것이다.

② 의사결정과정
  ㉠ 의사결정의 과정
    • 확인 단계 : 의사결정이 필요한 문제를 인식한다.
    • 개발 단계 : 확인된 문제에 대하여 해결방안을 모색하는 단계이다.
    • 선택 단계 : 해결방안을 마련하며 실행가능한 해결안을 선택한다.
  ㉡ 집단의사결정의 특징
    • 지식과 정보가 더 많아 효과적인 결정을 할 수 있다.
    • 다양한 견해를 가지고 접근할 수 있다.
    • 결정된 사항에 대하여 의사결정에 참여한 사람들이 해결책을 수월하게 수용하고, 의사소통의 기회도 향상된다.
    • 의견이 불일치하는 경우 의사결정을 내리는데 시간이 많이 소요된다.
    • 특정 구성원에 의해 의사결정이 독점될 가능성이 있다.

③ 경영전략
  ㉠ 경영전략 추진과정

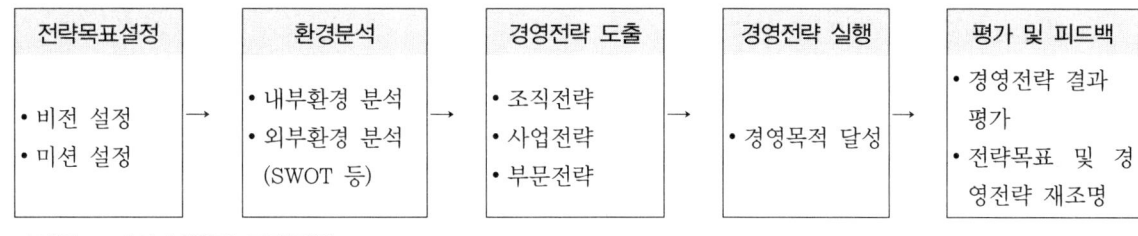

전략목표설정	환경분석	경영전략 도출	경영전략 실행	평가 및 피드백
• 비전 설정 • 미션 설정	• 내부환경 분석 • 외부환경 분석 (SWOT 등)	• 조직전략 • 사업전략 • 부문전략	• 경영목적 달성	• 경영전략 결과 평가 • 전략목표 및 경영전략 재조명

  ㉡ 마이클 포터의 본원적 경쟁전략

		전략적 우위 요소	
		고객들이 인식하는 제품의 특성	원가우위
전략적 목표	산업전체	차별화	원가우위
	산업의 특정부문	집중화	
		(차별화 + 집중화)	(원가우위 + 집중화)

예제 2

다음은 경영전략을 세우는 방법 중 하나인 SWOT에 따른 어느 기업의 분석결과이다. 다음 중 주어진 기업 분석 결과에 대응하는 전략은?

강점(Strength)	• 차별화된 맛과 메뉴 • 폭넓은 네트워크
약점(Weakness)	• 매출의 계절적 변동폭이 큼 • 딱딱한 기업 이미지
기회(Opportunity)	• 소비자의 수요 트렌드 변화 • 가계의 외식 횟수 증가 • 경기회복 가능성
위협(Threat)	• 새로운 경쟁자의 진입 가능성 • 과도한 가계부채

내부환경 외부환경	강점(Strength)	약점(Weakness)
기회 (Opportunity)	① 계절 메뉴 개발을 통한 분기 매출 확보	② 고객의 소비패턴을 반영한 광고를 통한 이미지 쇄신
위협 (Threat)	③ 소비 트렌드 변화를 반영한 시장 세분화 정책	④ 고급화 전략을 통한 매출 확대

④ 경영참가제도

　　㉠ 목적

　　　• 경영의 민주성을 제고할 수 있다.

　　　• 공동으로 문제를 해결하고 노사 간의 세력 균형을 이룰 수 있다.

　　　• 경영의 효율성을 제고할 수 있다.

　　　• 노사 간 상호 신뢰를 증진시킬 수 있다.

　　㉡ 유형

　　　• 경영참가 : 경영자의 권한인 의사결정과정에 근로자 또는 노동조합이 참여하는 것

　　　• 이윤참가 : 조직의 경영성과에 대하여 근로자에게 배분하는 것

　　　• 자본참가 : 근로자가 조직 재산의 소유에 참여하는 것

예제 3

다음은 중국의 H사에서 시행하는 경영참가제도에 대한 기사이다. 밑줄 친 이 제도는 무엇인가?

> H사는 '사람' 중심의 수평적 기업문화가 발달했다. H사는 <u>이 제도</u>의 시행을 통해 직원들이 경영에 간접적으로 참여할 수 있게 하였는데 이에 따라 자연스레 기업에 대한 직원들의 책임 의식도 강화됐다. 참여주주는 8만2471명이다. 모두 H사의 임직원이며, 이 중 창립자인 CEO R은 개인 주주로 총 주식의 1.18%의 지분과 퇴직연금으로 주식총액의 0.21%만을 보유하고 있다.

① 노사협의회제도　　　　　　　　② 이윤분배제도
③ 종업원지주제도　　　　　　　　④ 노동주제도

---

(2) 체제이해능력

① 조직목표 : 조직이 달성하려는 장래의 상태

　㉠ 조직목표의 기능

　　• 조직이 존재하는 정당성과 합법성 제공

　　• 조직이 나아갈 방향 제시

　　• 조직구성원 의사결정의 기준

　　• 조직구성원 행동수행의 동기유발

　　• 수행평가 기준

　　• 조직설계의 기준

  © 조직목표의 특징

   • 공식적 목표와 실제적 목표가 다를 수 있음

   • 다수의 조직목표 추구 가능

   • 조직목표 간 위계적 상호관계가 있음

   • 가변적 속성

   • 조직의 구성요소와 상호관계를 가짐

② 조직구조

  ㉠ 조직구조의 결정요인 : 전략, 규모, 기술, 환경

  ㉡ 조직구조의 유형과 특징

유형	특징
기계적 조직	• 구성원들의 업무가 분명하게 규정 • 엄격한 상하 간 위계질서 • 다수의 규칙과 규정 존재
유기적 조직	• 비공식적인 상호의사소통 • 급변하는 환경에 적합한 조직

③ 조직문화

  ㉠ 조직문화 기능

   • 조직구성원들에게 일체감, 정체성 부여

   • 조직몰입 향상

   • 조직구성원들의 행동지침 : 사회화 및 일탈행동 통제

   • 조직의 안정성 유지

  ㉡ 조직문화 구성요소(7S) : 공유가치(Shared Value), 리더십 스타일(Style), 구성원(Staff), 제도·절차 (System), 구조(Structure), 전략(Strategy), 스킬(Skill)

④ 조직 내 집단

  ㉠ 공식적 집단 : 조직에서 의식적으로 만든 집단으로 집단의 목표, 임무가 명확하게 규정되어 있다.

   예 임시위원회, 작업팀 등

  ㉡ 비공식적 집단 : 조직구성원들의 요구에 따라 자발적으로 형성된 집단이다.

   예 스터디모임, 봉사활동 동아리, 각종 친목회 등

(3) 업무이해능력

① 업무 : 업무는 상품이나 서비스를 창출하기 위한 생산적인 활동이다.

    ㉠ 업무의 종류

부서	업무(예)
총무부	주주총회 및 이사회개최 관련 업무, 의전 및 비서업무, 집기비품 및 소모품의 구입과 관리, 사무실 임차 및 관리, 차량 및 통신시설의 운영, 국내외 출장 업무 협조, 복리후생 업무, 법률자문과 소송관리, 사내외 홍보 광고업무
인사부	조직기구의 개편 및 조정, 업무분장 및 조정, 인력수급계획 및 관리, 직무 및 정원의 조정 종합, 노사관리, 평가관리, 상벌관리, 인사발령, 교육체계 수립 및 관리, 임금제도, 복리후생제도 및 지원업무, 복무관리, 퇴직관리
기획부	경영계획 및 전략 수립, 전사기획업무 종합 및 조정, 중장기 사업계획의 종합 및 조정, 경영정보 조사 및 기획보고, 경영진단업무, 종합예산수립 및 실적관리, 단기사업계획 종합 및 조정, 사업계획, 손익추정, 실적관리 및 분석
회계부	회계제도의 유지 및 관리, 재무상태 및 경영실적 보고, 결산 관련 업무, 재무제표분석 및 보고, 법인세, 부가가치세, 국세 지방세 업무자문 및 지원, 보험가입 및 보상업무, 고정자산 관련 업무
영업부	판매 계획, 판매예산의 편성, 시장조사, 광고 선전, 견적 및 계약, 제조지시서의 발행, 외상매출금의 청구 및 회수, 제품의 재고 조절, 거래처로부터의 불만처리, 제품의 애프터서비스, 판매원가 및 판매가격의 조사 검토

다음은 I기업의 조직도와 팀장님의 지시사항이다. H씨가 팀장님의 심부름을 수행하기 위해 연락해야 할 부서로 옳은 것은?

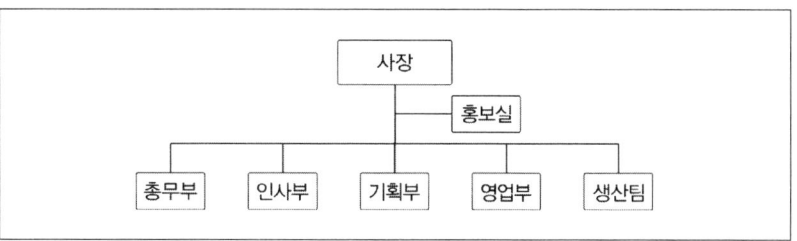

H씨! 내가 지금 너무 바빠서 그러는데 부탁 좀 들어줄래요? 다음 주 중에 사장님 모시고 클라이언트와 만나야 할 일이 있으니까 사장님 일정을 확인해주시구요. 이번 달에 신입사원 교육 · 훈련계획이 있었던 것 같은데 정확한 시간이랑 날짜를 확인해주세요.

① 총무부, 인사부
② 총무부, 홍보실
③ 기획부, 총무부
④ 영업부, 기획부

조직도와 부서의 명칭을 보고 개략적인 부서의 소관 업무를 분별할 수 있는지를 묻는 문항이다.

사장의 일정에 관한 사항은 비서실에서 관리하나 비서실이 없는 회사의 경우 총무부(또는 팀)에서 비서업무를 담당하기도 한다. 또한 신입사원 관리 및 교육은 인사부에서 관리한다.

답 ①

ⓛ 업무의 특성
- 공통된 조직의 목적 지향
- 요구되는 지식, 기술, 도구의 다양성
- 다른 업무와의 관계, 독립성
- 업무수행의 자율성, 재량권

② 업무수행 계획
ㄱ 업무지침 확인 : 조직의 업무지침과 나의 업무지침을 확인한다.
ㄴ 활용 자원 확인 : 시간, 예산, 기술, 인간관계
ㄷ 업무수행 시트 작성
- 간트 차트 : 단계별로 업무의 시작과 끝 시간을 바 형식으로 표현
- 워크 플로 시트 : 일의 흐름을 동적으로 보여줌
- 체크리스트 : 수행수준 달성을 자가점검

Point 》 간트 차트와 플로 차트

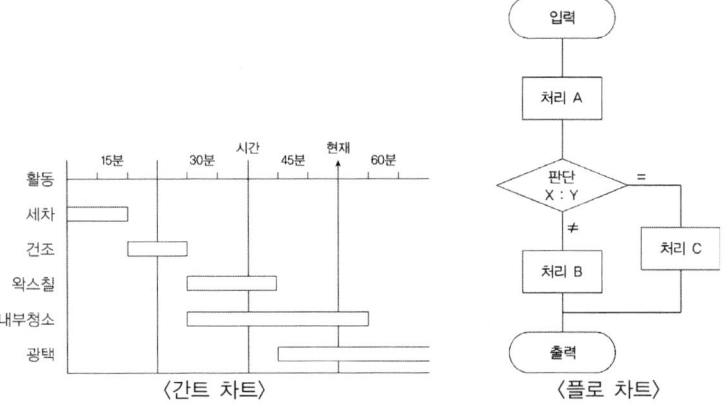

〈간트 차트〉   〈플로 차트〉

예제 5

다음 중 업무수행 시 단계별로 업무를 시작해서 끝나는 데까지 걸리는 시간을 바 형식으로 표시하여 전체 일정 및 단계별로 소요되는 시간과 각 업무활동 사이의 관계를 볼 수 있는 업무수행 시트는?

① 간트 차트
② 워크 플로 차트
③ 체크리스트
④ 퍼트 차트

---

③ 업무 방해요소

　㉠ 다른 사람의 방문, 인터넷, 전화, 메신저 등

　㉡ 갈등관리

　㉢ 스트레스

(4) 국제감각

① 세계화와 국제경영

    ㉠ 세계화 : 3Bs(국경 ; Border, 경계 ; Boundary, 장벽 ; Barrier)가 완화되면서 활동범위가 세계로 확대되는 현상이다.

    ㉡ 국제경영 : 다국적 내지 초국적 기업이 등장하여 범지구적 시스템과 네트워크 안에서 기업 활동이 이루어지는 것이다.

② 이문화 커뮤니케이션 … 서로 상이한 문화 간 커뮤니케이션으로 직업인이 자신의 일을 수행하는 가운데 문화배경을 달리하는 사람과 커뮤니케이션을 하는 것이 이에 해당한다. 이문화 커뮤니케이션은 언어적 커뮤니케이션과 비언어적 커뮤니케이션으로 구분된다.

③ 국제 동향 파악 방법

    ㉠ 관련 분야 해외사이트를 방문해 최신 이슈를 확인한다.

    ㉡ 매일 신문의 국제면을 읽는다.

    ㉢ 업무와 관련된 국제잡지를 정기구독 한다.

    ㉣ 고용노동부, 한국산업인력공단, 산업통상자원부, 중소벤처기업부, 대한상공회의소, 산업별인적자원개발협의체 등의 사이트를 방문해 국제동향을 확인한다.

    ㉤ 국제학술대회에 참석한다.

    ㉥ 업무와 관련된 주요 용어의 외국어를 알아둔다.

    ㉦ 해외서점 사이트를 방문해 최신 서적 목록과 주요 내용을 파악한다.

    ㉧ 외국인 친구를 사귀고 대화를 자주 나눈다.

④ 대표적인 국제매너

    ㉠ 미국인과 인사할 때에는 눈이나 얼굴을 보는 것이 좋으며 오른손으로 상대방의 오른손을 힘주어 잡았다가 놓아야 한다.

    ㉡ 러시아와 라틴아메리카 사람들은 인사할 때에 포옹을 하는 경우가 있는데 이는 친밀함의 표현이므로 자연스럽게 받아주는 것이 좋다.

    ㉢ 명함은 받으면 꾸기거나 계속 만지지 않고 한 번 보고나서 탁자 위에 보이는 채로 대화하거나 명함집에 넣는다.

    ㉣ 미국인들은 시간 엄수를 중요하게 생각하므로 약속시간에 늦지 않도록 주의한다.

    ㉤ 스프를 먹을 때에는 몸쪽에서 바깥쪽으로 숟가락을 사용한다.

    ㉥ 생선요리는 뒤집어 먹지 않는다.

    ㉦ 빵은 스프를 먹고 난 후부터 디저트를 먹을 때까지 먹는다.

출제예상문제

1 다음 글의 빈칸에 들어갈 적절한 말은 어느 것인가?

> 하나의 조직이 조직의 목적을 달성하기 위해서는 이를 관리, 운영하는 활동이 요구된다. 이러한 활동은 조직이 수립한 목적을 달성하기 위하여 계획을 세우고 실행하고 그 결과를 평가하는 과정이다. 직업인은 조직의 한 구성원으로서 자신이 속한 조직이 어떻게 운영되고 있으며, 어떤 방향으로 흘러가고 있는지, 현재 운영체제의 문제는 무엇이고 생산성을 높이기 위해 어떻게 개선되어야 하는지 등을 이해하고 자신의 업무 영역에 맞게 적용하는 (   )이 요구된다.

① 체제이해능력
② 경영이해능력
③ 업무이해능력
④ 자기개발능력
⑤ 업무활용능력

> ✔ **해설** 경영은 한마디로 조직의 목적을 달성하기 위한 전략, 관리, 운영활동이다. 즉, 경영은 경영의 대상인 조직과 조직의 목적, 경영의 내용인 전략, 관리, 운영으로 이루어진다. 과거에는 경영(administration)을 단순히 관리(management)라고 생각하였다. 관리는 투입되는 자원을 최소화하거나 주어진 자원을 이용하여 추구하는 목표를 최대한 달성하기 위한 활동이다

2 T공사에서는 다음과 같은 안내문을 인터넷 홈페이지에 게재하였다. T공사의 조직도를 참고할 때, 다음 안내문의 빈 칸 ㉠에 들어갈 조직명으로 가장 적절한 것은 어느 것인가?

「장애인콜택시」 DB서버 교체에 따른 서비스 일시중지 안내

T공사에서는 장애인콜택시 이용자 증가에 따라, 이용자의 보다 편리한 서비스 이용을 위해 다음과 같이 DB서버를 교체할 예정입니다. 다음의 작업시간 동안 장애인콜택시 접수 및 이용이 원활치 않을 수 있으니, 이용에 참고하시기 바랍니다.

– 다 음 –

1. 작업시간: 20××. 12.20(수) 00:00 ~ 12.20(수) 04:00
2. 작업내용: DB서버 교체작업

자세한 사항은 T공사[(㉠   )팀(T.02-000-0000)]으로 문의 주시기 바랍니다.

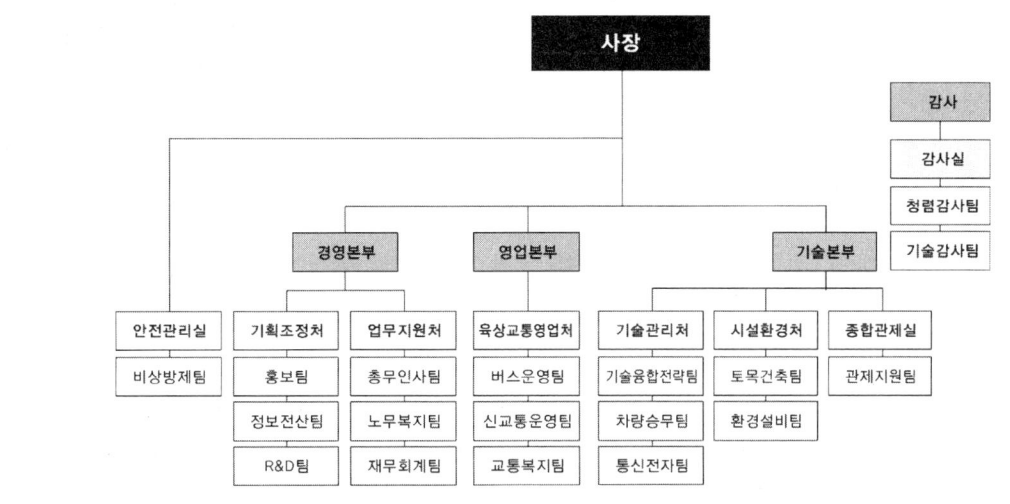

---

① 비상방재팀　　　　　　　　② 노무복지팀

③ 버스운영팀　　　　　　　　④ 교통복지팀

⑤ 환경설비팀

✔해설 안내문의 내용은 DB서버 교체작업이다. 실제 DB서버 작업을 수행하는 부서는 전산 기술이 필요한 정보전산팀이 될 수 있으나, 정보전산팀은 보기에 제시되어 있지 않을 뿐 아니라, 교체작업은 장애인콜택시 이용자 증가에 따른 행위이므로 안내문에 따른 대외 연락은 교통복지 관련 업무로 보는 것이 더 타당하다.

Answer 1.② 2.④

3 다음은 각 지역에 사무소를 운영하고 있는 A사의 임직원 행동강령의 일부이다. 다음 내용에 부합되지 않는 설명은 어느 것인가?

제5조【이해관계직무의 회피】

① 임직원은 자신이 수행하는 직무가 다음 각 호의 어느 하나에 해당하는 경우에는 그 직무의 회피 여부 등에 관하여 지역관할 행동강령책임관과 상담한 후 처리하여야 한다. 다만, 사무소장이 공정한 직무수행에 영향을 받지 아니한다고 판단하여 정하는 단순 민원업무의 경우에는 그러하지 아니한다.

    1. 자신, 자신의 직계 존속·비속, 배우자 및 배우자의 직계 존속·비속의 금전적 이해와 직접적인 관련이 있는 경우

    2. 4촌 이내의 친족이 직무관련자인 경우

    3. 자신이 2년 이내에 재직하였던 단체 또는 그 단체의 대리인이 직무관련자이거나 혈연, 학연, 지연, 종교 등으로 지속적인 친분관계에 있어 공정한 직무수행이 어렵다고 판단되는 자가 직무관련자인 경우

    4. 그 밖에 지역관할 행동강령책임관이 공정한 직무수행이 어려운 관계에 있다고 정한 자가 직무관련자인 경우

② 제1항에 따라 상담요청을 받은 지역관할 행동강령책임관은 해당 임직원이 그 직무를 계속 수행하는 것이 적절하지 아니하다고 판단되면 본사 행동강령책임관에게 보고하여야 한다. 다만, 지역관할 행동강령책임관이 그 권한의 범위에서 그 임직원의 직무를 일시적으로 재배정할 수 있는 경우에는 그 직무를 재배정하고 본사 행동강령책임관에게 보고하지 아니할 수 있다.

③ 제2항에 따라 보고를 받은 본사 행동강령책임관은 직무가 공정하게 처리될 수 있도록 인력을 재배치하는 등 필요한 조치를 하여야 한다.

제6조【특혜의 배제】 임직원은 직무를 수행함에 있어 지연·혈연·학연·종교 등을 이유로 특정인에게 특혜를 주거나 특정인을 차별하여서는 아니 된다.

제6조의2【직무관련자와의 사적인 접촉 제한】

① 임직원은 소관업무와 관련하여 우월적 지위에 있는 경우 그 상대방인 직무관련자(직무관련자인 퇴직자를 포함한다)와 당해 직무 개시시점부터 종결시점까지 사적인 접촉을 하여서는 아니 된다. 다만, 부득이한 사유로 접촉할 경우에는 사전에 소속 사무소장에게 보고(부재 시 등 사후보고) 하여야 하고, 이 경우에도 내부정보 누설 등의 행위를 하여서는 아니 된다.

② 제1항의 "사적인 접촉"이란 다음 각 호의 어느 하나에 해당하는 것을 말한다.

    1. 직무관련자와 사적으로 여행을 함께하는 경우

    2. 직무관련자와 함께 사행성 오락(마작, 화투, 카드 등)을 하는 경우

③ 제1항의 "부득이한 사유"는 다음 각 호의 어느 하나에 해당하는 경우를 말한다. (제2항 제2호 제외)
  1. 직무관련자인 친족과 가족 모임을 함께하는 경우
  2. 동창회 등 친목단체에 직무관련자가 있어 부득이하게 함께하는 경우
  3. 사업추진을 위한 협의 등을 사유로 계열사 임직원과 함께하는 경우
  4. 사전에 직무관련자가 참석한 사실을 알지 못한 상태에서 그가 참석한 행사 등에서 접촉한 경우

① 이전 직장의 퇴직이 2년이 경과하지 않은 시점에서 이전 직장의 이해관계와 연관 있는 업무는 회피하여야 한다.

② 이해관계 직무를 회피하기 위해 임직원의 업무가 재배정된 경우 이것이 반드시 본사 행동강령책임관에게 보고되는 것은 아니다.

③ 임직원이 직무 관련 우월적 지위에 있는 경우, 소속 사무소장에게 보고하지 않는(사후보고 제외) 직무 상대방과의 '사적인 접촉'은 어떠한 경우에도 허용되지 않는다.

④ 지역관할 행동강령책임관은 공정한 직무수행이 가능한 직무관련자인지의 여부를 본인의 판단으로 결정할 수 없다.

⑤ 직무관련성이 있는 대학 동창이 포함된 동창회에서 여행을 가게 될 경우 사무소장에게 보고 후 참여할 수 있다.

✔해설 임직원행동강령에서는 '그 밖에 지역관할 행동강령책임관이 공정한 직무수행이 어려운 관계에 있다고 정한 자가 직무관련자인 경우'라고 규정하고 있으므로 지역관할 행동강령책임관의 판단으로 결정할 수 있다.
① 이전 직장 퇴직 후 2년이 경과하지 않으면 직무관련성이 남아 있는 것으로 간주한다.
② '지역관할 행동강령책임관이 그 권한의 범위에서 그 임직원의 직무를 일시적으로 재배정할 수 있는 경우에는 그 직무를 재배정하고 본사 행동강령책임관에게 보고하지 아니할 수 있다.'고 규정하고 있다.
③ 규정되어 있는 '사적인 접촉'은 어떠한 경우에도 사전에 보고되어야 하며, 보고받는 자가 부재 시에는 사후에 반드시 보고하도록 규정하고 있다.
⑤ 여행을 가는 경우는 사적인 접촉에 해당되며, 직무관련자가 대학 동창인 것은 부득이한 사유에 해당한다. 따라서 이 경우 사무소장에게 보고를 한 후 여행에 참여할 수 있으며 정보 누설 등의 금지 원칙을 준수하여야 한다.

4   다음 중 아래 조직도를 보고 잘못 이해한 것은?

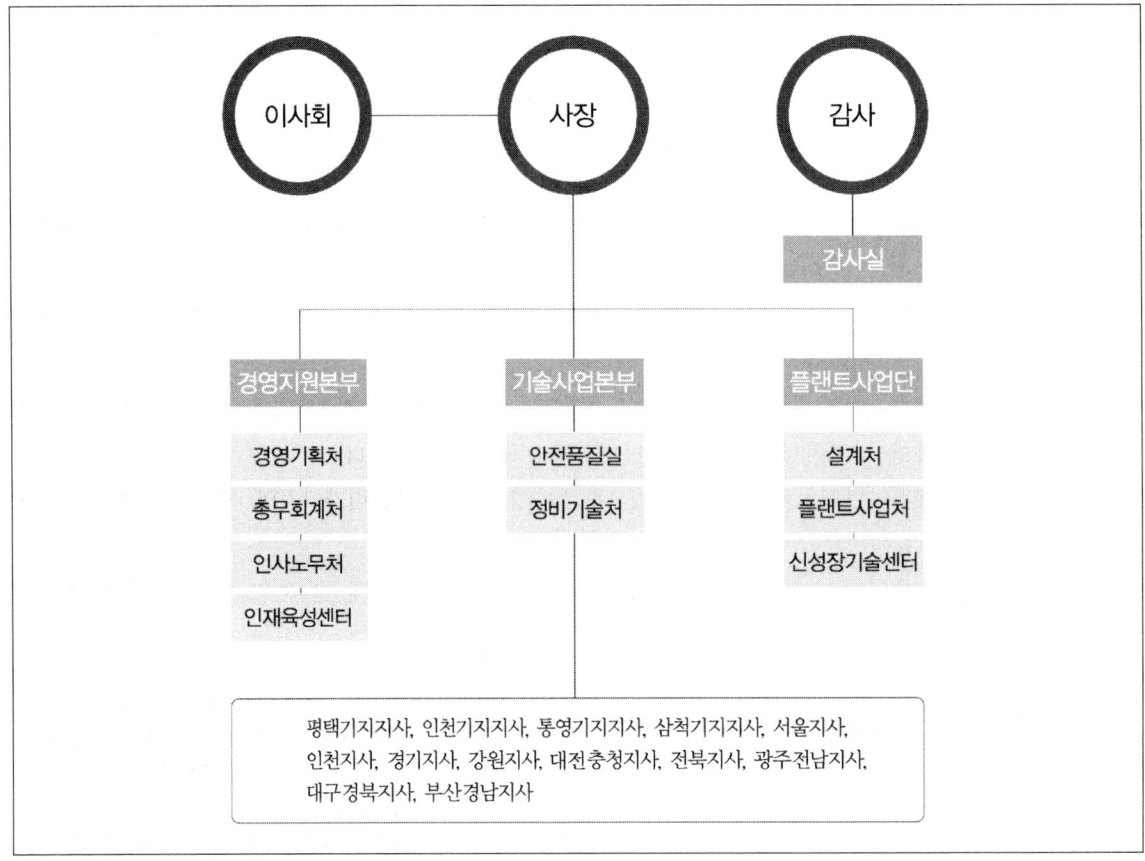

① 이 회사에는 13개의 지사가 존재한다.

② 부사장이 존재하지 않으며, 사장이 모든 본부와 단을 이끌고 있다.

③ 인사노무처와 총무회계처는 각각 다른 본부에 소속되어 있다.

④ 플랜트 사업단은 2개의 처와 1개의 센터를 이끌고 있다.

⑤ 감사와 감사실은 독립된 부서이다.

✔해설   ③ 인사노무처와 총무회계처는 같은 본부(경영지원본부)에 소속되어 있다.

5 다음 중 밑줄 친 ㈎와 ㈏에 대한 설명으로 적절하지 않은 것은?

> 조직 내에서는 ㈎개인이 단독으로 의사결정을 내리는 경우도 있지만 집단이 의사결정을 하기도 한다. 조직에서 여러 문제가 발생하면 직업인은 의사결정과정에 참여하게 된다. 이때 조직의 의사결정은 ㈏집단적으로 이루어지는 경우가 많으며, 여러 가지 제약요건이 존재하기 때문에 조직의 의사결정에 적합한 과정을 거쳐야 한다. 조직의 의사결정은 개인의 의사결정에 비해 복잡하고 불확실하다. 따라서 대부분 기존의 결정을 조금씩 수정해 나가는 방향으로 이루어진다.

① ㈎는 의사결정을 신속히 내릴 수 있다.

② ㈎는 결정된 사항에 대하여 조직 구성원이 수월하게 수용하지 않을 수도 있다.

③ ㈏는 ㈎보다 효과적인 결정을 내릴 확률이 높다.

④ ㈏는 다양한 시각과 견해를 가지고 의사결정에 접근할 수 있다.

⑤ ㈏는 의사소통 기회가 저해될 수 있다.

✔ 해설 집단의사결정은 한 사람이 가진 지식보다 집단이 가지고 있는 지식과 정보가 더 많아 효과적인 결정을 할 수 있다. 또한 다양한 집단구성원이 갖고 있는 능력은 각기 다르므로 각자 다른 시각으로 문제를 바라봄에 따라 다양한 견해를 가지고 접근할 수 있다. 집단의사결정을 할 경우 결정된 사항에 대하여 의사결정에 참여한 사람들이 해결책을 수월하게 수용하고, 의사소통의 기회도 향상되는 장점이 있다. 반면에 의견이 불일치하는 경우 의사결정을 내리는 데 시간이 많이 소요되며, 특정 구성원들에 의해 의사결정이 독점될 가능성이 있다.

6 편집부 사원인 甲은 편집부 참고도서용 도서구매비로 20만 원을 지불하였다. 다음의 결재규정에 따라 甲이 작성한 결재 양식으로 옳은 것은?

> • 결재를 받으려는 업무에 대해 최고결재권자(사장) 포함 이하 직책자의 결재를 받아야 한다.
> • '전결'이라 함은 회사의 경영활동이나 관리활동을 수행함에 있어 의사결정이나 판단을 요하는 일에 대해 최고결재권자의 결재를 생략하고, 자신의 책임 하에 최종적으로 의사결정이나 판단을 하는 행위를 말한다.
> • 전결사항에 대해서도 위임받은 자를 포함한 이하 직책자의 결재를 받아야 한다.
> • 표시내용 : 결재를 올리는 자는 최고결재권자로부터 전결사항을 위임받은 자가 있는 경우 결재란에 전결이라고 표시하고, 최종결재권자란에 위임받은 자를 표시한다.
> • 최고결재권자의 결재사항 및 최고결재권자로부터 위임된 전결사항은 다음의 표에 따른다.
>
> | 구분 | 내용 | 금액기준 | 결재서류 | 팀장 | 부장 | 사장 |
> |---|---|---|---|---|---|---|
> | 출장비 | 출장 유류비, 출장 식대비 등 | 40만 원 이하 | 출장계획서, 청구서 | ■ ● | | |
> | | | 40만 원 초과 | | | ■ ● | |
> | 도서신청 | 도서, 도서정기간행물 | 60만 원 이하 | 기안서, 법인카드신청서 | | ■ ● | |
> | | | 60만 원 초과 | | | | ■ ● |
> | 접대비 | 영업처 식대비, 문화접대비 | 50만 원 이하 | 접대비지출품의서, 지출결의서 | ■ | ● | |
> | | | 50만 원 초과 | | | ■ | ● |
> | 경조사비 | 직원 경조사비 | 30만 원 이하 | 기안서, 지출결의서 | | ■ ● | |
> | | | 30만 원 초과 | | | ■ | ● |
>
> ● : 지출결의서, 법인카드신청서, 각종 신청서 및 청구서
> ■ : 기안서, 출장계획서, 접대비지출품의서, 경조사비지출품의서, 출장계획서

①

법인카드신청서			
결 재	담당	팀장	부장	최종결재
	甲	전결		팀장

②

법인카드신청서			
결 재	담당	팀장	부장	최종결재
	甲		전결	사장

③

법인카드신청서			
결 재	담당	팀장	부장	최종결재
	甲	전결		부장

④

기안서			
결 재	담당	팀장	부장	최종결재
	甲		전결	부장

⑤

기안서			
결 재	담당	팀장	부장	최종결재
	甲		전결	사장

✔ 해설 ④ 도서구매 비용 20만 원 이하의 기안서는 최고결재권자 또는 전결을 위임받은 부장의 결재를 받아야 한다.

7 다음과 같은 전결사항에 관한 사내 규정을 보고 내린 판단으로 적절하지 않은 것은?

<전결규정>

업무내용	결재권자			
	사장	부사장	본부장	팀장
주간업무보고				○
팀장급 인수인계		○		
백만 불 이상 예산집행	○			
백만 불 이하 예산집행		○		
이사회 위원 위촉	○			
임직원 해외 출장	○(임원)		○(직원)	
임직원 휴가	○(임원)		○(직원)	
노조관련 협의사항		○		

☞ 결재권자가 출장, 휴가 등 사유로 부재중일 경우에는 결재권자의 차상급 직위자의 전결사항으로 하되, 반드시 결재권자의 업무 복귀 후 후결로 보완한다.

① 팀장의 휴가는 본부장의 결재를 얻어야 한다.
② 강 대리는 계약 관련 해외 출장을 위하여 본부장의 결재를 얻어야 한다.
③ 최 이사와 노 과장의 동반 해외 출장 보고서는 본부장이 최종 결재권자이다.
④ 예산집행 결재는 금액에 따라 결재권자가 달라진다.
⑤ 부사장이 출장 시 이루어진 팀장의 업무 인수인계는 부사장 업무 복귀 시 결재를 얻어야 한다.

✔해설 ③ 최 이사와 노 과장의 동반 해외 출장 보고서는 최 이사가 임원이므로 사장이 최종 결재권자가 되어야 하는 보고서가 된다.
① 직원의 휴가는 본부장이 최종 결재권자이다.
② 직원의 해외 출장은 본부장이 최종 결재권자이다.
④ 백만 불을 기준으로 결재권자가 달라진다.
⑤ 팀장급의 업무 인수인계는 부사장의 전결 사항이며, 사후 결재가 보완되어야 한다.

8 다음 그림과 같은 형태의 조직체계를 유지하고 있는 기업에 대한 설명으로 적절한 것은?

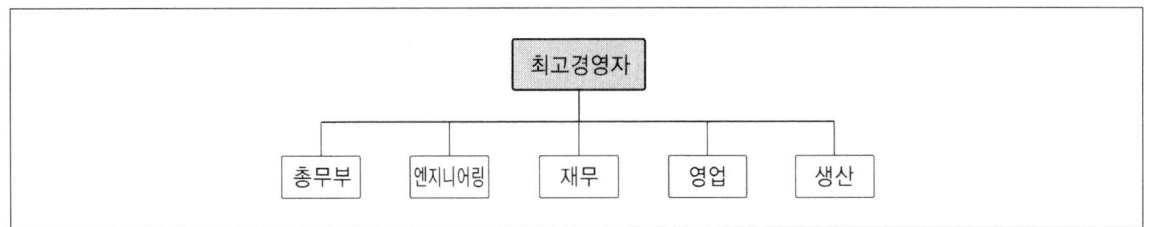

① 다양한 프로젝트를 수행해야 할 필요성이 커짐에 따라 조직 간의 유기적인 협조체제를 구축하였다.

② 의사결정 권한이 분산되어 더욱 전문적인 업무 처리가 가능하다.

③ 각 부서 간 내부 경쟁을 유발할 수 있다.

④ 조직 내 내부 효율성을 확보할 수 있는 조직 구조이다.

⑤ 의사결정까지 시간이 오래 걸리기 때문에 각 부서장의 역할이 매우 중요한 조직 구조이다.

> ✔ **해설** 그림과 같은 조직 구조는 하나의 의사결정권자의 지시와 부서별 업무 분화가 명확해, 전문성은 높아지고 유연성 및 유기성은 떨어지는 조직 구조라고 볼 수 있다. 또한 의사결정권자가 한 명으로 집중되면서 내부 효율성이 확보된다.
>
> ① 조직의 유기적인 협조체제가 구축된 구조는 아니다.
> ② 의사결정 권한이 집중된 조직 구조이다.
> ③ 유사한 업무를 통한 내부 경쟁을 유발할 수 있는 구조는 사업별 조직구조이다.
> ⑤ 의사결정권자가 한 명이기 때문에 시간이 오래 걸리지 않는 구조에 해당한다.

Answer 7.③ 8.④

9 다음은 A시의 '공무원 승급의 제한'과 관련한 규정의 일부이다. 다음 중 규정을 올바르게 이해한 설명은?

〈승급이 제한되어 승급시킬 수 없는 기간〉

• 징계처분기간·직위해제기간·휴직기간(군 입대 휴직 포함) 중인 기간

  * 공무상 질병 또는 부상으로 인한 휴직은 승급제한 대상이 아니므로, 공무상 질병 또는 부상 휴직자는 재직자와 같이 정기 승급일에 승급할 수 있다.

• 징계처분의 집행이 종료된 날로부터 다음의 '승급제한기간'이 경과할 때까지
 -강등·정직(18월), 감봉(12월), 견책(6월)

  * 단, 「지방공무원법」 제69조의2 제1항 각 호의 어느 하나에 해당하는 경우 또는 성폭력, 성희롱 및 성매매로 인한 징계처분의 경우에는 각 처분별 승급제한기간에 6월을 가산한다.

• 법령의 규정에 의한 근무성적 평정점이 최하등급에 해당하는 자(근무성적 평정에 관한 규정의 적용을 받지 아니하는 자는 상급감독자가 근무성적이 불량하다고 인정하는 자) : 최초 정기승급예정일로부터 6월이 경과할 때까지

징계에 의한 승급제한기간		호봉 재획정 시기
징계처분기간+승급제한기간	⇒	징계처분+승급제한기간의 집행이 종료된 날로부터 다음의 기간이 경과한 날이 속하는 달의 다음 달 1일에 호봉 재획정
• 강등, 정직 : 징계처분기간+18월		• 강등 : 9년 • 정직 : 7년
• 감봉 : 징계처분기간+12월		• 감봉 : 5년 • 견책 : 3년
• 견책 : 6월		

① 공무상 질병으로 휴직 중인 자가 휴직 기간 중 견책 처분을 받게 되면, 견책 기간은 승급제한기간에 산입되지 않는다.

② 감봉 12월 처분을 받은 자는 감봉 처분 개시일로부터 2년 간 승급할 수 없으며, 호봉 재획정은 감봉 처분 개시일로부터 7년 후 이루어진다.

③ 징계 처분을 받지 않는다면 승급 시 근무성적 평정에 따른 제한은 없다.

④ 군복무 중인 자는 일정 기간을 감산한 군복무 기간 동안 승급이 제한된다.

⑤ 성희롱으로 인한 정직 12월을 받은 경우 호봉 재획정은 정직 개시일로부터 9년 6개월 후에 이루어진다.

✔해설 ② 감봉 징계 처분기간 12월+승급제한기간 12월+호봉 재획정 시기 5년=7년 후가 된다.
① 공무상 질병 휴직인 경우는 승급에 제한이 없으나, 특정 기간에 따라 징계처분의 적용이 상이하다는 규정이 없으므로 견책에 의한 징계처분은 휴직 여부에 관계없이 승급제한기간에 산입된다.
③ 근무성적 평정점이 최하등급에 해당하는 자는 승급제한 대상자가 된다.
④ 군복무 기간에 대한 별도 사항이 없으므로 규정된 바와 같이 전 기간 승급제한이 되는 것으로 판단하여야 한다.
⑤ 성희롱으로 인한 정직 12월을 받은 경우 징계처분기간 12월+승급제한기간 18월+호봉재획정 시기 7년=9년 6개월, 그리고 성폭력, 성희롱 및 성매매로 인한 징계처분의 경우 승급제한기간이 6월 가산하므로 10년 후에 호봉 재획정이 이루어진다.

10 다음의 조직도를 올바르게 이해한 것은?

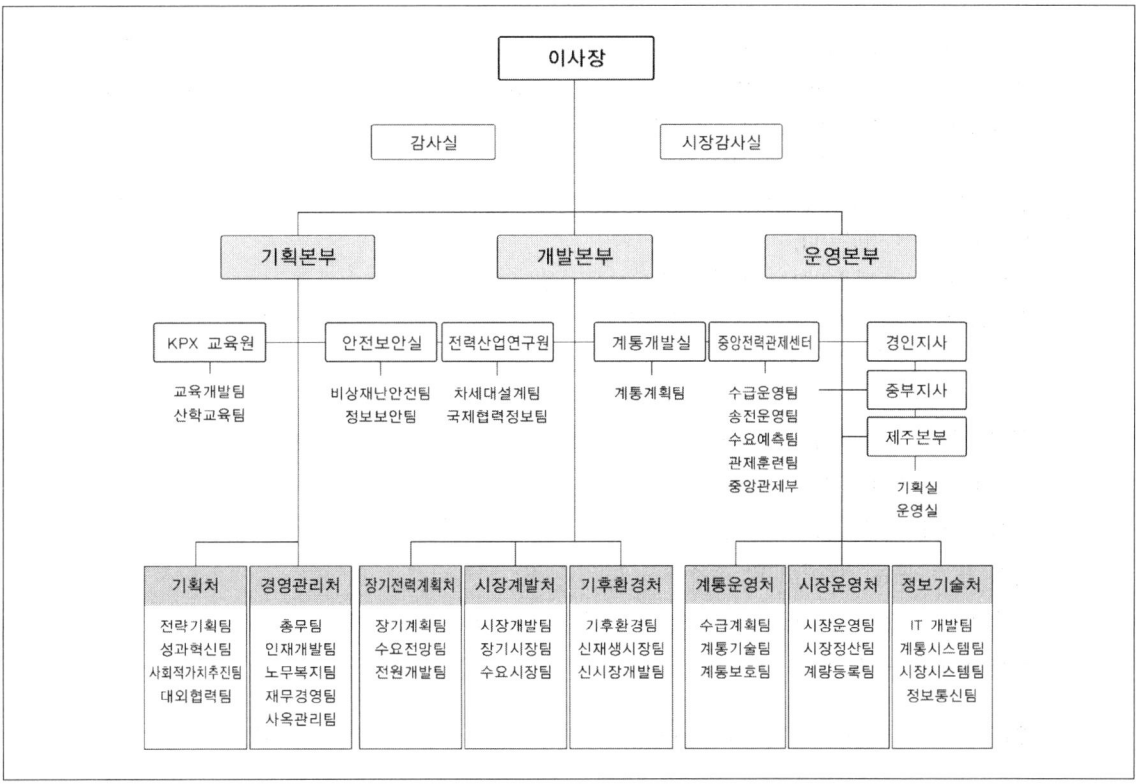

① 이사장 직속 부서는 총 5개이다.

② 인재개발, 장기계획, 협력업체 등에 관한 사항은 기획본부장이 총괄한다.

③ IT개발, 시장 시스템 관리 등은 정보기술처에서 담당하고 운영본부장이 총괄한다.

④ 시장 개발 및 운영, 정산에 관한 사항은 시장개발처에서 담당한다.

⑤ 개발본부에서는 전력사업, 전략기획, 계통계획과 같은 사업을 담당한다.

> ✔해설 ① 이사장 직속 부서는 기획본부, 개발본부, 운영본부로 총 3개이다.
> ② 인재개발, 대외협력 등에 관한 사항은 기획본부장산하의 기획처 담당 사업이며, 장기계획에 관한 사항은 개발본부의 장기전력계획처에서 담당한다.
> ④ 시장개발에 관한 사항은 시장개발처에서 담당하고, 시장운영 및 정산에 관한 사항은 시장 운영처에서 담당한다.
> ⑤ 개발본부에서는 전력사업, 계통계획과 같은 사업을 담당하며, 전략기획은 기획본부에서 담당한다.

Answer 9.② 10.③

11 다음 기사를 읽고 밑줄 친 부분과 관련한 내용으로 가장 거리가 먼 것은?

> 최근 포항·경주 등 경북지역 기업들에 정부의 일학습병행제가 본격 추진되면서 큰 관심을 보이고 있는 가운데, 포스코 외주파트너사인 (주)세영기업이 지난 17일 직무개발훈련장의 개소식을 열고 첫 발걸음을 내디뎠다. 청년층의 실업난 해소와 고용 창출의 해법으로 정부가 시행하는 일학습병행제는 기업이 청년 취업희망자를 채용해 이론 및 실무교육을 실시한 뒤 정부로부터 보조금을 지원받을 수 있는 제도로, (주)세영기업은 최근 한국산업인력공단 포항지사와 함께 취업희망자를 선발했고 오는 8월 1일부터 본격적인 실무교육에 나설 전망이다.
>
> (주)세영기업 대표이사는 "사업 전 신입사원 <u>OJT</u>는 단기간 수료해 현장 배치 및 직무수행을 하면서 직무능력수준 및 조직적응력 저하, 안전사고 발생위험 등 여러 가지 문제가 있었다"며 "이번 사업을 통해 2~3년 소요되던 직무능력을 1년 만에 갖출 수 있어 생산성 향상과 조직만족도가 향상될 것"이라고 밝혔다.

① 전사적인 교육훈련이 아닌 통상적으로 각 부서의 장이 주관하여 업무에 관련된 계획 및 집행의 책임을 지는 일종의 부서 내 교육훈련이다.

② 교육훈련에 대한 내용 및 수준에 있어서의 통일성을 기하기 어렵다.

③ 상사 또는 동료 간 이해 및 협조정신 등을 높일 수 있다.

④ 다수의 종업원을 훈련하는 데에 있어 가장 적절한 훈련기법이다.

⑤ 지도자의 높은 자질이 요구된다.

✅ **해설** OJT(On the Job Training ; 사내교육훈련)는 다수의 종업원을 훈련하는 데에 있어 부적절하다.

12 다음 기사를 보고 ( ) 안에 들어갈 말로 가장 적절한 것은?

> 본격적인 임금·단체협약시기를 앞두고 경제계가 통상임금, 정년연장, 근로시간 단축 등 노사 간 쟁점에 대한 교섭방안을 내놨다. 대한상공회의소는 노동시장 제도변화에 따른 기업의 대응방안을 담은 '2014년 임단협 대응방향 가이드'를 19일 발표했다. 대한상공회의소에서 기업의 임단협 안내서 성격인 가이드를 발표한 것은 이번이 처음이다. 대한상공회의소의 관계자는 "올해 노동시장은 대법원 통상임금 확대판결, 2016년 시행되는 정년 60세 의무화, 국회에서 추진 중인 근로시간 단축 등 굵직한 변화를 겪고 있다"며 "어느 때보다 혼란스럽고 중요한 임단협이 될 것이란 판단에 가이드를 발표했다"고 밝혔다. 가이드에는 통상임금, 정년연장, 근로시간 등 3대 노동현안에 대한 기업의 대응방안이 중점적으로 제시되었다. 통상임금의 경우, 각종 수당과 상여금을 통상임금에서 무조건 제외하기보다 노조·근로자와 성실한 대화로 연착륙 방안을 찾아야 한다고 강조했다. 임금구성항목 단순화, 임금체계 개편, 근무체계 개선, 소급분 해소 등이 필요하다고 권고했다. 2016년 시행되는 정년 60세 의무화와 관련, 준비 없는 정년연장의 부작용을 예방하기 위해 (   )의 도입을 적극 고려할 것을 주문했다.

① Profit Sharing Plan
② Profit Sliding Scale Plan
③ Salary Peak System
④ Selling Price Sliding Scale Plan
⑤ Salary Handling System

✔ 해설 임금피크제도(Salary Peak System) … 조직의 종업원이 일정한 나이가 지나면 생산성에 따라 임금을 지급하는 제도로 현실적으로는 나이가 들어 생산성이 내려가면서 임금을 낮추는 제도인데, 조직의 구성원이 일정한 연령에 이르면 그 때의 연봉을 기준으로 임금을 줄여나가는 대신 계속 근무를 할 수 있도록 하는 새로운 정년보장 제도를 의미한다.

13 다음 글의 '직무순환제'와 연관성이 높은 설명에 해당하는 것은?

경북 포항시에 본사를 둔 대기환경관리 전문업체 (주)에어릭스는 직원들의 업무능력을 배양하고 유기적인 조직운영을 위해 '직무순환제'를 실시하고 있다. 에어릭스의 직무순환제는 대기환경설비의 생산, 정비, 설계, 영업 파트에 속한 직원들이 일정 기간 해당 업무를 익힌 후 다른 부서로 이동해 또 다른 업무를 직접 경험해볼 수 있도록 하는 제도이다. 직무순환제를 통해 젊은 직원들은 다양한 업무를 거치면서 개개인의 역량을 쌓을 수 있을 뿐 아니라 풍부한 현장 경험을 축적한다. 특히 대기환경설비 등 플랜트 사업은 설계, 구매·조달, 시공 등 모든 파트의 유기적인 운영이 중요하다. 에어릭스의 경우에도 현장에서 실시하는 환경진단과 설비 운영 및 정비 등의 경험을 쌓은 직원이 효율적으로 집진기를 설계하며 생생한 현장 노하우가 영업에서의 성과로 이어진다. 또한 직무순환제를 통해 다른 부서의 업무를 실질적으로 이해함으로써 각 부서 간 활발한 소통과 협업을 이루고 있다.

① 직무순환을 실시함으로써 구성원들의 노동에 대한 싫증 및 소외감을 더 많이 느끼게 될 것이다.

② 직무순환을 실시할 경우 구성원 자신이 조직의 구성원으로써 가치 있는 존재로 인식을 하게끔 하는 역할을 수행한다.

③ 구성원들을 승진시키기 전 단계에서 실시하는 하나의 단계적인 교육훈련방법으로 파악하기 어렵다.

④ 직무순환은 조직변동에 따른 부서 간의 과부족 인원의 조정 또는 사원 개개인의 사정에 의한 구제를 하지 않기 위함이다.

⑤ 직무순환은 장기적 관점보다는 단기적 관점에서 검토하여야 한다.

✔ **해설** 직무순환은 종업원들의 여러 업무에 대한 능력개발 및 단일직무로 인한 나태함을 줄이기 위한 것에 그 의미가 있으며, 여러 가지 다양한 업무를 경험함으로써 종업원에게도 어떠한 성장할 수 있는 기회를 제공한다. 따라서 인사와 교육의 측면에서 장기적 관점으로 검토해야 한다.

14 다음은 의료기기 영업부 신입사원 J씨가 H대리와 함께 일본 거래처 A기업의 "사토 쇼헤이" 부장에게 신제품을 알리기 위해 일본 출장에 가서 생긴 일이다. 다음 밑줄 친 행동 중 "사토 쇼헤이" 부장의 표정이 좋지 않았던 이유가 될 만한 것은?

> J씨는 출장 ① 2주 전에 메일로 사토 쇼헤이 부장에게 출장의 일시와 약속장소 등을 확인한 후 하루 일찍 일본으로 출발했다. 약속 당일 A기업의 사옥 프런트에 도착한 두 사람은 ② 소속과 이름을 밝히고 사토 쇼헤이 부장과 약속이 있다고 전했다. 안내된 회의실에서 사토 쇼헤이 부장을 만난 두 사람은 서로 명함을 교환한 후 ③ 신제품 카탈로그와 함께 선물로 준비한 한국의 김과 차를 전달하고 프레젠테이션을 시작했고, J씨는 H대리와 사토 상의 대화에서 중요한 부분들을 잊지 않기 위해 ④ 그 자리에서 명함 뒤에 작게 메모를 해두었다. 상담이 끝난 후 ⑤ 엘리베이터에서 사토 상이 먼저 탈 때까지 기다렸다가 탑승하였다. 사옥 입구에서 좋은 답변을 기다리겠노라고 인사하는데 어쩐지 사토 상의 표정이 좋지 않았다.

✔ **해설** 일본에서는 명함은 그 사람 그 자체, 얼굴이라는 인식이 있어 받은 명함은 정중히 취급해야 한다. 받자마자 주머니나 명함케이스에 넣으면 안 되며, 상담 중에는 책상 위 눈앞에 정중하게 두고, 상담 종료 후에 정중하게 명함케이스에 넣어야 한다. 또한 명함에 상대방 이름의 읽는 방법이나 미팅 날짜 등을 적고 싶은 경우에도 상담 후 방문 기업을 나온 뒤에 행하는 것이 좋다.

Answer 13.② 14.④

15 다음 기사를 읽고 밑줄 친 부분에 관련한 설명으로 틀린 것은?

결국 밖에서 지켜보고 이야기를 듣는 것 자체만으로도 안타까움을 넘어서 짜증스럽기까지 했던 골 깊은 조직 갈등이 대형 사고를 쳤다. 청주시문화산업진흥재단의 안종철 사무총장과 이상현 비엔날레부장, 정규호 문화예술부장, 변광섭 문화산업부장, 유향걸 경영지원부장 등 4명의 집단사표, 지난 8일 지역사회에 충격을 안겨준 이번 사태는 출범 초기부터 안고 있던 정치적 행태와 <u>조직문화</u>의 병폐가 더 이상 갈 곳을 잃고 폭발하고만 것이라는 지적이다. 청주시문화재단은 선거캠프 보은인사, 지역 인사의 인척 등 복잡한 인적 구성으로 인해 조직 안의 세력이 갈리고 불신이 깊게 자리 잡다 보니 한 부서에서 일어나는 작은 일까지 굴절된 시각으로 확대 해석하는 일들이 빈번하게 발생하면서 구성원들의 사기저하와 불만이 팽배한 상태였다. 문화재단의 한 직원은 "그동안 지역의 문화예술발전을 위해 정부 공모사업 유치와 다양한 문화행사를 펼쳤지만, 업무 외에 접하는 서로 간의 불신과 음해가 많은 상처와 회의감을 줬다"며 "실제로 이런 조직문화에 지치고 염증을 느껴 재단을 떠난 사람들도 많고, 지금도 업무보다 사람에 시달리는 게 더 힘들다"고 토로했다. 이와 함께 이승훈 청주시장이 취임하면서 강조하고 있는 경제활성화를 초점을 둔 '문화예술의 산업화'가 이번 사태의 한 원인이 됐다는 지적도 있다. 전임 한범덕 시장은 '향유하는 문화'를 지향한 반면, 이승훈 현 시장은 '수익 창출 문화산업'에 방점을 찍고 있다. 임기만료를 앞두고 시행한 안 총장의 목표관리 평가와 최근 단행한 전 부서장의 순환인사도 연임을 염두에 두고 현 시장의 문화예술정책 기조를 받들기 위한 것임은 다 알고 있던 터였다. 이러한 안 총장의 행보는 50대 초반의 전문가가 2년만 일하고 떠나기는 개인적으로나 업무적으로나 아쉬움이 클 거라는 동조 의견과 의욕은 좋으나 포용력과 리더십이 부족하다는 양면적인 평가를 받아왔다. 안 총장은 그동안 청주국제공예비엔날레, 한·중·일 예술명인전 등 국제행사의 성공적 개최는 물론 2014년 지역문화브랜드 최우수상 수상, 2015년 동아시아 문화도시 선정 등 의욕적인 활동을 벌였으나 밀어붙이기식 업무 추진이 내부 직원들의 불만을 샀다. 안 총장은 그동안 시청의 고위직이 맡았던 기존의 관례를 깨고 전 한범덕 시장 시절 처음으로 외부 공모를 통해 임명된 인사다. 그렇기 때문에 안 총장 본인도 휴가를 반납하면서 까지 열정적으로 일하며 '첫 외부인사로서 새로운 신화'를 쓰고자 했으나, 결국 재단이 출범 초기부터 안고 있던 고질적 병폐에 백기를 들었다는 해석도 가능하다. 아무튼 재단을 진두지휘하는 수장과 실무 부서장들의 전원 사표라는 초유 사태는 시민들에게 큰 실망감을 안겨주고 있으며, 청주문화재단의 이미지를 대내외적으로 크게 실추시키고 있다. 이번 사태를 기점으로 정치색과 행정을 벗어나 좀 더 창의적으로 일할 수 있는 조직혁신과 업무에만 매진할 수 있는 인적 쇄신 등 대대적 수술이 필요하다. 청주국제공예비엔날레, 국립현대미술관 분원 유치, 2015 동아시아 문화도시 선정 등 그동안 재단이 이루어놓은 굵직한 사업이 차질 없이 추진되고, '문화로 행복한 청주'를 만드는 일에 전념할 수 있는 청주시문화재단으로 새롭게 만들어야 한다는 여론이다. 한 지역문화예술인은 "집단사표 소식을 전해 듣고 깜짝 놀랐다"며 "사무총장은 그렇다 치고 10여 년 세월을 고생하고 애써서 가꾼 문화재단의 명예를 성숙하지 못한 처신으로 이렇게 허물 수 있냐"고 반문하며 안타까워했다. 이어 "이번 사태는 공중에 떠 있는 문화재단의 현주소를 시인한 것이며 이 일을 거울삼아 대대적인 조직정비를 단행해 건강한 '통합청주시의 문화예술의 전초기지'로 거듭났으면 좋겠다"고 말했다.

① 조직구성원들의 고유 가치에도 동기부여를 함으로써 종업원들의 조직에 대한 근로의욕 및 조직에 대한 몰입도를 낮출 수 있는 역할을 수행한다.

② 하나의 조직 구성원들이 공유하는 가치와 신념 및 이념, 관습, 전통, 규범 등을 통합한 개념이다.

③ 조직문화의 기능은 그 역할이 강할수록, 기업 조직의 활동에 있어서 통일된 지각을 형성하게 해 줌으로써 조직 내 통제에 긍정적인 역할을 할 수가 있다.

④ 조직 구성원들에게 정보의 탐색 및 그에 따른 해석과 축적, 전달 등을 쉽게 할 수 있으므로, 그들 구성원들에게 공통의 의사결정기준을 제공해주는 역할을 한다.

⑤ 대부분의 조직이 '조직 전반'의 문화라는 것을 가지고 있더라도 그 안에는 다양한 하위 문화가 존재한다.

✔ 해설 조직구성원들의 고유 가치에도 동기부여를 함으로써 종업원들의 조직에 대한 근로의욕 및 조직에 대한 몰입도를 높일 수 있는 역할을 수행한다.

Answer 15.①

16 다음의 내용을 보고 밑줄 친 부분에 대한 특성으로 옳지 않은 것은?

> 롯데홈쇼핑은 14일 서울 양평동 본사에서 한국투명성기구와 '윤리경영 세미나'를 개최했다고 15일 밝혔다. 롯데홈쇼핑은 지난 8월 국내 민간기업 최초로 한국투명성기구와 '청렴경영 협약을 맺고 롯데홈쇼핑의 반부패 청렴 시스템 구축, 청렴도 향상·윤리경영 문화 정착을 위한 교육, 경영 투명성과 윤리성 확보를 위한 활동 등을 함께 추진하기도 했다.
> 이번 '윤리강령 세미나'에서는 문형구 고려대학교 경영학과 교수가 '윤리경영의 원칙과 필요성'을, 강성구 한국투명성기구 상임정책위원이 '사례를 통해 본 윤리경영의 방향'을 주제로 강의를 진행했다. 문형구 교수는 윤리경영을 통해 혁신이 이뤄지고 기업의 재무성과가 높아진 실제 연구사례를 들며 윤리경영의 필요성에 대해 강조했으며, "롯데홈쇼핑이 잘못된 관행을 타파하고 올바르게 사업을 진행해 나가 윤리적으로 모범이 되는 기업으로 거듭나길 바란다"고 말했다. 또 강성구 상임정책위원은 윤리적인 기업으로 꼽히는 '존슨 앤 존슨'과 '유한킴벌리'의 경영 사례를 자세히 설명하고 "윤리경영을 위해 기업의 운영과정을 투명하게 공개하는 것이 중요하다"고 강조했다. 강연을 마친 후에는 개인 비리를 막을 수 있는 조직의 대응방안 등 윤리적인 기업으로 거듭나는 방법에 대한 질의응답이 이어졌다. 임삼진 롯데홈쇼핑 CSR동반성장위원장은 "투명하고 공정한 기업으로 거듭나기 위한 방법에 대해 늘 고민하고 있다"며, "강연을 통해 얻은 내용들을 내부적으로 잘 반영해 진정성 있는 변화의 모습을 보여 드리겠다"고 말했다.

① 윤리경영은 경영상의 관리지침이다.
② 윤리경영은 경영활동의 규범을 제시해준다.
③ 윤리경영은 응용윤리이다.
④ 윤리경영은 경영의사결정의 도덕적 가치기준이다.
⑤ 윤리경영은 투명하고 공정하며 합리적인 업무 수행을 추구한다.

✔해설 윤리경영의 특징
　㉠ 윤리경영은 경영활동의 옳고 그름에 대한 판단 기준이다.
　㉡ 윤리경영은 경영활동의 규범을 제시해준다.
　㉢ 윤리경영은 경영의사결정의 도덕적 가치기준이다.
　㉣ 윤리경영은 응용윤리이다.

17 다음의 빈칸에 들어갈 말을 순서대로 나열한 것은?

> 조직의 (㉠)은/는 조직 내의 부문 사이에 형성된 관계로 조직목표를 달성하기 위한 조직구성원들의 상호작용을 보여준다. 이는 결정권의 집중정도, 명령계통, 최고경영자의 통제, 규칙과 규제의 정도에 따라 달라지며 구성원들의 업무나 권한이 분명하게 정의된 기계적 조직과 의사결정권이 하부구성원들에게 많이 위임되고 업무가 고정적이지 않은 유기적 조직으로 구분될 수 있다. (㉡)은/는 이를 쉽게 파악할 수 있고 구성원들의 임무, 수행하는 과업, 일하는 장소 등을 파악하는데 용이하다.
>
> 한편 조직이 지속되게 되면 조직구성원들 간 생활양식이나 가치를 공유하게 되는데 이를 조직의 (㉢)라고 한다. 이는 조직구성원들의 사고와 행동에 영향을 미치며 일체감과 정체성을 부여하고 조직이 (㉣)으로 유지되게 한다. 최근 이에 대한 중요성이 부각되면서 긍정적인 방향으로 조성하기 위한 경영층의 노력이 이루어지고 있다.

	㉠	㉡	㉢	㉣
①	구조	조직도	문화	안정적
②	목표	비전	규정	체계적
③	미션	핵심가치	구조	혁신적
④	직급	규정	비전	단계적
⑤	문화	회사내규	핵심가치	협력적

✔해설 조직체제 구성요소

㉠ 조직목표 : 조직이 달성하려는 장래의 상태로 조직이 존재하는 정당성과 합법성을 제공한다. 전체 조직의 성과, 자원, 시장, 인력개발, 혁신과 변화, 생산성에 대한 목표가 포함된다.

㉡ 조직구조 : 조직 내의 부문 사이에 형성된 관계로 조직목표를 달성하기 위한 조직구성원들의 상호작용을 보여준다. 조직구조는 결정권의 집중정도, 명령계통, 최고경영자의 통제, 규칙과 규제의 정도에 따라 달라지며 구성원들의 업무나 권한이 분명하게 정의된 기계적 조직과 의사결정권이 하부구성원들에게 많이 위임되고 업무가 고정적이지 않은 유기적 조직으로 구분될 수 있다. 조직의 구성은 조직도를 통해 쉽게 파악할 수 있는데, 이는 구성원들의 임무, 수행하는 과업, 일하는 장소 등을 파악하는데 용이하다.

㉢ 조직문화 : 조직이 지속되게 되면서 조직구성원들 간에 공유되는 생활양식이나 가치로 조직구성원들의 사고와 행동에 영향을 미치며 일체감과 정체성을 부여하고 조직이 안정적으로 유지되게 한다. 최근 조직문화에 대한 중요성이 부각되면서 긍정적인 방향으로 조성하기 위한 경영층의 노력이 이루어지고 있다.

㉣ 조직의 규칙과 규정 : 조직의 목표나 전략에 따라 수립되어 조직구성원들의 활동범위를 제약하고 일관성을 부여하는 기능을 하는 것으로 인사규정, 총무규정, 회계규정 등이 있다. 특히 조직이 구성원들의 행동을 관리하기 위하여 규칙이나 절차에 의존하고 있는 공식화 정도에 따라 조직의 구조가 결정되기도 한다.

18 다음은 어느 회사의 홈페이지 소개 페이지이다. 다음의 자료로 알 수 있는 것을 모두 고른 것은?

창조적 열정으로 세상의 가치를 건설하여 신뢰받는

BEST PARTNER & FIRST COMPANY

GLOBAL BEST & FIRST

핵심가치

GREAT INNOVATION	GREAT CHALLENGE	GREAT PARTNERSHIP
변화	최고	신뢰
창의적 발상으로 나부터 바꾸자	도전과 열정으로 최고가 되자	존중하고 소통하여 함께 성장하자

VISION 2020 GOAL
Sustainable Global Company로의 도약

수익성을 동반한 지속가능한 성장을 추구합니다.
글로벌사업 운영체계의 확립을 통해 세계속 GS건설로 도약합니다.

2020년 경영목표 수주 35조, 매출 27조, 영업이익 2조

㉠ 회사의 목표	㉡ 회사의 구조
㉢ 회사의 문화	㉣ 회사의 규칙과 규정

① ㉠㉡
② ㉠㉢
③ ㉡㉢
④ ㉡㉣
⑤ ㉢㉣

✔ 해설 주어진 자료의 VISION 2020(경영목표)을 통해 조직이 달성하려는 장래의 상태, 즉 회사의 목표를 알 수 있으며 핵심가치를 통해 창의, 도전과 열정, 존중과 소통 등을 강조하는 회사의 문화를 알 수 있다.

19 다음은 I기업의 조직도와 팀장님의 지시사항이다. H씨가 팀장님의 심부름을 수행하기 위해 연락해야 할 부서로 옳은 것은?

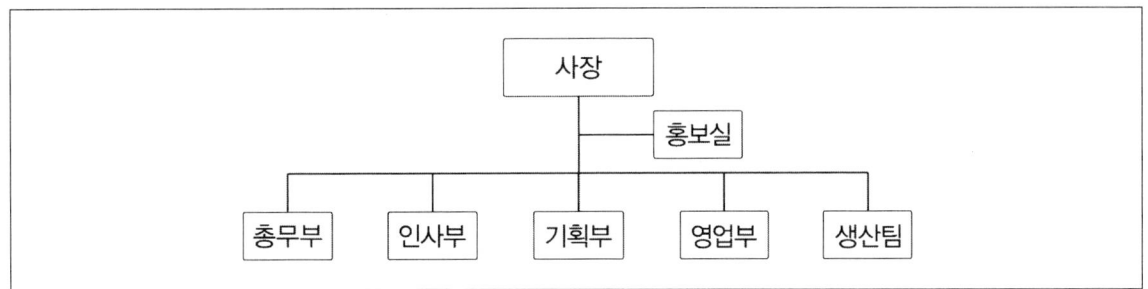

> H씨! 내가 지금 너무 바빠서 그러는데 부탁 좀 들어줄래요? 다음 주 중에 사장님 모시고 클라이언트와 만나야 할 일이 있으니까 사장님 일정을 확인해주시구요. 이번 달에 신입사원 교육·훈련계획이 있었던 것 같은데 정확한 시간이랑 날짜를 확인해주세요.

① 총무부, 인사부
② 총무부, 홍보실
③ 기획부, 총무부
④ 기획부, 홍보실
⑤ 영업부, 기획부

✔해설 사장의 일정에 관한 사항은 비서실에서 관리하나 비서실이 없는 회사의 경우 총무부(또는 팀)에서 비서업무를 담당하기도 한다. 또한 신입사원 관리 및 교육은 인사부에서 관리한다.

20 다음 지문의 빈칸에 들어갈 알맞은 것을 〈보기〉에서 고른 것은?

> 기업은 합법적인 이윤 추구 활동 이외에 자선·교육·문화·체육 활동 등 사회에 긍정적 영향을 미치는 책임 있는 활동을 수행하기도 한다. 이처럼 기업이 사회적 책임을 수행하는 이유는 _____

〈보기〉
ⓐ 기업은 국민의 대리인으로서 공익 추구를 주된 목적으로 하기 때문이다.
ⓑ 기업의 장기적인 이익 창출에 기여할 수 있기 때문이다.
ⓒ 법률에 의하여 강제된 것이기 때문이다.
ⓓ 환경 경영 및 윤리 경영의 가치를 실현할 수 있기 때문이다.

① ㉠㉡
② ㉠㉢
③ ㉡㉢
④ ㉡㉣
⑤ ㉢㉣

✔해설 기업은 환경 경영, 윤리 경영과 노동자를 비롯한 사회 전체의 이익을 동시에 추구하며 그에 따라 의사 결정 및 활동을 하는 사회적 책임을 가져야 한다.
㉠ 기업은 이윤 추구를 주된 목적으로 하는 사적 집단이다.

〈결재규정〉

- 결재를 받으려면 업무에 대해서는 최고결재권자(대표이사)를 포함한 이하 직책자의 결재를 받아야 한다.
- '전결'이라 함은 회사의 경영활동이나 관리활동을 수행함에 있어 의사결정이나 판단을 요하는 일에 대하여 최고결재권자의 결재를 생략하고, 자신의 책임 하에 최종적으로 의사결정이나 판단을 하는 행위를 말한다.
- 전결사항에 대해서도 위임 받은 자를 포함한 이하 직책자의 결재를 받아야 한다.
- 표시내용 : 결재를 올리는 자는 최고결재권자로부터 전결사항을 위임 받은 자가 있는 경우 결재란에 전결이라고 표시하고 최종 결재권자에 위임 받은 자를 표시한다. 다만, 결재가 불필요한 직책자의 결재란은 상향대각선으로 표시한다.
- 최고결재권자의 결재사항 및 최고결재권자로부터 위임된 전결사항은 다음의 표에 따른다.

구분	내용	금액기준	결재서류	팀장	본부장	대표이사
접대비	거래처 식대, 경조사비 등	20만 원 이하	접대비지출품의서 지출결의서	● ■		
		30만 원 이하			● ■	
		30만 원 초과				● ■
교통비	국내 출장비	30만 원 이하	출장계획서 출장비신청서	● ■		
		50만 원 이하		●	■	
		50만 원 초과		●		■
	해외 출장비			●		■

● : 기안서, 출장계획서, 접대비지출품의서
■ : 지출결의서, 세금계산서, 발행요청서, 각종 신청서

21 영업부 사원 L씨는 편집부 K씨의 부친상에 부조금 50만 원을 회사 명의로 지급하기로 하였다. L씨가 작성한 결재 방식은?

①

접대비지출품의서			
담당	팀장	본부장	최종 결재
L			팀장

(결재)

②

접대비지출품의서			
담당	팀장	본부장	최종 결재
L		전결	본부장

(결재)

③

지출결의서			
담당	팀장	본부장	최종 결재
L	전결		대표이사

(결재)

④

지출결의서			
담당	팀장	본부장	최종 결재
L			대표이사

(결재)

⑤

지출결의서			
담당	팀장	본부장	최종 결재
L			대표이사

(결재)

해설 경조사비는 접대비에 해당하므로 접대비지출품의서나 지출결의서를 작성하고 30만 원을 초과하였으므로 결재 권자는 대표이사에게 있다. 또한 누구에게도 전결되지 않았다.

22 영업부 사원 I씨는 거래업체 직원들과 저녁 식사를 위해 270,000원을 지불하였다. I씨가 작성해야 하는 결재 방식으로 옳은 것은?

①

접대비지출품의서				
결재	담당	팀장	본부장	최종 결재
	I	/	/	전결

②

접대비지출품의서				
결재	담당	팀장	본부장	최종 결재
	I	전결		본부장

③

지출결의서				
결재	담당	팀장	본부장	최종 결재
	I	전결	/	본부장

④

지출결의서				
결재	담당	팀장	본부장	최종 결재
	I		/	본부장

⑤

접대비지출품의서				
결재	담당	팀장	본부장	최종 결재
	I	/	전결	본부장

✔ 해설 거래처 식대이므로 접대비지출품의서나 지출결의서를 작성하고 30만 원 이하이므로 최종 결재는 본부장이 한다. 본부장이 최종 결재를 하고 본부장 란에는 전결을 표시한다.

Answer 21.④ 22.⑤

│ 23~24 │ 다음은 인사부에서 각 부서에 발행한 업무지시문이다. 업무지시문을 보고 물음에 답하시오.

업무지시문(업무협조전 사용에 대한 지시)

수신 : 전 부서장님들께
참조 :

제목 : 업무협조전 사용에 대한 지시문
업무 수행에 노고가 많으십니다.
　부서 간의 원활한 업무진행을 위하여 다음과 같이 업무협조전을 사용하도록 결정하였습니다. 업무효율화를 도모하고자 업무협조전을 사용하도록 권장하는 것이니 본사의 지시에 따라주시기 바랍니다. 궁금하신 점은 ___㉠___ 담당자(내선 : 012)에게 문의해주시기 바랍니다.

– 다음 –

1. 목적
　(1) 업무협조전 이용의 미비로 인한 부서 간 업무 차질 해소
　(2) 발신부서와 수신부서 간의 명확한 책임소재 규명
　(3) 부서 간의 원활한 의견교환을 통한 업무 효율화 추구
　(4) 부서 간의 업무 절차와 내용에 대한 근거확보
2. 부서 내의 적극적인 사용권장을 통해 업무협조전이 사내에 정착될 수 있도록 부탁드립니다.
3. 첨부된 업무협조전 양식을 사용하시기 바랍니다.
4. 기타 : 문서관리규정을 회사사규에 등재할 예정이오니 업무에 참고하시기 바랍니다.

20××년 12월 10일

S통상
___㉠___ 장 ○○○ 배상

---

23 다음 중 빈칸 ㉠에 들어갈 부서로 가장 적절한 것은?

① 총무부　　　　　　　　　② 기획부
③ 인사부　　　　　　　　　④ 영업부
⑤ 생산부

　　　　✔해설　조직기구의 업무분장 및 조절 등에 관한 사항은 인사부에서 관리한다.

24 업무협조전에 대한 설명으로 옳지 않은 것은?

① 부서 간의 책임소재가 분명해진다.

② 업무 협업 시 높아진 효율성을 기대할 수 있다.

③ 업무 절차와 내용에 대한 근거를 확보할 수 있다.

④ 부서별로 자유로운 양식의 업무협조전을 사용할 수 있다.

⑤ 부서 간의 원활한 의사소통이 가능해진다.

✔해설 업무지시문에 첨부된 업무협조전 양식을 사용하여야 한다.

25 다음의 주어진 경영참가제도 중 근로자가 조직의 자본에 참가하는 제도를 모두 고른 것은?

⊙ 노동주제도	ⓒ 공동의사결정제도
ⓒ 이윤분배제도	ⓔ 노사협의회제도
ⓜ 종업원지주제도	

① ⊙ⓒ

② ⊙ⓜ

③ ⓒⓔ

④ ⓒⓜ

⑤ ⓔⓜ

✔해설 경영참가제도 … 근로자 또는 노동조합을 경영의 파트너로 인정하고 이들을 조직의 경영의사결정 과정에 참여시키는 제도이다. 경영참가제도의 가장 큰 목적은 경영의 민주성을 제고하는 것으로 근로자 또는 노동조합이 경영과정에 참여하여 자신의 의사를 반영함으로써 공동으로 문제를 해결하고, 노사 간의 세력 균형을 이룰 수 있다. 또한 근로자나 노동조합이 새로운 아이디어를 제시하거나 현장에 적합한 개선방안을 마련해줌으로써 경영의 효율성을 제고할 수 있다.

※ 경영참가제도의 유형
　⊙ 경영참가 : 경영자의 권한인 의사결정과정에 근로자 또는 노동조합이 참여하는 것으로 공동의사결정제도와 노사협의회제도 등이 있다.
　ⓒ 이윤참가 : 조직의 경영성과에 대하여 근로자에게 배분하는 것으로 이윤분배제도 등이 있다.
　ⓒ 자본참가 : 근로자가 조직 재산의 소유에 참여하는 것으로 근로자가 경영방침에 따라 회사의 주식을 취득하는 종업원지주제도, 노동제공을 출자의 한 형식으로 간주하여 주식을 제공하는 노동주제도 등이 있다.

26 다음은 SWOT분석에 대한 설명과 프랑스 유제품 회사 국내영업부의 SWOT분석이다. 주어진 전략 중 가장 적절한 것은?

> SWOT이란, 강점(Strength), 약점(Weakness), 기회(Opportunity), 위협(Threat)의 머리글자를 모아 만든 단어로 경영 전략을 수립하기 위한 도구이다. SWOT분석을 통해 도출된 조직의 외부/내부 환경을 분석 결과를 통해 각각에 대응하는 전략을 도출하게 된다.
>
> SO 전략이란 기회를 활용하면서 강점을 더욱 강화하는 공격적인 전략이고, WO 전략이란 외부환경의 기회를 활용하면서 자신의 약점을 보완하는 전략으로 이를 통해 기업이 처한 국면의 전환을 가능하게 할 수 있다. ST 전략은 외부환경의 위험요소를 회피하면서 강점을 활용하는 전략이며, WT 전략이란 외부환경의 위협요인을 회피하고 자사의 약점을 보완하는 전략으로 방어적 성격을 갖는다.

외부＼내부	강점(Strength)	약점(Weakness)
기회(Opportunity)	SO 전략(강점-기회 전략)	WO 전략(약점-기회 전략)
위협(Threat)	ST 전략(강점-위험 전략)	WT 전략(약점-위협 전략)

강점(Strength)	• 세계 제일의 기술력 보유 • 압도적으로 큰 기업 규모 • 프랑스 기업의 세련된 이미지
약점(Weakness)	• 국내에서의 낮은 인지도 • 국내 기업에 비해 높은 가격
기회(Opportunity)	• 국내 대형 유제품 회사의 유해물질 사태로 인한 반사효과 • 신흥 경쟁사의 유입 가능성이 낮음
위협(Threat)	• 대체할 수 있는 국내 경쟁 기업이 많음 • 경기침체로 인한 시장의 감소

외부＼내부	강점(Strength)	약점(Weakness)
기회(Opportunity)	(가)	(나)
위협(Threat)	(다)	(라)

① (가) : 다양한 마케팅전략을 통한 국내 인지도 상승을 통해 국내 경쟁력을 확보

② (나) : 프랑스 기업의 세련된 이미지를 부각시킨 마케팅으로 반사효과 극대화

③ (나) : 기술력을 강조한 마케팅으로 반사효과 극대화

④ (다) : 세련된 이미지와 기술력 홍보로 유해한 성분이 없음을 강조

⑤ (라) : 유통 마진을 줄여 가격을 낮추고 국내 경쟁력을 확보

> ✔해설 높은 가격이라는 약점을 유통 마진 감소를 통한 가격 인하로 보완하고 이를 통해 국내 경쟁기업들의 위협 속에서 경쟁력을 확보하려는 전략은 적절한 WT 전략이라 할 수 있다.

27 다음은 영업부 사원 H씨가 T대리와 함께 거래처에 방문하여 생긴 일이다. H씨의 행동 중 T대리가 지적할 사항으로 가장 적절한 것은?

거래처 실무 담당인 A씨와 그 상사인 B과장이 함께 나왔다. 일전에 영업차 본 적이 있는 A씨에게 H씨는 먼저 눈을 맞추며 반갑게 인사한 후 먼저 상의 안쪽 주머니의 명함 케이스에서 명함을 양손으로 내밀며 소속과 이름을 밝혔다. B과장에게도 같은 방법으로 명함을 건넨 후 두 사람의 명함을 받아 테이블 위에 놓고 가볍게 이야기를 시작했다.

① 명함은 한 손으로 글씨가 잘 보이도록 여백을 잡고 건네야 합니다.
② 소속과 이름은 명함에 나와 있으므로 굳이 언급하지 않아도 됩니다.
③ 고객이 2인 이상인 경우 명함은 윗사람에게 먼저 건네야 합니다.
④ 명함은 받자마자 바로 명함케이스에 깨끗하게 넣어두세요.
⑤ 명함 케이스는 가방에 넣어두는 것이 좋습니다.

✔ 해설 ① 명함을 건넬 때는 양손으로 명함의 여백을 잡고 고객이 바로 볼 수 있도록 건넨다.
② 소속과 이름을 정확하게 밝히며 명함을 건넨다.
④ 명함을 받자마자 바로 넣는 것은 예의에 어긋나는 행동이다. 명함을 보고 가벼운 대화를 시작하거나 테이블 위에 바르게 올려두는 것이 좋다.
⑤ 명함지갑은 꺼내기 쉬운 곳(상의 안주머니 등)에 넣어둔다.
※ 명함 수수법
  ㉠ 명함을 동시에 주고받을 때는 오른손으로 주고 왼손으로 받는다.
  ㉡ 혹시 모르는 한자가 있는 경우 "실례하지만, 어떻게 읽습니까?"라고 질문한다.
  ㉢ 면담예정자 한 사람에 대하여 최소 3장정도 준비한다.
  ㉣ 받은 명함과 자신의 명함은 항시 구분하여 넣는다.

28 다음 중 교토의정서 제17조의 배출권거래제도에 대한 정의로 가장 적절한 것은?

① 가입국이 되면 온실가스를 감축하려는 노력과 이에 관련된 정보를 공개해야 하는 제도

② 선진국 기업이 개발도상국에 투자해 얻은 온실가스 감축분을 자국의 온실가스 감축실적에 반영할 수 있게 한 제도

③ 선진국 기업이 다른 선진국에 투자해 얻은 온실가스 감축분의 일정량을 자국의 감축실적으로 인정받을 수 있도록 한 제도

④ 온실가스 감축의무가 있는 국가가 당초 감축목표를 초과 달성했을 경우 여유 감축쿼터를 다른 나라에 팔 수 있도록 한 제도

⑤ 온실가스 감축에 대한 국가별 순위를 매겨 무역거래에 해택을 주는 제도

> **✔해설** 교토의정서의 주요 내용
> ㉠ 배출권거래제도(ET ; emission trading) : 온실가스 감축의무가 있는 국가가 당초 감축목표를 초과 달성했을 경우 여유 감축쿼터를 다른 나라에 팔 수 있도록 한 제도
> ㉡ 공동이행제도(JI ; joint implementation) : 선진국 기업이 다른 선진국에 투자해 얻은 온실가스 감축분의 일정량을 자국의 감축실적으로 인정받을 수 있도록 한 제도
> ㉢ 청정개발체제(CDM ; clean development mechanism) : 선진국 기업이 개발도상국에 투자해 얻은 온실가스 감축분을 자국의 온실가스 감축실적에 반영할 수 있게 한 제도

29 민츠버그는 경영자의 역할을 대인적, 정보적, 의사결정적 역할으로 구분하였다. 다음에 주어진 경영자의 역할을 올바르게 묶은 것은?

㉠ 조직의 대표자	㉡ 변화전달
㉢ 정보전달자	㉣ 조직의 리더
㉤ 문제 조정	㉥ 외부환경 모니터
㉦ 대외적 협상 주도	㉧ 상징자, 지도자
㉨ 분쟁조정자, 자원배분자	㉩ 협상가

	대인적 역할	정보적 역할	의사결정적 역할
①	㉠㉢㉥	㉡㉣㉦㉧	㉤㉨㉩
②	㉡㉤㉧	㉠㉢㉨	㉣㉥㉦㉩
③	㉠㉢㉣㉧	㉡㉥㉦	㉤㉨㉩
④	㉠㉣㉧	㉡㉢㉥	㉤㉦㉨㉩
⑤	㉡㉤㉧	㉠㉢㉣	㉥㉦㉨㉩

민츠버그의 경영자 역할

　　㉠ 대인적 역할 : 상징자 혹은 지도자로서 대외적으로 조직을 대표하고 대내적으로 조직을 이끄는 리더로서의
　　　역할

　　㉡ 정보적 역할 : 조직을 둘러싼 외부 환경의 변화를 모니터링하고, 이를 조직에 전달하는 정보전달자로서의 역할

　　㉢ 의사결정적 역할 : 조직 내 문제를 해결하고 대외적 협상을 주도하는 협상가, 분쟁조정자, 자원배분자로서의
　　　역할

30 H항만회사는 내년부터 주요 사업들에 대하여 식스시그마를 적용하려고 한다. 다음 중 식스시그마를 주도적으
로 담당하기에 가장 적절한 부서는?

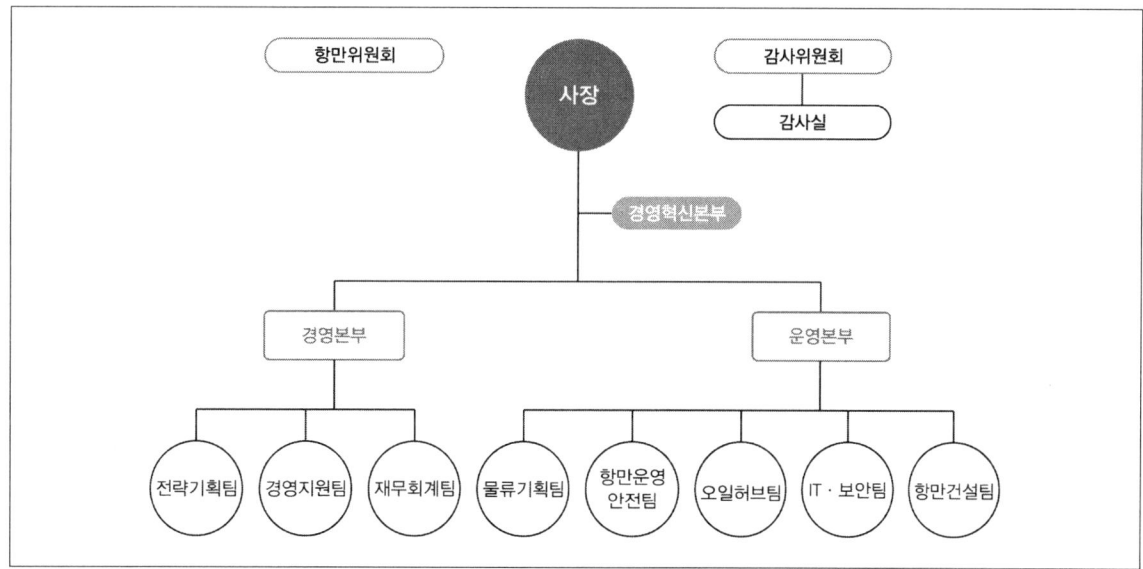

① 경영혁신본부　　　　　　　　　② 감사실

③ 경영지원팀　　　　　　　　　　④ 항만위원회

⑤ 재무회계팀

식스시그마란 모든 프로세스에 적용할 수 있는 전방위 경영혁신 운동으로, 1987년 미국의 마이클 해리가 창안
한 품질경영 혁신기법이다. 이는 결점을 제로에 가깝게 줄이는 목표를 가리키며 식스시그마의 목적은 제공하
는 제품이나 서비스가 고객 요구를 만족시키거나 혹은 그것을 초과 달성하도록 하는 데 있다. 따라서 사장 직
속의 경영혁신본부에서 담당하는 것이 가장 적절하다.

Answer 28.④　29.④　30.①

1 윤리와 직업

(1) 윤리의 의미

① 윤리적 인간 … 공동의 이익을 추구하고 도덕적 가치 신념을 기반으로 형성된다.

② 윤리규범의 형성 … 공동생활과 협력을 필요로 하는 인간생활에서 형성되는 공동행동의 룰을 기반으로 형성된다.

③ 윤리의 의미 … 인간과 인간 사이에서 지켜야 할 도리를 바르게 하는 것으로 인간 사회에 필요한 올바른 질서라고 할 수 있다.

예제 1

윤리에 대한 설명으로 옳지 않은 것은?

① 윤리는 인간과 인간 사이에서 지켜져야 할 도리를 바르게 하는 것으로 볼 수 있다.

② 동양적 사고에서 윤리는 인륜과 동일한 의미이며, 엄격한 규율이나 규범의 의미가 배어 있다.

③ 인간은 윤리를 존중하며 살아야 사회가 질서와 평화를 얻게 되고, 모든 사람이 안심하고 개인적 행복을 얻게 된다.

④ 윤리는 세상에 두 사람 이상이 있으면 존재하며, 반대로 혼자 있을 때도 지켜져야 한다.

출제의도

윤리의 의미와 윤리적 인간, 윤리규범의 형성 등에 대한 기본적인 이해를 평가하는 문제이다.

해 설

윤리는 인간과 인간 사이에서 지켜져야 할 도리를 바르게 하는 것으로서 이 세상에 두 사람 이상이 있으면 존재하고 반대로 혼자 있을 때에는 의미가 없는 말이 되기도 한다.

답 ④

---

(2) 직업의 의미

① 직업은 본인의 자발적 의사에 의한 장기적으로 지속하는 일로, 경제적 보상이 따라야 한다.

② 입신출세론 … 입신양명(立身揚名)이 입신출세(立身出世)로 바뀌면서 현대에 와서는 직업 활동의 결과를 출세에 비중을 두는 경향이 짙어졌다.

③ 3D 기피현상 … 힘들고(Difficult), 더럽고(Dirty), 위험한(Dangerous) 일은 하지 않으려고 하는 현상

(3) 직업윤리

① 직업윤리란 직업인이라면 반드시 지켜야 할 공통적인 윤리규범으로 어느 직장에 다니느냐를 구분하지 않는다.

② 직업윤리와 개인윤리의 조화

　㉠ 업무상 행해지는 개인의 판단과 행동이 사회적 파급력이 큰 기업시스템을 통하여 다수의 이해관계자와 관련된다.

　㉡ 많은 사람의 고도화 된 협력을 요구하므로 맡은 역할에 대한 책임완수와 투명한 일 처리가 필요하다.

　㉢ 규모가 큰 공동 재산·정보 등을 개인이 관리하므로 높은 윤리의식이 요구된다.

　㉣ 직장이라는 특수 상황에서 갖는 집단적 인간관계는 가족관계, 친분관계와는 다른 배려가 요구된다.

　㉤ 기업은 경쟁을 통하여 사회적 책임을 다하고, 보다 강한 경쟁력을 키우기 위하여 조직원인의 역할과 능력을 꾸준히 향상시켜야 한다.

　㉥ 직무에 따른 특수한 상황에서는 개인 차원의 일반 상식과 기준으로는 규제할 수 없는 경우가 많다.

예제 2

직업윤리에 대한 설명으로 옳지 않은 것은?

① 개인윤리를 바탕으로 각자가 직업에 종사하는 과정에서 요구되는 특수한 윤리규범이다.

② 직업에 종사하는 현대인으로서 누구나 공통적으로 지켜야 할 윤리기준을 직업윤리라 한다.

③ 개인윤리의 기본 덕목인 사랑, 자비 등과 공동발전의 추구, 장기적 상호이익 등의 기본은 직업윤리도 동일하다.

④ 직업을 가진 사람이라면 반드시 지켜야 할 윤리규범이며, 중소기업 이상의 직장에 다니느냐에 따라 구분된다.

출제의도

직업윤리의 정의와 내용에 대한 올바른 이해를 요구하는 문제이다.

해 설

직업윤리란 직업을 가진 사람이라면 반드시 지켜야 할 공통적인 윤리규범을 말하는 것으로 어느 직장에 다니느냐를 구분하지 않는다.

답 ④

2 직업윤리를 구성하는 하위능력

(1) 근로윤리

① 근면한 태도

    ㉠ 근면이란 게으르지 않고 부지런한 것으로 근면하기 위해서는 일에 임할 때 적극적이고 능동적인 자세가 필요하다.

    ㉡ 근면의 종류

        • 외부로부터 강요당한 근면

        • 스스로 자진해서 하는 근면

② 정직한 행동

    ㉠ 정직은 신뢰를 형성하고 유지하는 데 기본적이고 필수적인 규범이다.

    ㉡ 정직과 신용을 구축하기 위한 지침

        • 정직과 신뢰의 자산을 매일 조금씩 쌓아가자.

        • 잘못된 것도 정직하게 밝히자.

        • 타협하거나 부정직을 눈감아 주지 말자.

        • 부정직한 관행은 인정하지 말자.

③ **성실한 자세** … 성실은 일관하는 마음과 정성의 덕으로 자신의 일에 최선을 다하고자 하는 마음자세를 가지고 업무에 임하는 것이다.

예제 3

우리 사회에서 정직과 신용을 구축하기 위한 지침으로 볼 수 없는 것은?

① 정직과 신뢰의 자산을 매일 조금씩 쌓아가도록 한다.
② 잘못된 것도 정직하게 밝혀야 한다.
③ 작은 실수는 눈감아 주고 때론 타협을 하여야 한다.
④ 부정직한 관행은 인정하지 말아야 한다.

출제의도

근로윤리 중에서도 정직한 행동과 성실한 자세에 대해 올바르게 이해하고 있는지 평가하는 문제이다.

해 설

타협하거나 부정직한 일에 대해서는 눈감아주지 말아야 한다.

답 ③

(2) 공동체윤리

① 봉사(서비스)의 의미

    ㉠ 직업인에게 봉사란 자신보다 고객의 가치를 최우선으로 하는 서비스 개념이다.

    ㉡ SERVICE의 7가지 의미

- S(Smile & Speed) : 서비스는 미소와 함께 신속하게 하는 것
- E(Emotion) : 서비스는 감동을 주는 것
- R(Respect) : 서비스는 고객을 존중하는 것
- V(Value) : 서비스는 고객에게 가치를 제공하는 것
- I(Image) : 서비스는 고객에게 좋은 이미지를 심어 주는 것
- C(Courtesy) : 서비스는 예의를 갖추고 정중하게 하는 것
- E(Excellence) : 서비스는 고객에게 탁월하게 제공되어져야 하는 것

    ㉢ **고객접점서비스** : 고객과 서비스 요원 사이에서 15초 동안의 짧은 순간에 이루어지는 서비스로, 이 순간을 진실의 순간(MOT ; Moment of Truth) 또는 결정적 순간이라고 한다.

② **책임의 의미** … 책임은 모든 결과는 나의 선택으로 인한 결과임을 인식하는 태도로, 상황을 회피하지 않고 맞닥뜨려 해결하는 자세가 필요하다.

③ **준법의 의미** … 준법은 민주 시민으로서 기본적으로 지켜야 하는 의무이며 생활 자세이다.

④ **예절의 의미** … 예절은 일정한 생활문화권에서 오랜 생활습관을 통해 하나의 공통된 생활방법으로 정립되어 관습적으로 행해지는 사회계약적 생활규범으로, 언어문화권에 따라 다르고 같은 언어문화권이라도 지방에 따라 다를 수 있다.

⑤ 직장에서의 예절

    ㉠ 직장에서의 인사예절

- 악수
- 악수를 하는 동안에는 상대에게 집중하는 의미로 반드시 눈을 맞추고 미소를 짓는다.
- 악수를 할 때는 오른손을 사용하고, 너무 강하게 쥐어짜듯이 잡지 않는다.
- 악수는 힘 있게 해야 하지만 상대의 뼈를 부수듯이 손을 잡지 말아야 한다.
- 악수는 서로의 이름을 말하고 간단한 인사 몇 마디를 주고받는 정도의 시간 안에 끝내야 한다.
- 소개
- 나이 어린 사람을 연장자에게 소개한다.
- 내가 속해 있는 회사의 관계자를 타 회사의 관계자에게 소개한다.
- 신참자를 고참자에게 소개한다.
- 동료임원을 고객, 손님에게 소개한다.
- 비임원을 임원에게 소개한다.

−소개받는 사람의 별칭은 그 이름이 비즈니스에서 사용되는 것이 아니라면 사용하지 않는다.

−반드시 성과 이름을 함께 말한다.

−상대방이 항상 사용하는 경우라면, Dr. 또는 Ph.D. 등의 칭호를 함께 언급한다.

−정부 고관의 직급명은 퇴직한 경우라도 항상 사용한다.

−천천히 그리고 명확하게 말한다.

−각각의 관심사와 최근의 성과에 대하여 간단한 언급을 한다.

• 명함 교환

−명함은 반드시 명함 지갑에서 꺼내고 상대방에게 받은 명함도 명함 지갑에 넣는다.

−상대방에게서 명함을 받으면 받은 즉시 호주머니에 넣지 않는다.

−명함은 하위에 있는 사람이 먼저 꺼내는데 상위자에 대해서는 왼손으로 가볍게 받쳐 내는 것이 예의이며, 동위자, 하위자에게는 오른손으로만 쥐고 건넨다.

−명함을 받으면 그대로 집어넣지 말고 명함에 관해서 한 두 마디 대화를 건네 본다.

−쌍방이 동시에 명함을 꺼낼 때는 왼손으로 서로 교환하고 오른손으로 옮겨진다.

ⓒ 직장에서의 전화예절

• 전화걸기

−전화를 걸기 전에 먼저 준비를 한다. 정보를 얻기 위해 전화를 하는 경우라면 얻고자 하는 내용을 미리 메모하도록 한다.

−전화를 건 이유를 숙지하고 이와 관련하여 대화를 나눌 수 있도록 준비한다.

−전화는 정상적인 업무가 이루어지고 있는 근무 시간에 걸도록 한다.

−당신이 통화를 원하는 상대와 통화할 수 없을 경우에 대비하여 비서나 다른 사람에게 메시지를 남길 수 있도록 준비한다.

−전화는 직접 걸도록 한다.

−전화를 해달라는 메시지를 받았다면 가능한 한 48시간 안에 답해주도록 한다.

• 전화받기

−전화벨이 3~4번 울리기 전에 받는다.

−당신이 누구인지를 즉시 말한다.

−천천히, 명확하게 예의를 갖추고 말한다.

−밝은 목소리로 말한다.

−말을 할 때 상대방의 이름을 함께 사용한다.

−메시지를 받아 적을 수 있도록 펜과 메모지를 곁에 둔다.

−주위의 소음을 최소화한다.

−긍정적인 말로서 전화 통화를 마치고 전화를 건 상대방에게 감사를 표시한다.

• 휴대전화

−당신이 어디에서 휴대전화로 전화를 하든지 간에 상대방에게 통화를 강요하지 않는다.

−상대방이 장거리 요금을 지불하게 되는 휴대전화의 사용은 피한다.

－운전하면서 휴대전화를 하지 않는다.

－친구의 휴대전화를 빌려 달라고 부탁하지 않는다.

－비상시에만 휴대전화를 사용하는 친구에게는 휴대전화로 전화하지 않는다.

　ⓒ 직장에서의 E-mail 예절

　　• E-mail 보내기

　　－상단에 보내는 사람의 이름을 적는다.

　　－메시지에는 언제나 제목을 넣도록 한다.

　　－메시지는 간략하게 만든다.

　　－요점을 빗나가지 않는 제목을 잡도록 한다.

　　－올바른 철자와 문법을 사용한다.

　　• E-mail 답하기

　　－원래 이-메일의 내용과 관련된 일관성 있는 답을 하도록 한다.

　　－다른 비즈니스 서신에서와 마찬가지로 화가 난 감정의 표현을 보내는 것은 피한다.

　　－답장이 어디로, 누구에게로 보내는지 주의한다.

⑥ 성예절을 지키기 위한 자세 … 직장에서 여성의 특징을 살린 한정된 업무를 담당하던 과거와는 달리 여성과
남성이 대등한 동반자 관계로 동등한 역할과 능력발휘를 한다는 인식을 가질 필요가 있다.

　ⓐ 직장 내에서 여성이 남성과 동등한 지위를 보장받기 위해서 그만한 책임과 역할을 다해야 하며, 조직은
그에 상응하는 여건을 조성해야 한다.

　ⓑ 성희롱 문제를 사전에 예방하고 효과적으로 처리하는 방안이 필요한 것이다.

　ⓒ 남성 위주의 가부장적 문화와 성 역할에 대한 과거의 잘못된 인식을 타파하고 남녀공존의 직장문화를
정착하는 노력이 필요하다.

예제 4

예절에 대한 설명으로 옳지 않은 것은?

① 예절은 일정한 생활문화권에서 오랜 생활습관을 통해 하나의 공통된 생활방식으로 정립
되어 관습적으로 행해지는 사회계약적인 생활규범이라 할 수 있다.

② 예절은 언어문화권에 따라 다르나 동일한 언어문화권일 경우에는 모두 동일하다.

③ 무리를 지어 하나의 문화를 형성하여 사는 일정한 지역을 생활문화권이라 하며, 이 문
화권에 사는 사람들이 가장 편리하고 바람직한 방법이라고 여겨 그렇게 행하는 생활방
법이 예절이다.

④ 예절은 한 나라에서 통일되어야 국민들이 생활하기가 수월하며, 올바른 예절을 지키는
것이 바른 삶을 사는 것이라 할 수 있다.

출제의도

공동체윤리에 속하는 여러 항목 중 예절의 의
미와 특성에 대한 이해능력을 평가하는 문제
이다.

해 설

예절은 언어문화권에 따라 다르고, 동일한 언
어문화권이라도 지방에 따라 다를 수 있다. 예
를 들면 우리나라의 경우 서울과 지방에 따라
예절이 조금씩 다르다.

답 ②

출제예상문제

1 원모는 이번에 새로 입사한 회사에서 회식을 하게 되어 팀 동료들과 식사를 할 만한 곳을 알아보고 있다. 그러나 사회초년생인 원모는 회사 회식을 거의 해 본 경험이 없었고, 회사 밖의 많은 선택 가능한 대안 (회식장소) 중에서도 상황 상 주위의 가까운 팀 내 선배들이 강력하게 추천하는 곳을 선택하기로 했는데, 이는 소비자 구매의사결정 과정에서 대안의 평가에 속하는 한 부분으로써 어디에 해당한다고 볼 수 있는가?

① 순차식
② 분리식
③ 결합식
④ 사전편집식
⑤ 휴리스틱 기법

> ✔ 해설 휴리스틱 기법은 여러 가지 요인을 체계적으로 고려하지 않고 경험, 직관에 의해서 문제해결과정을 단순화시키는 규칙을 만들어 평가하는 것을 의미한다. 다시 말해, 어떠한 문제를 해결하거나 또는 불확실한 상황에서 판단을 내려야 할 때 정확한 실마리가 없는 경우에 사용하는 방법이다.

2 직업인은 외근 등의 사유로 종종 자동차를 활용하곤 한다. 다음은 자동차 탑승 시에 대한 예절 및 윤리에 관한 설명이다. 이 중 가장 옳지 않은 것을 고르면?

① 승용차에서는 윗사람이 먼저 타고 아랫사람이 나중에 타며 아랫사람은 윗사람의 승차를 도와준 후에 반대편 문을 활용해 승차한다.
② Jeep류의 차종인 경우(문이 2개)에는 운전석의 뒷자리가 상석이 된다.
③ 운전자의 부인이 탈 경우에는 운전석 옆자리가 부인석이 된다.
④ 자가용의 차주가 직접 운전을 할 시에 운전자의 오른 좌석에 나란히 앉아 주는 것이 매너이다.
⑤ 상석의 위치에 관계없이 여성이 스커트를 입고 있을 경우에는 뒷좌석의 가운데 앉지 않도록 배려해 주는 것이 매너이다.

> ✔ 해설 Jeep류의 차종인 경우(문이 2개)에는 운전석의 옆자리가 상석이 된다.

3 다음은 면접 시 경어의 사용에 관한 내용이다. 이 중 가장 옳지 않은 항목은?

① 직위를 모르는 면접관을 지칭할 시에는 "면접위원"이 무난하고 직위 뒤에는 "님"자를 사용하지 않는다.

② 친족이나 친척 등을 지칭할 때는 "아버지", "어머니", "언니", "조부모" 등을 쓰고 특별한 경칭을 붙이지 않는다.

③ 극존칭은 사용하지 않으며 지원회사명을 자연스럽게 사용한다.

④ 지망하고자 하는 회사의 회장, 이사, 과장 등을 지칭할 시에는 '님'자를 붙인다.

⑤ 자신을 지칭할 때는 "나"라는 호칭 대신에 "저"를 사용한다.

✔해설 통상적으로 직위를 모르는 면접관을 지칭할 때는 "면접위원님"이 무난하고 직위 뒤에는 "님"자를 사용한다.
※ 경어의 구분
　　㉠ 겸양어 : 상대나 화제의 인물에 대해서 경의를 표하기 위해 사람에게 관계가 되는 자신의 행위나 또는 동작 등을 낮추어서 하는 말을 의미한다.
　　　예 저희, 저희들, 우리들
　　　예 기다리실 줄 알았는데…
　　　예 설명해 드리겠습니다.
　　　예 여쭈어 본다, 모시고 간다, 말씀 드린다.
　　㉡ 존경어 : 상대나 화제의 인물에 대해서 경의를 표하기 위해 그 사람의 행위나 동작 등을 높여서 하는 말을 의미한다.
　　　예 안녕하세요(×) ⇒ 안녕하십니까(○)
　　　예 사용하세요(×) ⇒ 사용하십시오(○)
　　㉢ 공손어 : 상대방에게 공손한 마음을 표현할 때나 자신의 품위를 지키기 위하여 사용하는 말이다.

Answer 1.⑤ 2.② 3.①

4 다음 중 이메일 네티켓에 관한 설명으로 부적절한 것은?

① 대용량 파일의 경우에는 압축해서 첨부해야 한다.

② 메일을 발송할 시에는 발신자를 명확하게 표기해야 한다.

③ 메일을 받을 수신자의 주소가 정확한지 확인을 해야 한다.

④ 영어는 일괄적으로 대문자로 표기해야 한다.

⑤ 상대로부터 수신 받은 메일은 24시간 내에 신속하게 답변을 해야 한다.

✔해설 영어의 경우에는 대소문자를 명확히 구분해서 표기해야 한다.

5 다음에서 설명하고 있는 개념으로 적절한 것은?

> 이것은 일정한 생활문화권에서 오랜 생활습관을 통해 하나의 공통된 생활방법으로 정립되어 관습적으로 행해지는 사회계약적 생활규범으로, 언어문화권에 따라 다르고 같은 언어문화권이라도 지방에 따라 다를 수 있다.

① 봉사   ② 책임
③ 준법   ④ 예절
⑤ 문화

✔해설 ① 봉사 : 직업인에게 봉사란 자신보다 고객의 가치를 최우선으로 하는 서비스 개념이다.
② 책임 : 책임은 모든 결과는 나의 선택으로 인한 결과임을 인식하는 태도로, 상황을 회피하지 않고 맞닥뜨려 해결하는 자세가 필요하다.
③ 준법 : 준법은 민주 시민으로서 기본적으로 지켜야 하는 의무이며 생활 자세이다.
④ 예절 : 예절은 일정한 생활문화권에서 오랜 생활습관을 통해 하나의 공통된 생활방법으로 정립되어 관습적으로 행해지는 사회계약적 생활규범으로, 언어문화권에 따라 다르고 같은 언어문화권이라도 지방에 따라 다를 수 있다.

6 다음 중 악수 예절로 적절한 것은?

① 악수를 하는 동안에 상대의 눈을 쳐다보지 않는다.

② 악수를 할 때는 왼손을 사용한다.

③ 악수는 인사 몇 마디를 주고받는 정도의 시간 안에 끝내야 한다.

④ 악수는 상대보다 더 힘 있게 해야 한다.

⑤ 악수는 되도록 길게 해야 한다.

> ✔ 해설 악수 예절
> • 악수를 하는 동안에는 상대에게 집중하는 의미로 반드시 눈을 맞추고 미소를 짓는다.
> • 악수를 할 때는 오른손을 사용하고, 너무 강하게 쥐어짜듯이 잡지 않는다.
> • 악수는 힘 있게 해야 하지만 상대의 뼈를 부수듯이 손을 잡지 말아야 한다.
> • 악수는 서로의 이름을 말하고 간단한 인사 몇 마디를 주고받는 정도의 시간 안에 끝내야 한다.

7 다음 중 직장에서의 전화걸기 예절로 옳지 않은 것은?

① 전화를 건 이유를 숙지하고 이와 관련하여 대화를 나눌 수 있도록 준비한다.

② 전화는 정상적인 업무가 이루어지고 있는 근무 시간이 종료된 뒤에 걸도록 한다.

③ 정보를 얻기 위해 전화를 하는 경우라면 얻고자 하는 내용을 미리 메모하도록 한다.

④ 전화를 해달라는 메시지를 받았다면 가능한 한 48시간 안에 답해주도록 한다.

⑤ 전화는 직접 걸도록 한다.

> ✔ 해설 전화걸기
> • 전화를 걸기 전에 먼저 준비를 한다. 정보를 얻기 위해 전화를 하는 경우라면 얻고자 하는 내용을 미리 메모 하도록 한다.
> • 전화를 건 이유를 숙지하고 이와 관련하여 대화를 나눌 수 있도록 준비한다.
> • 전화는 정상적인 업무가 이루어지고 있는 근무 시간에 걸도록 한다.
> • 당신이 통화를 원하는 상대와 통화할 수 없을 경우에 대비하여 비서나 다른 사람에게 메시지를 남길 수 있도 록 준비한다.
> • 전화는 직접 걸도록 한다.
> • 전화를 해달라는 메시지를 받았다면 가능한 한 48시간 안에 답해주도록 한다.

Answer 4.④ 5.④ 6.③ 7.②

8 다음 중 개인윤리와 직업윤리에 대한 올바른 설명을 모두 고른 것은?

> ㉠ 직업윤리는 개인윤리에 비해 특수성을 갖고 있다.
> ㉡ 개인윤리가 보통 상황에서의 일반적 윤리규범이라고 한다면, 직업윤리는 좀 더 구체적 상황에서의 실천 규범이다.
> ㉢ 모든 사람은 근로자라는 공통점 속에서 모두 같은 직업윤리를 가지게 된다.
> ㉣ 직업윤리는 개인윤리를 바탕으로 성립되는 규범이기 때문에, 항상 개인윤리보다 우위에 있다.

① ㉠㉡　　　　　　　　　　　　　　② ㉠㉢
③ ㉠㉣　　　　　　　　　　　　　　④ ㉡㉢
⑤ ㉡㉣

✔해설 직업윤리는 특정 직업에서 보이는 특수하고 구체적인 윤리를 말한다. 개인윤리의 경우에는 일반적인 상황에 대한 윤리를 의미한다.
　　㉢ 모든 사람은 근로자라는 공통점을 가질 수도 있겠지만, 어떤 직업을 갖느냐에 따라 서로 다른 직업윤리를 가질 수 있다.
　　㉣ 직업윤리는 개인윤리를 바탕으로 성립되고 조화가 필요하며, 항상 직업윤리가 개인윤리보다 우위에 있다고 말할 수 없다.

9 다음 설명은 직업윤리의 덕목 중 무엇에 해당하는가?

> 자신의 일이 누구나 할 수 있는 것이 아니라 해당 분야의 지식과 교육을 밑바탕으로 성실히 수행해야만 가능한 것이라 믿고 수행하는 태도를 말한다.

① 소명의식　　　　　　　　　　　　② 직분의식
③ 전문가의식　　　　　　　　　　　④ 봉사의식
⑤ 천직의식

✔해설 ① 소명의식 : 자신이 맡은 일은 하늘에 의해 맡겨진 일이라고 생각하는 태도
② 직분의식 : 자신이 하고 있는 일이 사회나 기업을 위해 중요한 역할을 하고 있다고 믿고 자신의 활동을 수행하는 태도
④ 봉사의식 : 직업 활동을 통해 다른 사람과 공동체에 대해 봉사하는 정신을 갖추고 실천하는 태도

10 다음 중 근로윤리에 관한 설명으로 옳지 않은 것은?

① 정직은 신뢰를 형성하는 데 기본적인 규범이다.

② 정직은 부정직한 관행을 인정하지 않는다.

③ 신용을 위해 동료와 타협하여 부정직을 눈감아준다.

④ 신용을 위해 잘못된 것도 정직하게 밝혀야 한다.

⑤ 성실은 자신의 일에 최선을 다하고자 하는 마음자세를 가지고 일하는 것이다.

> **✔해설** ③ 타협하거나 부정직을 눈감아 주지 말아야 한다.

11 다음은 직장 내 SNS 활용에 있어서의 매너에 관한 사항이다. 잘못 설명된 것을 고르면?

① 대화시작은 인사로 시작하고 마무리 또한 인사를 하는 습관을 들여야 한다.

② 메신저 등을 사용함에 있어서 매너에도 특별히 신경을 써야 한다.

③ 불필요한 내용은 금지하고 업무에 대한 내용으로 간략히 활용해야 한다.

④ 메신저 사용 시 상대를 확인하고 대화를 시작해야 한다.

⑤ 직급이 높은 상사라 하더라도 업무의 효율성을 높이기 위해 메신저로 업무 보고하는 것이 좋다.

> **✔해설** 아무리 빠른 정보화 사회이고 업무 효율성을 높인다 하더라도 상사에게 주요 내용을 보고할 시에는 직접 찾아
> 가서 보고하는 것이 좋다. 더불어 상사의 입장에서는 부하 직원이 예의 없어 보일 수도 있다.

12 다음은 비즈니스 매너 중 업무상 방문 및 가정방문에 관한 설명이다. 이 중 가장 바르지 않은 항목을 고르면?

① 사전에 회사 방문에 대한 약속을 정한 후에 명함을 준비해서 방문해야 한다.

② 회사를 방문할 시에는 오후 3~5시 사이가 적정하며, 사전에 초대를 받지 않은 사람과의 동행이라 하더라도 그 전에 회사를 방문한다고 약속을 했으므로 미초대자와 동행을 해도 이는 매너에 어긋나지 않는다.

③ 가정을 방문할 시에는 정시에 도착해야 한다.

④ 가정방문 초청을 받고 도착해서 레인 코트 및 모자 등은 벗어야 하지만, 외투는 벗지 않아도 된다.

⑤ 손님용으로 1인 소파는 앉아도 되지만, 상석의 경우에는 권하지 않는 이상 먼저 앉지 않는 것이 예의이다.

✔ **해설** 사전에 초대받지 않은 사람과의 동행은 매너에 어긋나는 행동이 된다.

13 다음은 직장 내 예절에 관한 내용 중 퇴근할 시에 관한 설명이다. 이 중 바르지 않은 것은?

① 사무실의 업무 상 보안을 위해 책상 서랍이나 또는 캐비닛 등에 대한 잠금장치를 해야 한다.

② 가장 마지막에 퇴근하는 사람의 경우에는 사무실 내의 컴퓨터 및 전등의 전원을 확인하고 문단속을 잊지 말아야 한다.

③ 상사보다 먼저 퇴근하게 될 경우에는 "지시하실 업무는 없으십니까? 없다면 먼저 퇴근 하겠습니다"라고 인사를 해야 한다.

④ 사용했던 책상 위는 깨끗이 정리하며 비품, 서류 등을 지정된 장소에 두어야 한다.

⑤ 다른 직원들보다 먼저 퇴근할 시에는 잔업을 하고 있는 사람에게 방해가 될 수 있으므로 조용히 사무실을 빠져나가야 한다.

✔ **해설** 타 직원들보다 먼저 퇴근을 할 경우에는 잔무처리를 하는 사람들에게 "먼저 들어가 보겠습니다."라고 인사를 건네야 한다.

14 다음 중 사무실 매너로써 가장 바르지 않은 것은?

① 어려울 시에는 서로를 위로하며 격려한다.

② 업무가 끝나면 즉각적으로 보고를 하고 중간보고는 생략한다.

③ 내방객 앞에서는 직원 간 상호 존대의 표현을 한다.

④ 서로를 존중하고 약속을 지킨다.

⑤ 가까울수록 예의를 갖추고 언행을 주의한다.

> ✔해설 업무가 끝나면 즉각적으로 보고하고 경우에 따라 중간보고를 해야 한다. 그럼으로써 업무의 진행 상황을 파악할 수 있으며 수정을 할 수 있기 때문이다. 또한 긍정적인 자세로 지시받고 기한 및 수량 등을 정확히 파악해야 한다.

15 SERVICE의 7가지 의미에 대한 설명으로 옳은 것은?

① S : 서비스는 감동을 주는 것

② V : 서비스는 고객에게 좋은 이미지를 심어주는 것

③ C : 서비스는 미소와 함께 신속하게 하는 것

④ R : 서비스는 고객을 존중하는 것

⑤ I : 서비스는 예의를 갖추고 정중하게 하는 것

> ✔해설 ERVICE의 7가지 의미
> ㉠ S(smile & speed) : 서비스는 미소와 함께 신속하게 하는 것
> ㉡ E(emotion) : 서비스는 감동을 주는 것
> ㉢ R(respect) : 서비스는 고객을 존중하는 것
> ㉣ V(value) : 서비스는 고객에게 가치를 제공하는 것
> ㉤ I(image) : 서비스는 고객에게 좋은 이미지를 심어 주는 것
> ㉥ C(courtesy) : 서비스는 예의를 갖추고 정중하게 하는 것
> ㉦ E(excellence) : 서비스는 고객에게 탁월하게 제공되어져야 하는 것

Answer 12.② 13.⑤ 14.② 15.④

16 다음 전화응대에 대한 내용 중 회사의 위치를 묻는 경우의 응대로 가장 거리가 먼 것을 고르면?

① 먼저 응대 중인 사람에게 양해의 말을 전한 뒤에 전화를 받는다.

② 전화를 건 상대가 있는 현재 위치를 묻는다.

③ 회사까지 어떠한 교통수단을 활용할 것인지를 묻는다.

④ 회사로 전화를 한 사람의 위치에서 좌우전후방으로 방향을 명확하게 안내한다.

⑤ 전화를 건 상대가 알아듣기 쉽도록 전철역 출구, 큰 건물 등을 중심으로 해서 알려준다.

> ✅**해설** ①번은 전화 응대 중에 전화가 걸려온 경우에 해당하는 응대방법이다.

17 다음 근무예절에 관한 내용으로 바르지 않은 것은?

① 결근이나 지각을 할 시에는 출근 시간 전에 상사에게 전화상으로 사정을 말하고 양해를 구해야 한다.

② 문서 및 서류 등은 보관함에 넣고 집기류는 제자리에 두어야 한다.

③ 만약 외출한 곳에서 퇴근시간을 넘겨도 사무실로 들어와 늦은 시간이더라도 상사에게 보고를 해야 한다.

④ 슬리퍼는 팀 내에서만 착용하고, 상사에게 보고할 시에는 구두를 착용해야 한다.

⑤ 외출 시에는 행선지, 목적지, 소요시간 등을 보고한 후에 상사의 허가를 얻는다.

> ✅**해설** 외출한 곳에서 퇴근시간을 넘길 시에는 상사에게 현지퇴근 보고를 해야 한다.

18 다음 중 바르지 않은 용모 및 복장에 대한 내용은?

① 용모는 직업의식의 적극적인 표현이다.

② 옷차림만으로도 사람의 인품, 생활태도 등을 평가할 수 있다.

③ 사복을 입을 경우에 복장 선택은 자유지만, 그 자유로 인해 엉뚱한 평가를 받을 수 있다.

④ 겉으로 보이는 용모는 인격의 일부분이 아니다.

⑤ 단정한 몸차림은 상대에게 신뢰를 주고, 나아가 좋은 대인관계의 바탕이 되며, 일의 성과에도 영향을 미친다.

> ✅**해설** 겉으로 보이는 용모도 인격의 일부분이다. 더불어서 옷차림은 사람의 이미지 형성에 있어서 영향을 미친다. 그러므로 직업, 상황 등에 맞는 옷차림이 중요하다.

19 다음은 호칭에 관련한 내용들이다. 아래의 내용을 읽고 가장 옳지 않은 것을 고르면?

① 이름을 모를 시에는 직위에 "님" 존칭을 붙인다.

② 상사에게는 성, 직위 다음에 "님"의 존칭을 붙인다.

③ 상급자에게 그 하급자이면서 자기에게는 상급자를 말할 때는 '님'을 붙여야 한다.

④ 타 부서의 상급자는 부서명을 위에 붙인다.

⑤ 상사에게 내 자신을 호칭할 시에는 "저" 또는 성과 직위, 직명 등을 사용한다.

✔해설 상급자에게 그 하급자이면서 자기에게는 상급자를 말할 때는 "님"을 붙이지 않고 직책과 직급명만을 말해야 한다.

20 다음과 같은 직업윤리의 덕목을 참고할 때, 빈칸에 공통으로 들어갈 알맞은 말은 어느 것인가?

> 사회시스템은 구성원 서로가 신뢰하는 가운데 운영이 가능한 것이며, 그 신뢰를 형성하고 유지하는데 필요한 가장 기본적이고 필수적인 규범이 바로 (   )인 것이다.
> 그러나 우리 사회의 (   )은(는) 아직까지 완벽하지 못하다. 거센 역사의 소용돌이 속에서 여러 가지 부당한 핍박을 받은 경험이 있어서 그럴 수도 있지만, 원칙보다는 집단내의 정과 의리를 소중히 하는 문화적 정서도 그 원인이라 할 수 있다.

① 성실 　　　　　　　　② 정직

③ 인내 　　　　　　　　④ 희생

⑤ 도전

✔해설 이러한 정직과 신용을 구축하기 위한 4가지 지침으로 다음과 같은 것들이 있다.
- 정직과 신뢰의 자산을 매일 조금씩 쌓아가자.
- 잘못된 것도 정직하게 밝히자.
- 정직하지 못한 것을 눈감아 주지 말자.
- 부정직한 관행은 인정하지 말자.

21 개인윤리와 직업윤리의 조화에 대한 설명으로 가장 옳지 않은 것은?

① 업무상 개인의 판단과 행동이 사회적 영향력이 큰 기업시스템을 통하여 다수의 이해관계자와 관련된다.

② 수많은 사람이 관련되어 고도화된 공동의 협력을 요구하므로 맡은 역할에 대한 책임완수가 필요하다.

③ 직장이라는 집단적 인간관계에서도 가족관계, 개인적 선호에 의한 친분 관계와 유사한 측면의 배려가 필요하다.

④ 각각의 직무에서 오는 특수한 상황에서는 개인적 덕목 차원의 일반적인 상식과 기준으로 규제할 수 없는 경우가 많다.

⑤ 개인윤리의 기본 덕목인 사랑, 자비 등과 방법론상의 이념인 공동발전의 추구, 장기적 상호이익 등의 기본은 동일하다.

> ✔ 해설 ③ 직장이라는 특수 상황에서 갖는 집단적 인간관계는 가족관계, 개인적 선호에 의한 친분 관계와는 다른 측면의 배려가 필요하다.

22 다음 글을 참고할 때, 김 대리가 윤리적인 가치를 지키며 직장생활을 하는 근본적인 이유로 가장 적절한 것은?

> 어젯밤 뉴스에서는, 회사의 공금 5백만 원을 횡령하여 개인적 용도로 사용한 한 30대 중반의 직장인 G씨의 이야기가 화제가 되었다. 김 대리는 자신도 회사에서 수억 원의 공금을 운용하고 관리하는 업무를 담당하고 있어 유난히 뉴스가 관심 있게 다가왔다. 그러나 김 대리는 한 번도 G씨와 같은 행위에 대한 유혹을 느껴보지 않았으며, 그러한 마음가짐은 당연한 것이라는 사실을 G씨의 이야기를 통해 다시 한 번 되새기는 계기가 되었다.

① 직장에서의 출세를 위하여

② 사회적 명예를 지키기 위하여

③ 결국 완벽한 범죄일 수는 없기 때문에

④ 삶의 본질적 가치와 도덕적 신념을 존중하기 때문에

⑤ 회사로부터 충분한 경제적 보상을 받고 있기 때문에

> ✔ 해설 김 대리가 윤리적 가치를 준수하고 있는 가장 큰 이유는, 그것이 어떻게 살 것인가 하는 가치관의 문제와도 관련이 있기 때문이다. 그러한 가치는 눈에 보이는 경제적 이득과 육신의 안락만을 추구하는 것이 아니고, 삶의 본질적 가치와 도덕적 신념을 존중하기 때문에 윤리적으로 행동해야 한다는 것을 말해 준다.

23 다음 사례에 해당하는 비윤리적 행위의 유형은?

> • 甲은 제품을 설계할 때 안전상의 고려를 충분히 하지 않아 소비자의 안전사고를 유발시켰다.
> • 乙은 작업 중에 안전수칙을 철저히 지키지 않아 사고를 유발하였다.

① 도덕적 타성 ② 도덕적 태만
③ 거짓말 ④ 무절제
⑤ 무관심

✔ 해설 제시된 사례는 비윤리적인 결과를 피하기 위하여 일반적으로 필요한 주의나 관심을 기울이지 않는 도덕적 태만에 해당한다. 도덕적 태만은 어떤 결과가 나쁜 것을 알지만 자신의 행위가 그러한 결과를 가져올 수 있다는 것을 모르는 경우이다.

24 일반적인 직업의 의미가 아닌 것은?

① 직업은 경제적 보상을 받는 일이다.
② 직업은 계속적으로 수행하는 일이다.
③ 직업은 자기의 의사와 관계없이 해야 하는 일이다.
④ 직업은 노력이 소용되는 일이다.
⑤ 직업은 사회적 효용이 있는 일이다.

✔ 해설 직업의 일반적 의미
  ㉠ 직업은 경제적 보상을 받는 일이다.
  ㉡ 직업은 계속적으로 수행하는 일이다.
  ㉢ 직업은 사회적 효용이 있는 일이다.
  ㉣ 직업은 성인이 하는 일이다.
  ㉤ 직업은 자기의 의사에 따라 하는 일이다.
  ㉥ 직업은 노력이 소용되는 일이다.

25 영업팀에서 근무하는 조 대리는 아래와 같은 상황을 갑작스레 맞게 되었다. 다음 중 조 대리가 취해야 할 행동으로 가장 적절한 것은?

> 조 대리는 오늘 휴일을 맞아 평소 자주 방문하던 근처 고아원을 찾아가기로 하였다. 매번 자신의 아들인 것처럼 자상하게 대해주던 영수에게 줄 선물도 준비하였고 선물을 받고 즐거워할 영수의 모습에 설레는 마음을 감출 수 없었다.
> 그러던 중 갑자기 일본 지사로부터, 내일 방문하기로 예정되어 있던 바이어 일행 중 한 명이 현지 사정으로 인해 오늘 입국하게 되었다는 소식을 전해 들었다. 바이어의 한국 체류 시 모든 일정을 동행하며 계약 체결에 차질이 없도록 접대해야 하는 조 대리는 갑자기 공항으로 서둘러 출발해야 하는 상황에 놓이게 되었다.

① 업무상 긴급한 상황이지만, 휴일인 만큼 계획대로 영수와의 시간을 갖는다.

② 지사에 전화하여 오늘 입국은 불가하며 내일 비행기 편을 다시 알아봐 줄 것을 요청한다.

③ 영수에게 아쉬움을 전하며 다음 기회를 약속하고 손님을 맞기 위해 공항으로 나간다.

④ 입국하는 바이어에게 연락하여 사정을 이야기하고 오늘은 동행 없이 일정을 소화해 달라고 양해를 구한다.

⑤ 지난 번 도움을 주었던 차 대리에게 연락하여 대신 공항픽업부터 호텔 투숙, 저녁 식사까지만 대신 안내를 부탁한다.

✅**해설** 제시된 상황은 대표적으로 직업윤리와 개인윤리가 충돌하는 상황이라고 할 수 있다. 직무에 따르는 업무적 책임 사항은 반드시 근무일에만 적용된다고 판단하는 것은 올바르지 않으며, 불가피한 경우 휴일에도 직무상 수행 업무가 발생할 수 있음을 감안하는 것이 바람직한 직업윤리의식일 것이다. 따라서 이러한 경우 직업윤리를 우선시하는 ③이 가장 바람직하다. 선택지 ④와 같은 경우는 대안을 찾는 경우로서, 본인의 책임을 다하는 태도라고 할 수 없다.

26 다음 사례에서 甲이 중요시하는 직업윤리의 기본원칙은 무엇인가?

> 사내에서 '대쪽'이라는 별명으로 통하는 甲은 업무를 처리함에 있어 공공성을 바탕으로 공사구분을 명확히 하고, 모든 것을 숨김없이 투명하게 처리한다.

① 객관성의 원칙
② 고객중심의 원칙
③ 전문선의 원칙
④ 정직과 신용의 원칙
⑤ 공정경쟁의 원

> ✔해설 직업윤리의 5대 원칙
> ㉠ 객관성의 원칙 : 업무의 공공성을 바탕으로 공사구분을 명확히 하고, 모든 것을 숨김없이 투명하게 처리하는 원칙을 말한다.
> ㉡ 고객중심의 원칙 : 고객에 대한 봉사를 최우선으로 생각하고 현장중심, 실천중심으로 일하는 원칙을 말한다.
> ㉢ 전문성의 원칙 : 자기업무에 전문가로서의 능력과 의식을 가지고 책임을 다하며, 능력을 연마하는 것을 말한다.
> ㉣ 정직과 신용의 원칙 : 업무와 관련된 모든 것을 숨김없이 정직하게 수행하고, 본분과 약속을 지켜 신뢰를 유지하는 것을 말한다.
> ㉤ 공정경쟁의 원칙 : 법규를 준수하고, 경쟁원리에 따라 공정하게 행동하는 것을 말한다.

27 다음 중 공동체 윤리에 해당하는 것이 아닌 것은?

① 봉사
② 책임
③ 준법
④ 근면
⑤ 예절

> ✔해설 ④는 근로윤리에 해당한다.

28 다음에서 설명하고 있는 직업윤리의 덕목은?

> 자신의 일이 자신의 능력과 적성에 꼭 맞는다고 여기고 그 일에 열성을 가지고 성실히 임하는 태도

① 소명의식　　　　　　　　　　② 천직의식

③ 직분의식　　　　　　　　　　④ 책임의식

⑤ 문제의식

> ✔해설　① 소명의식 : 자신이 맡은 일은 하늘에 의해 맡겨진 일이라고 생각하는 태도
> ③ 직분의식 : 자신이 하고 있는 일이 사회나 기업을 위해 중요한 역할을 하고 있다고 믿고 자신의 활동을 수행하는 태도
> ④ 책임의식 : 직업에 대한 사회적 역할과 책무를 충실히 수행하고 책임을 다하는 태도

29 다음 중 근로윤리에 관한 설명으로 옳지 않은 것은?

① 정직은 신뢰를 형성하는 데 기본적인 규범이다.

② 정직은 부정직한 관행을 인정하지 않는다.

③ 신용을 위해 동료와 타협하여 부정직을 눈감아준다.

④ 신용을 위해 잘못된 것도 정직하게 밝혀야 한다.

⑤ 성실은 자신의 일에 최선을 다하고자 하는 마음자세를 가지고 일하는 것이다.

> ✔해설　③ 타협하거나 부정직을 눈감아 주지 말아야 한다.

30 다음 제시된 직장 내 예절교육의 항목 중 적절한 내용으로 보기 어려운 설명을 모두 고른 것은?

> 가. 악수를 하는 동안에는 상대의 눈을 맞추기보다는 맞잡은 손에 집중한다.
> 나. 내가 속해 있는 회사의 관계자를 타 회사의 관계자에게 소개한다.
> 다. 처음 만나는 사람과 악수할 경우에는 가볍게 손끝만 잡는다.
> 라. 상대방에게서 명함을 받으면 받은 즉시 명함지갑에 넣지 않는다.
> 마. e-mail 메시지는 길고 자세한 것보다 명료하고 간략하게 만든다.
> 바. 정부 고관의 직급명은 퇴직한 사람을 소개할 경우엔 사용을 금지한다.
> 사. 명함에 부가 정보는 상대방과의 만남이 끝난 후에 적는다.

① 나, 라, 마, 사
② 가, 다, 라
③ 나, 마, 바, 사
④ 가, 다, 바
⑤ 가, 나, 다, 사

해설 가. 악수를 하는 동안에는 상대에게 집중하는 의미로 반드시 눈을 맞추고 미소를 짓는다.
　　다. 처음 만나는 사람과의 악수라도 손끝만을 잡는 행위는 상대방을 존중한다는 마음을 전달하지 못하는 행위이다.
　　바. 정부 고관을 지낸 사람을 소개할 경우 퇴직한 사람이라도 직급명은 그대로 사용해 주는 것이 일반적인 예절로 인식된다.

PART 04

인성검사

Chapter 01 인성검사의 이해

❶ 인성검사의 목적

(1) 조직 적합성 평가

인성검사는 지원자의 성품을 알고자 하는 것이 아니다. 인사 담당자는 지원자의 어떠한 특성이 발달했는지를 알아보고, 해당 직무의 특성과 조직의 가치관에 얼마나 합치하는지를 평가한다. 직무 수행 능력과 더불어 조직과의 조화, 가치 공유 여부 등이 특히 중요하게 평가된다. 결국 인성검사는 지원자가 조직에 장기적으로 적합한 인재인지 판단하기 위한 목적을 갖는다.

(2) 조직 리스크 관리

인성검사는 문제 행동 가능성이나 스트레스 대처 방식 등을 파악하는 데에 활용된다. 책임감, 정직성, 협업 태도 등은 조직의 안정성과 직결되는 요소이기 때문에 내부 갈등, 윤리 문제, 조기 퇴사 등과 같은 잠재적인 리스크를 줄이기 위해서 시행된다.

(3) 면접과의 연계

인성검사 결과는 이후 면접에서도 긴밀하게 활용된다. 면접관은 인성검사에서 나타난 지원자의 특징과 응답 경향을 바탕으로 실제 행동이 일관되게 나타나는지를 확인한다. 즉, 인성검사는 면접 단계에서 지원자 답변의 진정성을 검증할 기초 자료를 확보하려는 목적을 내포한다.

(4) 공정하고 객관적인 평가 보완

면접은 주관적인 요소가 개인될 수 있다. 인성검사는 이를 보완하기 위한 객관적인 지표의 역할을 한다. 동일한 기준으로 다수의 지원자를 비교할 수 있기 때문에 선발 과정에서 공정성을 높이는 데에 기여를 할 수 있다. 또한 서류나 면접에서 볼 수 없었던 지원자의 성향을 추가적으로 확인이 가능하다.

(5) 인재 관리 및 배치 참고 자료 확보

채용 이후에 인성검사 결과를 통해서 인재를 배치하고 교육 방향을 설정하는 데에 활용이 가능하다. 팀 구성 시 성향을 고려하여 배₩치하거나 개인별 강·약점을 파악하여 맞춤형 교육설계가 가능하다.

② 인성검사 준비 전략

(1) 기업 인재상 분석

지원 기업의 인재상과 핵심 가치를 사전에 확인해야 한다. 인성검사는 기업 문화 적합도를 평가하는 도구이므로, 기업이 중시하는 성향과 자신의 특성을 비교하는 과정이 필요하다. 이를 통해 과도한 연출 없이도 방향성 있는 응답 기준을 설정할 수 있다.

(2) 직무 성향 파악

같은 기업이라도 직무에 따라 요구되는 성향은 다르다. 예를 들어 영업 직무는 대인관계 적극성과 목표지향성이, 연구 직무는 집중력과 안정성이 상대적으로 중요하다. 지원 직무의 특성을 이해하면 응답 기준을 보다 명확히 정립할 수 있다.

(3) 자기 성향 점검

시험 전 자신의 성향을 객관적으로 정리해보는 과정이 필요하다. 평소 갈등 상황에서의 대응 방식, 규칙 준수 태도, 스트레스 관리 방식 등을 점검하면 응답 일관성을 유지하는 데 도움이 된다. 자기 이해가 부족한 상태에서 시험에 응시할 경우 즉흥적 판단이 늘어날 가능성이 높다.

(4) 모의 문항 연습

유형을 미리 경험하면 시험 당일 긴장을 줄일 수 있다. 특히 반복 문항 구조와 역문항 패턴을 이해하는 연습이 필요하다. 다만 정답을 외우는 방식이 아니라, 자신의 기준을 점검하는 방식으로 연습해야 한다.

(5) 컨디션 관리

인성검사는 장시간 집중을 요구하므로 체력과 집중력 관리가 중요하다. 수면 부족이나 과도한 긴장은 응답 패턴을 흔들 수 있다. 시험 전 충분한 휴식과 안정된 심리 상태를 유지하는 것이 바람직하다.

③ 인성검사 주요 평가 요소

(1) 성실성

규칙을 잘 지키고 일을 계획적으로 할 수 있는 태도를 말한다. 주요 문항으로는 "하기 싫더라도 주어진 일은 참고 한다", "인내심이 강하다는 말을 듣는다" 등이 있다. 인사 담당자는 성실성이 높은 지원자를 긍정적으로 평가한다. 인내심이 강하고 어려운 업무를 받아도 포기하지 않을 것이라고 생각하기 때문이다.

(2) 이타성

개인보다 공동체의 이익을 강조하는 성향으로, 협동을 중요시하는 조직에서 특히 선호하는 요소이다. "내 일을 끝내면 다른 사람을 돕는다", "봉사나 기부를 하면 뿌듯하다" 등의 문항이 이타성을 평가하는 데 사용된다. 이타성이 높으면 주로 긍정적인 평가를 받는다. 그러나 과할 경우 타인을 돕는 데 집중하다가 본인의 업무가 지연되거나 처리 효율이 떨어질 수 있다는 우려를 받는다.

(3) 허위성

응답 시 자기 특성을 과도하게 미화하여 표현하려는 성향으로, 입사를 위해 자신을 과장되게 좋은 사람으로 포장하는 경우가 이에 해당한다. 주로 '항상', '한 번도', '언제나' 등의 극단적인 표현이 들어가는 것이 특징이다. 지나치게 꾸며낸 답변은 이후 중복되거나 모순된 문항에 걸리기 쉬우므로 주의한다. 검사에서는 현재의 자신보다 조금 성장한 자신을 표현하는 정도가 적당하다.

> **TIP** 허위성을 판별하는 질문
> 실제 인성검사에서는 아래와 같은 문항을 통해 지원자가 현실적으로 불가능한 완벽함을 추구하지 않는지 판별한다. 과하게 이상적이거나 인간이라면 있을 수밖에 없는 감정과 실수를 부정하는 질문이 이에 해당한다.
> • 늘 기분이 좋다.
> • 화를 낸 적이 한 번도 없다.
> • 나는 어떤 실수도 반복하지 않는다.
> • 절대 충동적으로 행동하지 않는다.
> • 다른 사람을 부럽다고 생각해 본 적이 없다.

(4) 책임감

자신의 행동이 조직에 미치는 영향을 이해하고 주어진 일을 끝까지 해내는 성향을 의미한다. 주요 문항으로는 "맡은 일은 끝까지 해내려고 하는 편이다", "해야 할 일을 미루지 않으려고 노력한다" 등이 있다. 책임감은 일반적으로 성실성과 신뢰성을 보여주는 지표이므로 긍정적으로 평가된다. 그러나 지나치게 높을 경우 강박적으로 보이기도 한다.

(5) 자기주도성

적극적인 업무 태도와 향상성, 자기 개발 능력 등을 나타내는 정신적 활동력을 말한다. 주요 문항으로는 "하고 싶은 일을 좀처럼 실행할 수 없는 편이다", "새로운 것을 만나면 도전하고 싶다" 등이 있다. 자기주도성이 높은 것은 조직 내 성장 가능성과 책임감을 나타내는 긍정적인 요인이다. 그러나 과도하게 높으면 독단적이거나 의사소통에 문제가 있어 보일 수 있다.

(6) 정서안정성

잦은 감정 기복이나 불안 수준 등의 심리적 안정도를 측정한다. 주요 문항으로는 "실수할까 봐 어떤 일을 시작하는 것이 두렵다", "힘들다고 생각하면 쉽게 그만둔다" 등이 있다. 정서안정성이 높을 경우 감정의 폭이 일정하고 상황을 받아들이는 폭이 넓어 업무 적응력 면에서 긍정적인 요인으로 작용한다.

(7) 조직적응력

조직의 규칙과 문화를 이해하고 협동성을 바탕으로 원활한 사내 관계를 유지할 수 있는지를 측정한다. 주요 문항으로는 "팀의 목표를 위해 개인 의견을 조정할 수 있다", "새로운 환경에 빠르게 적응하는 편이다" 등이 있다. 점수가 높으면 조직 생활과 협업에 유리하게 작용한다.

(8) 준법성

업무를 공정하고 투명하게 처리하며 규칙과 절차를 성실히 따르는 성향으로, 공기업이나 공공기관에서 특히 중요시하는 성향이다. 주요 문항으로는 "규칙보다 개인의 편의를 우선시하는 것은 바람직하지 않다", "법에 어긋나더라도 관행이면 상사의 지시를 따른다" 등이 있다. 점수가 높을수록 신뢰감을 얻지만, 과할 경우 융통성이 부족하다는 인상을 줄 수 있다.

(9) 대인관계능력

타인과 원만하고 협조적인 관계를 형성할 수 있는지를 보여주는 지표이다. 주요 문항으로는 "새로운 사람들과 적응하는 시간이 짧다", "갈등이 생기면 대화를 통해 해결하는 것이 좋다" 등이 있다. 대인관계능력이 높으면 원만한 조직 생활이 가능하므로 긍정적인 평가를 받는다. 하지만 사교적으로 보이기 위해 지나치게 꾸며낸 답변은 오히려 진정성을 의심받을 수 있다.

(10) 문제해결능력

난관이나 갈등 상황에서 원인을 분석하고 현실적인 대안을 모색하여 문제를 해결하는 능력을 측정한다. 주요 문항으로는 "예상치 못한 문제에도 침착하게 대응할 수 있다", "일이 해결될 때까지 어려워도 버텨내는 편이다" 등이 있다. 이러한 능력은 도전적이고 책임감 있는 사람으로 평가받는 데 영향을 준다.

④ 인성검사 불합격 요인

(1) 직무부적합

지원 직무를 수행하는 데 필요한 성향이나 역량이 부족하다고 판단되는 경우이다. 세밀함이 요구되는 업무에서 충동적인 성향이나 낮은 주의력이 나타나는 경우가 이에 해당한다. 검사 전 지원 직무에 어울리는 성향을 정확히 이해하는 것이 중요하다.

(2) 조직에 부적합한 성향

조직의 가치관이나 문화와 조화를 이루기 어렵다고 평가되는 경우이다. 협력보다 경쟁을 선호하거나, 규율을 중시하는 환경에서 자유로운 분위기를 선호하는 경우가 이에 해당한다. 지원하는 조직이 원하는 인재상을 미리 파악해 두는 것이 좋다.

(3) 일관적이지 않은 답변

동일하거나 유사한 문항에 상반된 답을 반복적으로 제시한 경우이다. 이는 자신의 성향을 정확히 인식하지 못했거나, 인위적으로 '좋은 인상'을 주려는 의도로 답변했을 가능성을 의미한다. 앞서 언급했듯 최대한 꾸밈없이 일관된 답변을 하는 것이 중요하다.

(4) 극단적 성향

성격 특성이 한쪽으로 지나치게 치우친 경우이다. 자신감이 지나쳐 독단적으로 보이거나, 소극적인 태도가 지나쳐 단호함이 부족해 보이는 경우가 이에 해당한다. 특정 성향이 과도하게 드러나도록 답변하는 것은 바람직하지 않다.

(5) 과도하게 이상적인 인간인 것

과도하게 이상적인 인물로 답하면 문항 간 응답 일관성이 무너져 신뢰도 점수가 낮아질 수 있다. 모든 항목에 극단적으로 긍정 응답을 선택할 경우, 사회적 바람직성 왜곡으로 판단되어 감점 요인이 된다. 완벽한 사람이 아니라 예측 가능한 사람을 선호하기 때문에 과장된 응답은 오히려 탈락 위험을 높인다.

5 인성검사 대응 전략

(1) 솔직하게 답변한다.

인성검사에는 정답 대신 조직에서 바라는 인재상 또는 기대하는 답변이 있을 뿐이다. 이를 염두에 두되, 자신을 과도하게 가공하여 표현하지 않도록 주의한다. 솔직함이 일관성과 진정성을 유지하는 가장 중요한 요소가 된다.

(2) 신속하게 답변한다.

인성검사의 문항 수는 대개 150 ~ 300문항 정도이다. 너무 곰곰이 생각하다가는 문항을 다 읽지 못한 채 시간이 끝나거나, 시간에 쫓겨 대충 답하게 될 수도 있다. 이 점에 유의하여 문항을 본 순간 떠오른 첫 생각을 신속히 마킹하는 것이 바람직하다.

(3) 일관성 있게 답변한다.

실제 인사 담당자 인터뷰에 따르면, 인성검사에서 일관성 없는 답변을 한 지원자가 감점되어 탈락한 사례가 많다. 과장되거나 거짓된 응답은 결국 문항 간 모순으로 드러난다. 따라서 상기한 대로 솔직하고 일관성 있게 대답하는 것이 좋다.

(4) 반복해서 연습한다.

인성검사는 세세한 부분은 달라도 전체 구조나 패턴이 유사하다. 긴 시간 집중력을 유지하고 체력을 분배하기 위해 사전에 다양한 모의고사를 치러보며 마킹까지 끝낼 수 있도록 반복해서 연습하는 것이 좋다. 반복 연습은 사고의 일관성과 반응 속도를 높이는 데 도움이 된다.

(5) 인재상에 맞는 방향성을 설정한다.

인성검사는 기업이 추구하는 인재상과의 적합도를 확인하는 과정인 만큼 해당 기업의 핵심가치, 기업 철학 등을 파악하고 그에 부합하는 성격을 설정하는 것이 도움이 된다. 실제로 일부 지원자는 모니터 옆에 지원하는 기업의 인재상을 붙여 두고, 해당 기준에 따라 일관된 태도를 유지하며 답변하는 전략을 사용한다. 다만 주지하다시피 현실적인 범위 내에서 진정성을 유지하는 것이 중요하다.

(6) 면접에 적용한다.

인성검사 결과는 면접에 사용된다. 만일 정직성이 의심된다면 면접에서 그 부분을 기반으로 한 질문을 받게 될 것이다. 인성검사에서 자신을 어떤 사람으로 표현했는지 잘 기억하며 면접에서도 같은 방향성을 유지하는 것이 좋다. 기업의 인재상과 자신의 인성검사 답변을 정리하여 면접 준비에 활용하도록 한다.

Chapter 02 성향별 대응 전략

1 심리적 측면

(1) 민감성

① 특징 : 꼼꼼함, 섬세함 등의 요소를 통해 얼마나 정서적으로 안정되었는지를 측정한다. 적당한 민감성은 세심하고 감수성이 풍부하다는 장점으로 이어질 수 있다.

② 면접 시 유의점

  ㉠ 민감성이 높은 경우 : 인사 담당자는 동료와의 관계 유지나 스트레스 대응력 등을 우려할 수 있다. 따라서 타인의 감정에 잘 공감하고 배려하는 소통 능력을 강조하는 것이 좋다.

  ㉡ 민감성이 낮은 경우 : 주변의 변화나 타인의 감정에 둔감하다는 인상을 줄 수 있다. 상대의 의견을 충분히 경청하고 상황 변화에 유연하게 대응해 온 경험을 드러내는 것이 좋다.

(2) 과민성

① 특징 : 예상치 못한 어려움이 발생했을 때 부정적인 감정을 얼마나 크게 받아들이는지를 측정한다. 문제에 예민하게 반응하거나 스스로를 비난하고 책망하는 경향 등이 포함된다.

② 면접 시 유의점

  ㉠ 과민성이 높은 경우 : 비관적인 성격으로 예상될 가능성이 있다. 문제 상황에서 침착하게 대처하고 스트레스를 균형 있게 조절할 수 있음을 어필하는 것이 좋다.

  ㉡ 과민성이 낮은 경우 : 감정에 흔들리지 않고 안정된 대인 관계를 유지할 수 있는 사람으로 평가받을 수 있다. 그러나 과도하게 낮다면 자기중심적으로 보일 수 있으므로 사교적이고 긍정적인 태도를 어필하는 것이 좋다.

(3) 불안성

① 특징 : 기분의 굴곡이 얼마나 큰지 측정하는 항목이다. 새로운 상황이나 예기치 못한 변화가 발생했을 때 정서적으로 얼마나 흔들리는지를 파악하고자 한다.

② 면접 시 유의점

　　㉠ 불안성이 높은 경우 : 불안성이 높은 사람은 의지보다 감정에 따라 행동하기 쉽다. 그러므로 불안성 점수가 높은 지원자는 감정 조절 능력을 강조하고 차분한 태도로 면접에 임하는 것이 좋다.

　　㉡ 불안성이 낮은 경우 : 쉽게 일비일희하지 않아 안정적으로 성과를 낼 수 있는 지원자로 보일 수 있다. 그러므로 면접에서도 이러한 장점을 적절히 부각하여 신뢰감을 주는 것이 좋다.

(4) 독자성

① 특징 : 주변에 대한 견해나 관심보다는 자신의 관점과 느낌을 중요하게 생각하는 개인성의 정도를 측정한다. 주로 독자성이 낮을수록 상식적이며 일반적인 판단 기준에 따라 행동한다고 본다.

② 면접 시 유의점

　　㉠ 독자성이 높은 경우 : 독창적이고 자율적인 사고를 강조할 수 있지만, 규범이나 절차를 중시하는 조직 환경에서는 적응에 어려움을 겪을 가능성이 있다. 해당 경우 협업 과정에서 타인의 의견을 수용하고 조직의 기준을 존중하는 태도를 보이는 것이 좋다.

　　㉡ 독자성이 낮은 경우 : 지나치게 수동적으로 보이지 않아야 한다. 필요한 상황에서는 스스로 판단하고 의견을 제시할 수 있음을 함께 어필하는 것이 좋다.

(5) 자신감

① 특징 : 자신의 능력과 가치를 얼마나 긍정적으로 인식하고 있는지 측정한다. 적정 수준의 자신감 표출은 도전 의지와 안정된 자기 효능감으로 이어질 수 있다.

② 면접 시 유의점

　　㉠ 자신감이 높은 경우 : 자신감 점수가 너무 높으면 오만하게 보일 수 있다. 따라서 겸손한 태도와 함께 타인의 의견을 존중하며 협력한 경험을 제시해 균형 잡힌 인상을 주는 것이 좋다.

　　㉡ 자신감이 낮은 경우 : 소극적이거나 쉽게 좌절할 것으로 평가될 수 있다. 이때는 맡은 일을 책임감 있게 완수한 경험과 꾸준히 발전해 온 모습을 강조하는 것이 좋다.

(6) 고양성

① **특징** : 자유분방함, 명랑함 등과 같은 정서적 활성도를 측정한다. 기본적인 정서적 에너지 수준과 대인 상황에서의 자기표현 방식을 파악하고자 한다.

② **면접 시 유의점**

　㉠ **고양성이 높은 경우** : 착실함과 집중력이 요구되는 직무에서 산만하다는 인상을 남길 수 있으므로 주의가 필요하다. 필요할 때는 착실하고 책임감 있게 업무를 수행할 수 있음을 어필하는 것이 좋다.

　㉡ **고양성이 낮은 경우** : 안정적인 태도와 일관된 업무 수행력이 기대되나, 지나치게 낮은 경우에는 감정표현이 다소 부족해 보일 수 있다. 차분한 모습으로 소통 면에서의 신뢰감을 주면 좋다.

(7) 진위성

① **특징** : 자신을 필요 이상으로 좋게 포장하거나 기업체가 바라는 이상적인 대답을 하고 있지는 않은지 측정한다. 지원자의 진정성과 일관성을 파악하고자 한다.

② **면접 시 유의점**

　㉠ **진위성이 높은 경우** : 정직하고 외부의 압력과 스트레스에도 흔들리지 않는 사람으로 평가받을 수 있다. 이러한 긍정적인 면을 일관되게 유지하여 면접에 임하는 것이 좋다.

　㉡ **진위성이 낮은 경우** : 과장되거나 인위적인 답변을 했다는 인상을 줄 수 있다. 솔직하고 꾸며내지 않은 경험을 제시하여 진정성을 드러내고 신뢰를 회복하는 것이 중요하다.

❷ 행동적 측면

(1) 신중성

① 특징 : 의사결정이나 행동을 취하기 전에 얼마나 면밀히 사고하고 판단하는지를 측정하며, 계획적이고 체계적으로 접근하려 하는 성향을 포함한다.

② 면접 시 유의점

　㉠ 신중성이 높은 경우 : 완벽주의 성향으로 인해 업무 효율성이 저하되거나 변화 대응력이 부족할 것이라는 인상을 줄 수 있다. 신중성뿐만 아니라 추진력 또한 갖추었음을 어필하는 것이 좋다.

　㉡ 신중성이 낮은 경우 : 빠른 실행력을 장점으로 제시하되, 충동적이고 경솔한 유형이라는 평가를 받지 않도록 중요한 결정 시에는 충분한 검토 과정을 거친다는 점을 함께 설명하는 것이 좋다.

(2) 지속성

① 특징 : 목표를 설정한 후 그것을 달성하기 위해 지속적으로 노력을 기울이는 정도를 측정한다. 난관이나 장애물에 직면했을 때도 쉽게 포기하지 않고 끝까지 과업을 완수하려는 태도가 이에 해당한다.

② 면접 시 유의점

　㉠ 지속성이 높은 경우 : 인내심이 많지만 특정 업무에만 몰두하여 유연한 업무 처리가 어려울 것이라는 우려를 남긴다. 상황에 따라 우선순위를 조정하는 유연성을 어필하는 것이 좋다.

　㉡ 지속성이 낮은 경우 : 쉽게 포기하거나 끈기가 부족하다는 인상을 줄 수 있다. 그러므로 맡은 일을 끝까지 책임지고 마무리할 의지가 있다는 점을 분명하게 전달하는 것이 좋다.

(3) 침착성

① 특징 : 예상치 못한 상황이나 압박 속에서도 감정 동요 없이 차분하게 행동할 수 있는지를 측정한다. 위기 상황에서 냉정함을 유지하며 합리적인 판단을 내리는 능력과 관련이 있다.

② 면접 시 유의점

　㉠ 침착성이 높은 경우 : 신중하게 계획을 세워 안정적으로 업무를 수행할 것이라고 평가된다. 차분하게 면접에 임하여 이러한 강점을 입증하되, 소극적이거나 열정이 부족해 보이지 않도록 주의한다.

　㉡ 침착성이 낮은 경우 : 충분한 검토 없이 즉각적으로 행동하는 유형으로 해석될 수 있다. 인사 담당자에게 경솔하다는 인상을 줄 수 있으므로 사려 깊고 신중한 태도를 충분히 드러내는 것이 좋다.

(4) 신체활동성

① 특징 : 신체적인 에너지를 활용하는 활동에 대한 선호와 의지 정도를 측정한다. 활동적 환경과 정적인 환경 중 어떤 상황에서 더 안정적으로 행동하는지를 파악한다.

② 면접 시 유의점

　㉠ 신체활동성이 높은 경우 : 적극적이고 추진력 있다는 인상을 줄 수 있다. 그러나 집중력과 신중함이 필요한 업무에서는 부정적인 요인으로 평가될 수도 있다. 활동을 통해 얻은 구체적인 성과를 강조하고, 상황에 따라 유연하게 대응하는 능력을 어필하는 것이 좋다.

　㉡ 신체활동성이 낮은 경우 : 차분하고 안정적인 태도를 지닐 것으로 기대되지만, 자칫 에너지가 부족해 보일 수도 있다. 맡은 일에 적극적으로 성과를 내고자 하는 태도를 강조해 균형 잡힌 이미지를 전달하는 것이 좋다.

(5) 사회적 내향성

① 특징 : 대인 관계 시 나타나는 개방성과 사교성 등을 측정한다. 낯선 상황에서 타인과 상호작용하는 방식, 의사 표현의 적극성, 협업 시 보이는 관계 형성 패턴 등을 파악한다.

② 면접 시 유의점

　㉠ 사회적 내향성이 높은 경우 : 조용하고 신중한 태도를 보이는 경향이 있다. 과묵하게 보이지 않도록 배려와 경청을 기반으로 한 의사소통 방식을 자연스럽게 드러내어 협업에 문제없다는 인상을 주는 것이 좋다.

　㉡ 사회적 내향성이 낮은 경우 : 자기주장이 강하거나 협조성이 부족하다는 평가를 받을 수 있다. 면접 상황에서 발언 비중을 조절하고 경청의 태도를 보이면 안정감을 줄 수 있다.

3 의욕적 측면

(1) 달성의욕

① 특징 : 자신이 설정한 목표를 이루기 위해 노력하고자 하는 성취 지향적인 태도를 측정한다. 높은 이상이나 뚜렷한 목적의식을 가졌는지를 판별한다.

② 면접 시 유의점

    ⊙ 달성의욕이 높은 경우 : 자기 계발 의지 및 경쟁심 등으로 연결될 수 있어 대부분의 조직에서 긍정적으로 평가된다. 다만 점수가 지나치게 높은 경우 독단적이거나 고집이 세 보일 수 있으므로 수용적인 태도를 함께 갖추는 것이 좋다.

    ⓛ 달성의욕이 낮은 경우 : 도전 의지가 부족하거나 목표 설정에 소극적인 인상을 줄 수 있다. 주어진 역할을 꾸준히 수행하여 안정적인 성취를 이룬 경험을 드러내는 것이 좋다.

(2) 활동의욕

① 특징 : 목표를 위해 정신적인 에너지를 발휘하고 적극적으로 행동하려는 활동력 및 추진력을 측정한다. 새로운 일을 마주했을 때 빠르게 움직이고, 상황을 주도적으로 이끄는 것이 이에 해당한다.

② 면접 시 유의점

    ⊙ 활동의욕이 높은 경우 : 대개 상황 판단이 빠르고 실행 능력이 뛰어나다고 평가받는다. 다만 상황에 맞춰 의욕을 조절할 수 있음을 함께 보여 이러한 성향이 과도한 성급함으로 해석되지 않도록 하는 것이 좋다.

    ⓛ 활동의욕이 낮은 경우 : 신중하고 차분한 특성이 강조된다. 소극적인 인재로 해석될 가능성이 있으므로 업무 진행 과정에서 주도성을 발휘할 수 있다는 태도를 보이는 것이 좋다.

> **TIP** 인재상과 나의 실제 성격이 다를 때
>
> 기업체의 인재상과 나의 실제 성격이 다를 수 있다. 그럴 때는 자신의 성향을 해석하고 전달하는 방식을 바꾸어 인재상과 연결 짓도록 한다.
>
> • 사회적 내향성이 높은 성격이지만 협동력과 대인관계능력을 중요시하는 인재상을 요구받을 수 있다. 이 경우 내성적이지만 경청을 잘해 갈등 중재에 뛰어나다는 점을 강조한다.
> • 사회적 내향성이 낮고 신체활동성이 높아서 성실성을 강조하는 인재상에 맞지 않는 경우가 있다. 이 경우 체력을 기반으로 꾸준히 노력할 수 있는 인재라는 점을 어필한다.

인성검사의 예시

1 인성검사 유형

(1) 복합형

복합형 인성검사는 하나의 문항 안에 서로 다른 성향을 암시하는 질문을 제시하여 응답자가 어떤 특성을 우선시하는지 확인하는 유형이다. 즉, 응답자의 성향이 얼마나 일관된 기준을 중심으로 정리되어 있는지를 통해 응답자의 균형감각과 우선순위 설정 능력 등을 확인하는 데에 활용된다.

(2) 생각일치형

생각일치형 인성검사는 개인의 가치관, 신념, 사고방식이 어떤 형태를 띠고 있는지 판단하는 유형이다. 주로 업무 태도, 인간관계, 문제 해결 방식과 같이 인지적 판단이 개입되는 영역을 다루는 문항이 출제된다. 이를 통해 지원자의 생각이 상황에 따라 쉽게 바뀌는지, 혹은 일정한 기준에 따라 논리적으로 사고하는지를 확인하고자 한다.

(3) 행동일치형

행동일치형 인성검사는 지원자의 실제 행동 경향을 중심으로 성향을 판단하는 유형이다. 생각이나 태도와 달리 행동은 비교적 꾸며내기 어렵다는 점에서 중요한 평가 자료로 활용될 수 있다. 이 유형은 '어떻게 생각하는가'보다는 '실제로 어떻게 행동해 왔는가'를 기준으로 성향을 파악한다. 즉, 지원자의 실천 가능성과 지속성 등을 중점적으로 평가한다.

(4) 진위형

진위형 인성검사는 문항에 대해 '그렇다/아니다'와 같은 구조로 이분법적 선택을 요구하는 유형이다. 문항 자체는 비교적 단순해 보일 수 있으나, 동일하거나 유사한 내용이 반복적으로 제시되며 응답의 진실성과 일관성을 검증하는 데에 자주 활용된다.

② 복합형 응답 요령과 예시

(1) 응답 요령

복합형 응답법

- 응답 Ⅰ : 각각의 문항에 대해 자신이 동의하는 정도를 ① (전혀 그렇지 않다) ~ ⑤ (매우 그렇다)로 표시한다.
- 응답 Ⅱ : 제시된 문항들을 비교하여 상대적으로 자신의 성격과 가장 가까운 문항 하나와 가장 거리가 먼 문항 하나를 선택한다. 응답 Ⅱ는 가깝다 한 개, 멀다 한 개, 무응답 두 개여야 한다.

(2) 예시 및 해설

질문	응답 Ⅰ	응답 Ⅱ
	① ② ③ ④ ⑤	멀다 가깝다
A. 무슨 일도 좀처럼 시작하지 못 한다.		
B. 초면인 사람과도 바로 친해질 수 있다.		
C. 행동하고 나서 생각하는 편이다.		
D. 쉬는 날은 집에 있는 경우가 많다		

〈문항 해설〉

A. 자신감을 구분하는 문항이다.
B. 사회적 내향성을 구분하는 문항이다.
C. 신중성을 구분하는 문항이다.
D. 신체활동성을 구분하는 문항이다.

(3) 응답 전략

① 다양한 응답 유형 사이에서도 일관성을 유지하는 것이 중요하다. 문항 전체에서 흔들리지 않는 핵심 가치를 하나 잡고 응답을 이어 나가는 것이 도움 될 수 있다.

② 모든 항목에서 '매우 그렇다/매우 아니다'를 선택하면 신뢰도가 떨어지고 진정성을 의심받을 수 있다. 너무 이상적이거나 완벽한 사람처럼 보이는 응답은 되도록 피한다.

③ 상황에 따라 유연하게 판단할 수 있다는 인상을 주되, 책임 회피형 응답은 피한다.

❸ 생각일치형 응답 요령과 예시

(1) 응답 요령

생각일치형 응답법

제시된 네 가지 질문 중에서 자신과 가장 가깝다고 생각하는 질문에 '가깝다', 자신과 가장 멀다고 생각하는 질문에 '멀다'로 각각 선택한다. 응답은 가깝다 한 개, 멀다 한 개, 무응답 두 개여야 한다.

(2) 예시 및 해설

질문	가깝다	멀다
나는 계획적으로 일을 하는 것을 좋아한다.		
나는 꼼꼼하게 일을 마무리하는 편이다.		
나는 새로운 방법으로 문제를 해결하는 것을 좋아한다.		
나는 빠르고 신속하게 일을 처리해야 마음이 편하다.		

〈문항 해설〉
질문 : 업무 수행에서의 방식·태도·정밀도·속도에 대한 선호를 비교하여 신중성의 수준을 구분하는 문항이다.

(3) 응답 전략

① 유사한 맥락의 문항을 반복적으로 물어 일관성을 확인하는 유형이다. 비슷한 문항은 의미 단위로 기억하여 일관적인 답변을 제시하도록 한다.

② 의미상 양극단의 문항(ex. 나는 꼼꼼하게 일을 마무리하는 편이다/나는 세심하지 못한 편이다)에 모순되는 답변을 하지 않도록 특히 주의한다.

③ 너무 극단적으로 보일 수 있는 문항은 되도록 선택을 피하는 것이 좋다.

4 행동일치형 응답 요령과 예시

(1) 응답 요령

행동일치형 응답법

제시된 ① ~ ④ 질문 중에서 자신과 가장 가깝다고 생각하는 것은 ㄱ에 표시하고, 자신과 가장 멀다고 생각하는 것은 ㅁ에 표시한다.

(2) 예시 및 해설

1	① 아무것도 생각하지 않을 때가 많다.	ㄱ ①②③④
	② 스포츠는 하는 것보다 보는 게 좋다.	
	③ 성격이 급한 편이다.	ㅁ ①②③④
	④ 비가 오지 않으면 우산을 가지고 가지 않는다.	

〈문항 해설〉
① 활동의욕을 구분하는 문항이다.
② 신체활동성을 구분하는 문항이다.
③ 침착성을 구분하는 문항이다.
④ 신중성을 구분하는 문항이다.

(3) 응답 전략

① 행동 양상을 분석해서 생각과의 일관성을 판단하는 유형이다. 생각과 행동이 일치할 때 설득력이 높아짐에 유의한다.

② 지원하는 직무의 역할과 맥락을 고려하여, 태도에서 강조한 강점이 행동 사례에서도 입증되도록 응답한다.

③ 너무 극단적인 표현이나 단정 짓는 어조를 가진 문항에 주의하여 응답한다.

5 **진위형 응답 요령과 예시**

(1) 응답 요령

진위형 응답법

제시된 질문을 읽은 다음 자신에게 해당하는 것이라면 YES를 선택하고, 해당하지 않는다면 NO를 선택한다.

(2) 예시 및 해설

질문	YES	NO
1. 집에 머무는 시간보다 밖에서 활동하는 시간이 더 많은 편이다.		
2. 자주 생각이 바뀌는 편이다.		
3. 사람들과 관계 맺는 것을 잘하지 못한다.		
4. 끈기가 있는 편이다.		
5. 인생의 목표는 큰 것이 좋다.		

〈문항 해설〉
1. 신체활동성을 구분하는 문항이다.
2. 신중성을 구분하는 문항이다.
3. 사회적 내향성을 구분하는 문항이다.
4. 지속성을 구분하는 문항이다.
5. 달성의욕을 구분하는 문항이다.

(3) 응답 전략

① 단순 양자택일의 유형이므로 극단적인 진술이 되지 않도록 특히 주의한다.

② 조직의 인재상에 부합하는 중요한 가치에는 일관된 긍정 답변을 제시하는 것이 좋다.

③ 약한 수준의 부정적 성향을 묻는 문항(ex. 나는 가끔 우울하다)에는 솔직하게 긍정해서 진정성을 드러내는 것이 좋다.

6 상황판단형 응답 요령과 예시

(1) 응답 요령

상황판단형 응답법

상황판단형은 개인의 감정보다 조직 기준에 부합하는 행동을 선택하는 것이 중요하다. 무조건적인 반항, 무조건적인 복종과 같은 극단적인 행동은 감점 요인이 될 수 있다. 문항에서 제시된 상황의 맥락을 먼저 파악한 뒤, 책임성과 협업성을 동시에 고려해야 한다.

(2) 예시 및 해설

문항 질문 : 상사가 규정을 다소 위반하는 방식으로 업무를 처리하라고 지시하였다. 당신의 행동으로 가장 적절한 것은 무엇인가?
① 지시에 따르되, 문제 발생 시 책임은 상사에게 전가한다.
② 규정 위반이므로 즉시 거부하고 문제를 외부 기관에 신고한다.
③ 우선 상사에게 규정 위반 가능성을 설명하고 대안을 제시한다.
④ 지시에 따르되, 별다른 의견은 제시하지 않는다.

〈문항 해설〉
① 책임 회피적 태도로 판단될 수 있으며 조직 신뢰성 측면에서 부정적으로 평가될 가능성이 있다.
② 원칙 중심적 태도는 긍정적이나, 조직 내 해결 노력 없이 즉각 외부 신고를 선택하는 것은 협업성 부족으로 해석될 수 있다.
③ 규정을 존중하면서도 상사와의 소통을 통해 해결을 시도하는 방식으로, 책임감 · 의사소통 능력 · 조직 적응성을 동시에 보여주는 선택이다.
④ 갈등을 회피하고 수동적으로 따르는 태도로 평가될 수 있으며, 문제 해결 능력이 낮게 판단될 가능성이 있다.

(3) 응답 전략

① 상황의 핵심 갈등 요소를 먼저 파악해야 한다.

② 조직 질서를 존중하되 소통과 문제 해결 노력을 포함한 선택지를 우선 고려한다.

③ 감정적 대응이나 책임 회피형 선택은 지양하고, 책임 · 협업 · 합리성이 균형을 이루는 답안을 선택하는 것이 바람직하다.

04 실전 인성검사

▌1~400▐ 다음 ( ) 안에 당신에게 적합하다면 YES, 그렇지 않다면 NO를 선택하시오(인성검사는 응시자의 인성을 파악하기 위한 자료이므로 정답이 존재하지 않습니다).

	YES	NO
1. 조금이라도 나쁜 소식은 절망의 시작이라고 생각해버린다.	( )	( )
2. 언제나 실패가 걱정이 되어 어쩔 줄 모른다.	( )	( )
3. 다수결의 의견에 따르는 편이다.	( )	( )
4. 혼자서 식당에 들어가는 것은 전혀 두려운 일이 아니다.	( )	( )
5. 승부근성이 강하다.	( )	( )
6. 자주 흥분해서 침착하지 못하다.	( )	( )
7. 지금까지 살면서 타인에게 폐를 끼친 적이 없다.	( )	( )
8. 소곤소곤 이야기하는 것을 보면 자기에 대해 험담하고 있는 것으로 생각된다.	( )	( )
9. 무엇이든지 자기가 나쁘다고 생각하는 편이다.	( )	( )
10. 자신을 변덕스러운 사람이라고 생각한다.	( )	( )
11. 고독을 즐기는 편이다.	( )	( )
12. 자존심이 강하다고 생각한다.	( )	( )
13. 금방 흥분하는 성격이다.	( )	( )
14. 거짓말을 한 적이 없다.	( )	( )
15. 신경질적인 편이다.	( )	( )
16. 끙끙대며 고민하는 타입이다.	( )	( )
17. 감정적인 사람이라고 생각한다.	( )	( )
18. 자신만의 신념을 가지고 있다.	( )	( )
19. 다른 사람을 바보 같다고 생각한 적이 있다.	( )	( )
20. 금방 말해버리는 편이다.	( )	( )

21. 싫어하는 사람이 없다. ··( )( )

22. 대재앙이 오지 않을까 항상 걱정을 한다. ·····························( )( )

23. 쓸데없는 고생을 하는 일이 많다. ···( )( )

24. 자주 생각이 바뀌는 편이다. ··( )( )

25. 문제점을 해결하기 위해 여러 사람과 상의한다. ··················( )( )

26. 내 방식대로 일을 한다. ···( )( )

27. 영화를 보고 운 적이 많다. ··( )( )

28. 어떤 것에 대해서도 화낸 적이 없다. ····································( )( )

29. 사소한 충고에도 걱정을 한다. ···( )( )

30. 자신은 도움이 안되는 사람이라고 생각한다. ·······················( )( )

31. 금방 싫증을 내는 편이다. ···( )( )

32. 개성적인 사람이라고 생각한다. ···( )( )

33. 자기 주장이 강한 편이다. ···( )( )

34. 뒤숭숭하다는 말을 들은 적이 있다. ·····································( )( )

35. 학교를 쉬고 싶다고 생각한 적이 한 번도 없다. ··················( )( )

36. 사람들과 관계맺는 것을 보면 잘하지 못한다. ·······················( )( )

37. 사려깊은 편이다. ··( )( )

38. 몸을 움직이는 것을 좋아한다. ···( )( )

39. 끈기가 있는 편이다. ···( )( )

40. 신중한 편이라고 생각한다. ··( )( )

41. 인생의 목표는 큰 것이 좋다. ··( )( )

42. 어떤 일이라도 바로 시작하는 타입이다. ·······························( )( )

43. 낯가림을 하는 편이다. ···( )( )

44. 생각하고 나서 행동하는 편이다. ··( )( )

45. 쉬는 날은 밖으로 나가는 경우가 많다. ··(　)(　)

46. 시작한 일은 반드시 완성시킨다. ··(　)(　)

47. 면밀한 계획을 세운 여행을 좋아한다. ··(　)(　)

48. 야망이 있는 편이라고 생각한다. ··(　)(　)

49. 활동력이 있는 편이다. ··(　)(　)

50. 많은 사람들과 왁자지껄하게 식사하는 것을 좋아하지 않는다. ··························(　)(　)

51. 돈을 허비한 적이 없다. ··(　)(　)

52. 운동회를 아주 좋아하고 기대했다. ··(　)(　)

53. 하나의 취미에 열중하는 타입이다. ··(　)(　)

54. 모임에서 회장에 어울린다고 생각한다. ··(　)(　)

55. 입신출세의 성공이야기를 좋아한다. ··(　)(　)

56. 어떠한 일도 의욕을 가지고 임하는 편이다. ···(　)(　)

57. 학급에서는 존재가 희미했다. ··(　)(　)

58. 항상 무언가를 생각하고 있다. ··(　)(　)

59. 스포츠는 보는 것보다 하는 게 좋다. ··(　)(　)

60. '참 잘했네요'라는 말을 듣는다. ··(　)(　)

61. 흐린 날은 반드시 우산을 가지고 간다. ··(　)(　)

62. 주연상을 받을 수 있는 배우를 좋아한다. ··(　)(　)

63. 공격하는 타입이라고 생각한다. ··(　)(　)

64. 리드를 받는 편이다. ··(　)(　)

65. 너무 신중해서 기회를 놓친 적이 있다. ··(　)(　)

66. 시원시원하게 움직이는 타입이다. ··(　)(　)

67. 야근을 해서라도 업무를 끝낸다. ··(　)(　)

68. 누군가를 방문할 때는 반드시 사전에 확인한다. ···(　)(　)

69. 노력해도 결과가 따르지 않으면 의미가 없다. ··(　)(　)

70. 무조건 행동해야 한다. ·······························( )( )

71. 유행에 둔감하다고 생각한다. ·························( )( )

72. 정해진대로 움직이는 것은 시시하다. ··············( )( )

73. 꿈을 계속 가지고 있고 싶다. ·······················( )( )

74. 질서보다 자유를 중요시하는 편이다. ··············( )( )

75. 혼자서 취미에 몰두하는 것을 좋아한다. ···········( )( )

76. 직관적으로 판단하는 편이다. ·······················( )( )

77. 영화나 드라마를 보면 등장인물의 감정에 이입된다. ·····( )( )

78. 시대의 흐름에 역행해서라도 자신을 관철하고 싶다. ·····( )( )

79. 다른 사람의 소문에 관심이 없다. ··················( )( )

80. 창조적인 편이다. ······································( )( )

81. 비교적 눈물이 많은 편이다. ························( )( )

82. 융통성이 있다고 생각한다. ·························( )( )

83. 친구의 휴대전화 번호를 잘 모른다. ···············( )( )

84. 스스로 고안하는 것을 좋아한다. ··················( )( )

85. 정이 두터운 사람으로 남고 싶다. ·················( )( )

86. 조직의 일원으로 별로 안 어울린다. ···············( )( )

87. 세상의 일에 별로 관심이 없다. ····················( )( )

88. 변화를 추구하는 편이다. ····························( )( )

89. 업무는 인간관계로 선택한다. ·······················( )( )

90. 환경이 변하는 것에 구애되지 않는다. ············( )( )

91. 불안감이 강한 편이다. ·······························( )( )

92. 인생은 살 가치가 없다고 생각한다. ···············( )( )

93. 의지가 약한 편이다. ··································( )( )

94. 다른 사람이 하는 일에 별로 관심이 없다. ········( )( )

95. 사람을 설득시키는 것은 어렵지 않다. ·····························(   )(   )

96. 심심한 것을 못 참는다. ··(   )(   )

97. 다른 사람을 욕한 적이 한 번도 없다. ·····························(   )(   )

98. 다른 사람에게 어떻게 보일지 신경을 쓴다. ·····················(   )(   )

99. 금방 낙심하는 편이다. ··(   )(   )

100. 다른 사람에게 의존하는 경향이 있다. ·····························(   )(   )

101. 그다지 융통성이 있는 편이 아니다. ·····························(   )(   )

102. 다른 사람이 내 의견에 간섭하는 것이 싫다. ·····················(   )(   )

103. 낙천적인 편이다. ··(   )(   )

104. 숙제를 잊어버린 적이 한 번도 없다. ·····························(   )(   )

105. 밤길에는 발소리가 들리기만 해도 불안하다. ·····················(   )(   )

106. 상냥하다는 말을 들은 적이 있다. ·····································(   )(   )

107. 자신은 유치한 사람이다. ··(   )(   )

108. 잡담을 하는 것보다 책을 읽는게 낫다. ·····························(   )(   )

109. 나는 영업에 적합한 타입이라고 생각한다. ·····················(   )(   )

110. 술자리에서 술을 마시지 않아도 흥을 돋울 수 있다. ·············(   )(   )

111. 한 번도 병원에 간 적이 없다. ···(   )(   )

112. 나쁜 일은 걱정이 되어서 어쩔 줄을 모른다. ·····················(   )(   )

113. 쉽게 무기력해지는 편이다. ···(   )(   )

114. 비교적 고분고분한 편이라고 생각한다. ·····························(   )(   )

115. 독자적으로 행동하는 편이다. ···(   )(   )

116. 적극적으로 행동하는 편이다. ···(   )(   )

117. 금방 감격하는 편이다. ··(   )(   )

118. 어떤 것에 대해서는 불만을 가진 적이 없다. ·····················(   )(   )

119. 밤에 못 잘 때가 많다. ··(   )(   )

YES　NO

120. 자주 후회하는 편이다. ……………………………………………………(　)(　)

121. 뜨거워지기 쉽고 식기 쉽다. ………………………………………………(　)(　)

122. 자신만의 세계를 가지고 있다. ……………………………………………(　)(　)

123. 많은 사람 앞에서도 긴장하는 일은 없다. ………………………………(　)(　)

124. 말하는 것을 아주 좋아한다. ………………………………………………(　)(　)

125. 인생을 포기하는 마음을 가진 적이 한 번도 없다. ……………………(　)(　)

126. 어두운 성격이다. ……………………………………………………………(　)(　)

127. 금방 반성한다. ………………………………………………………………(　)(　)

128. 활동범위가 넓은 편이다. ……………………………………………………(　)(　)

129. 자신을 끈기있는 사람이라고 생각한다. …………………………………(　)(　)

130. 좋다고 생각하더라도 좀 더 검토하고 나서 실행한다. ………………(　)(　)

131. 위대한 인물이 되고 싶다. …………………………………………………(　)(　)

132. 한 번에 많은 일을 떠맡아도 힘들지 않다. ……………………………(　)(　)

133. 사람과 만날 약속은 부담스럽다. …………………………………………(　)(　)

134. 질문을 받으면 충분히 생각하고 나서 대답하는 편이다. ……………(　)(　)

135. 머리를 쓰는 것보다 땀을 흘리는 일이 좋다. …………………………(　)(　)

136. 결정한 것에는 철저히 구속받는다. ………………………………………(　)(　)

137. 외출 시 문을 잠그었는지 몇 번을 확인한다. …………………………(　)(　)

138. 이왕 할 거라면 일등이 되고 싶다. ………………………………………(　)(　)

139. 과감하게 도전하는 타입이다. ……………………………………………(　)(　)

140. 자신은 사교적이 아니라고 생각한다. ……………………………………(　)(　)

141. 무심코 도리에 대해서 말하고 싶어진다. …………………………………(　)(　)

142. '항상 건강하네요'라는 말을 듣는다. ……………………………………(　)(　)

143. 단념하면 끝이라고 생각한다. ……………………………………………(　)(　)

144. 예상하지 못한 일은 하고 싶지 않다. ……………………………………(　)(　)

145. 파란만장하더라도 성공하는 인생을 걷고 싶다. ·······································(   )(   )

146. 활기찬 편이라고 생각한다. ··(   )(   )

147. 소극적인 편이라고 생각한다. ··(   )(   )

148. 무심코 평론가가 되어 버린다. ··(   )(   )

149. 자신은 성급하다고 생각한다. ··(   )(   )

150. 꾸준히 노력하는 타입이라고 생각한다. ··(   )(   )

151. 내일의 계획이라도 메모한다. ··(   )(   )

152. 리더십이 있는 사람이 되고 싶다. ··(   )(   )

153. 열정적인 사람이라고 생각한다. ···(   )(   )

154. 다른 사람 앞에서 이야기를 잘 하지 못한다. ·······························(   )(   )

155. 통찰력이 있는 편이다. ···(   )(   )

156. 엉덩이가 가벼운 편이다. ···(   )(   )

157. 여러 가지로 구애됨이 있다. ···(   )(   )

158. 돌다리도 두들겨 보고 건너는 쪽이 좋다. ···································(   )(   )

159. 자신에게는 권력욕이 있다. ···(   )(   )

160. 업무를 할당받으면 기쁘다. ···(   )(   )

161. 사색적인 사람이라고 생각한다. ···(   )(   )

162. 비교적 개혁적이다. ···(   )(   )

163. 좋고 싫음으로 정할 때가 많다. ···(   )(   )

164. 전통에 구애되는 것은 버리는 것이 적절하다. ·····························(   )(   )

165. 교제 범위가 좁은 편이다. ···(   )(   )

166. 발상의 전환을 할 수 있는 타입이라고 생각한다. ·······················(   )(   )

167. 너무 주관적이어서 실패한다. ···(   )(   )

168. 현실적이고 실용적인 면을 추구한다. ··(   )(   )

169. 내가 어떤 배우의 팬인지 아무도 모른다. ···································(   )(   )

170. 현실보다 가능성이다. ……………………………………………………………………(   )(   )

171. 마음이 담겨 있으면 선물은 아무 것이나 좋다. …………………………………(   )(   )

172. 여행은 마음대로 하는 것이 좋다. …………………………………………………(   )(   )

173. 추상적인 일에 관심이 있는 편이다. ………………………………………………(   )(   )

174. 일은 대담히 하는 편이다. ……………………………………………………………(   )(   )

175. 괴로워하는 사람을 보면 우선 동정한다. …………………………………………(   )(   )

176. 가치기준은 자신의 안에 있다고 생각한다. ………………………………………(   )(   )

177. 조용하고 조심스러운 편이다. ………………………………………………………(   )(   )

178. 상상력이 풍부한 편이라고 생각한다. ……………………………………………(   )(   )

179. 의리, 인정이 두터운 상사를 만나고 싶다. ………………………………………(   )(   )

180. 인생의 앞날을 알 수 없어 재미있다. ……………………………………………(   )(   )

181. 밝은 성격이다. …………………………………………………………………………(   )(   )

182. 별로 반성하지 않는다. ………………………………………………………………(   )(   )

183. 활동범위가 좁은 편이다. ……………………………………………………………(   )(   )

184. 자신을 시원시원한 사람이라고 생각한다. ………………………………………(   )(   )

185. 좋다고 생각하면 바로 행동한다. …………………………………………………(   )(   )

186. 좋은 사람이 되고 싶다. ………………………………………………………………(   )(   )

187. 한 번에 많은 일을 떠맡는 것은 골칫거리라고 생각한다. ……………………(   )(   )

188. 사람과 만날 약속은 즐겁다. ………………………………………………………(   )(   )

189. 질문을 받으면 그때의 느낌으로 대답하는 편이다. ……………………………(   )(   )

190. 땀을 흘리는 것보다 머리를 쓰는 일이 좋다. ……………………………………(   )(   )

191. 결정한 것이라도 그다지 구속받지 않는다. ………………………………………(   )(   )

192. 외출 시 문을 잠갔는지 별로 확인하지 않는다. …………………………………(   )(   )

193. 지위에 어울리면 된다. ………………………………………………………………(   )(   )

194. 안전책을 고르는 타입이다. …………………………………………………………(   )(   )

195. 자신은 사교적이라고 생각한다. ....(   )(   )

196. 도리는 상관없다. ....(   )(   )

197. 침착하다는 말을 듣는다. ....(   )(   )

198. 단념이 중요하다고 생각한다. ....(   )(   )

199. 예상하지 못한 일도 해보고 싶다. ....(   )(   )

200. 평범하고 평온하게 행복한 인생을 살고 싶다. ....(   )(   )

201. 몹시 귀찮아하는 편이라고 생각한다. ....(   )(   )

202. 특별히 소극적이라고 생각하지 않는다. ....(   )(   )

203. 이것저것 평하는 것이 싫다. ....(   )(   )

204. 자신은 성급하지 않다고 생각한다. ....(   )(   )

205. 꾸준히 노력하는 것을 잘 하지 못한다. ....(   )(   )

206. 내일의 계획은 머릿속에 기억한다. ....(   )(   )

207. 협동성이 있는 사람이 되고 싶다. ....(   )(   )

208. 열정적인 사람이라고 생각하지 않는다. ....(   )(   )

209. 다른 사람 앞에서 이야기를 잘한다. ....(   )(   )

210. 행동력이 있는 편이다. ....(   )(   )

211. 엉덩이가 무거운 편이다. ....(   )(   )

212. 특별히 구애받는 것이 없다. ....(   )(   )

213. 돌다리는 두들겨 보지 않고 건너도 된다. ....(   )(   )

214. 자신에게는 권력욕이 없다. ....(   )(   )

215. 업무를 할당받으면 부담스럽다. ....(   )(   )

216. 활동적인 사람이라고 생각한다. ....(   )(   )

217. 비교적 보수적이다. ....(   )(   )

218. 손해인지 이익인지를 기준으로 결정할 때가 많다. ....(   )(   )

219. 전통을 견실히 지키는 것이 적절하다. ....(   )(   )

220. 교제 범위가 넓은 편이다. ··( )( )

221. 상식적인 판단을 할 수 있는 타입이라고 생각한다. ··························( )( )

222. 너무 객관적이어서 실패한다. ···( )( )

223. 보수적인 면을 추구한다. ··( )( )

224. 내가 누구의 팬인지 주변의 사람들이 안다. ·································( )( )

225. 가능성보다 현실이다. ··( )( )

226. 그 사람이 필요한 것을 선물하고 싶다. ··( )( )

227. 여행은 계획적으로 하는 것이 좋다. ··( )( )

228. 구체적인 일에 관심이 있는 편이다. ··( )( )

229. 일은 착실히 하는 편이다. ··( )( )

230. 괴로워하는 사람을 보면 우선 이유를 생각한다. ····························( )( )

231. 가치기준은 자신의 밖에 있다고 생각한다. ···································( )( )

232. 밝고 개방적인 편이다. ···( )( )

233. 현실 인식을 잘하는 편이라고 생각한다. ······································( )( )

234. 공평하고 공적인 상사를 만나고 싶다. ···( )( )

235. 시시해도 계획적인 인생이 좋다. ··( )( )

236. 적극적으로 사람들과 관계를 맺는 편이다. ···································( )( )

237. 활동적인 편이다. ···( )( )

238. 몸을 움직이는 것을 좋아하지 않는다. ···( )( )

239. 쉽게 질리는 편이다. ···( )( )

240. 경솔한 편이라고 생각한다. ···( )( )

241. 인생의 목표는 손이 닿을 정도면 된다. ··( )( )

242. 무슨 일도 좀처럼 시작하지 못한다. ··( )( )

243. 초면인 사람과도 바로 친해질 수 있다. ··( )( )

244. 행동하고 나서 생각하는 편이다. ··( )( )

245. 쉬는 날은 집에 있는 경우가 많다. ·····························( )( )

246. 완성되기 전에 포기하는 경우가 많다. ·····················( )( )

247. 계획 없는 여행을 좋아한다. ·································( )( )

248. 욕심이 없는 편이라고 생각한다. ···························( )( )

249. 활동력이 별로 없다. ··( )( )

250. 많은 사람들과 왁자지껄하게 식사하는 것을 좋아한다. ·····( )( )

251. 이유 없이 불안할 때가 있다. ·······························( )( )

252. 주위 사람의 의견을 생각해서 발언을 자제할 때가 있다. ···( )( )

253. 자존심이 강한 편이다. ······································( )( )

254. 생각 없이 함부로 말하는 경우가 많다. ···················( )( )

255. 정리가 되지 않은 방에 있으면 불안하다. ··················( )( )

256. 거짓말을 한 적이 한 번도 없다. ···························( )( )

257. 슬픈 영화나 TV를 보면 자주 운다. ························( )( )

258. 자신을 충분히 신뢰할 수 있다고 생각한다. ···············( )( )

259. 노래방을 아주 좋아한다. ···································( )( )

260. 자신만이 할 수 있는 일을 하고 싶다. ·····················( )( )

261. 자신을 과소평가하는 경향이 있다. ························( )( )

262. 책상 위나 서랍 안은 항상 깔끔히 정리한다. ··············( )( )

263. 건성으로 일을 할 때가 자주 있다. ························( )( )

264. 남의 험담을 한 적이 없다. ·································( )( )

265. 쉽게 화를 낸다는 말을 듣는다. ····························( )( )

266. 초초하면 손을 떨고, 심장박동이 빨라진다. ···············( )( )

267. 토론하여 진 적이 한 번도 없다. ···························( )( )

268. 덩달아 떠든다고 생각할 때가 자주 있다. ·················( )( )

269. 아첨에 넘어가기 쉬운 편이다. ······························( )( )

270. 주변 사람이 자기 험담을 하고 있다고 생각할 때가 있다. ·······( )( )

271. 이론만 내세우는 사람과 대화하면 짜증이 난다. ·······( )( )

272. 상처를 주는 것도, 받는 것도 싫다. ·······( )( )

273. 매일 그날을 반성한다. ·······( )( )

274. 주변 사람이 피곤해 하여도 자신은 원기왕성하다. ·······( )( )

275. 친구를 재미있게 하는 것을 좋아한다. ·······( )( )

276. 아침부터 아무것도 하고 싶지 않을 때가 있다. ·······( )( )

277. 지각을 하면 학교를 결석하고 싶어졌다. ·······( )( )

278. 이 세상에 없는 세계가 존재한다고 생각한다. ·······( )( )

279. 하기 싫은 것을 하고 있으면 무심코 불만을 말한다. ·······( )( )

280. 투지를 드러내는 경향이 있다. ·······( )( )

281. 뜨거워지기 쉽고 식기 쉬운 성격이다. ·······( )( )

282. 어떤 일이라도 헤쳐 나가는 데 자신이 있다. ·······( )( )

283. 착한 사람이라는 말을 들을 때가 많다. ·······( )( )

284. 자신을 다른 사람보다 뛰어나다고 생각한다. ·······( )( )

285. 개성적인 사람이라는 말을 자주 듣는다. ·······( )( )

286. 누구와도 편하게 대화할 수 있다. ·······( )( )

287. 특정 인물이나 집단에서라면 가볍게 대화할 수 있다. ·······( )( )

288. 사물에 대해 깊이 생각하는 경향이 있다. ·······( )( )

289. 스트레스를 해소하기 위해 집에서 조용히 지낸다. ·······( )( )

290. 계획을 세워서 행동하는 것을 좋아한다. ·······( )( )

291. 현실적인 편이다. ·······( )( )

292. 주변의 일을 성급하게 해결한다. ·······( )( )

293. 이성적인 사람이 되고 싶다고 생각한다. ·······( )( )

294. 생각한 일을 행동으로 옮기지 않으면 기분이 찜찜하다. ·······( )( )

295. 생각했다고 해서 꼭 행동으로 옮기는 것은 아니다. ································( )( )

296. 목표 달성을 위해서는 온갖 노력을 다한다. ································( )( )

297. 적은 친구랑 깊게 사귀는 편이다. ································( )( )

298. 경쟁에서 절대로 지고 싶지 않다. ································( )( )

299. 내일해도 되는 일을 오늘 안에 끝내는 편이다. ································( )( )

300. 새로운 친구를 곧 사귈 수 있다. ································( )( )

301. 문장은 미리 내용을 결정하고 나서 쓴다. ································( )( )

302. 사려 깊은 사람이라는 말을 듣는 편이다. ································( )( )

303. 활발한 사람이라는 말을 듣는 편이다. ································( )( )

304. 기회가 있으면 꼭 얻는 편이다. ································( )( )

305. 외출이나 초면의 사람을 만나는 일은 잘 하지 못한다. ································( )( )

306. 단념하는 것은 있을 수 없다. ································( )( )

307. 위험성을 무릅쓰면서 성공하고 싶다고 생각하지 않는다. ································( )( )

308. 학창시절 체육수업을 좋아했다. ································( )( )

309. 휴일에는 집 안에서 편안하게 있을 때가 많다. ································( )( )

310. 무슨 일도 결과가 중요하다. ································( )( )

311. 성격이 유연하게 대응하는 편이다. ································( )( )

312. 더 높은 능력이 요구되는 일을 하고 싶다. ································( )( )

313. 자기 능력의 범위 내에서 정확히 일을 하고 싶다. ································( )( )

314. 새로운 사람을 만날 때는 두근거린다. ································( )( )

315. '누군가 도와주지 않을까'라고 생각하는 편이다. ································( )( )

316. 건강하고 활발한 사람을 동경한다. ································( )( )

317. 친구가 적은 편이다. ································( )( )

318. 문장을 쓰면서 생각한다. ································( )( )

319. 정해진 친구만 교제한다. ································( )( )

320. 한 우물만 파고 싶다. ···( )( )

321. 여러가지 일을 경험하고 싶다. ···( )( )

322. 스트레스를 해소하기 위해 몸을 움직인다. ························( )( )

323. 사물에 대해 가볍게 생각하는 경향이 있다. ······················( )( )

324. 기한이 정해진 일은 무슨 일이 있어도 끝낸다. ··················( )( )

325. 결론이 나도 여러 번 생각을 하는 편이다. ························( )( )

326. 일단 무엇이든지 도전하는 편이다. ······································( )( )

327. 쉬는 날은 외출하고 싶다. ···( )( )

328. 사교성이 있는 편이라고 생각한다. ······································( )( )

329. 남의 앞에 나서는 것을 잘 하지 못하는 편이다. ···············( )( )

330. 모르는 것이 있어도 행동하면서 생각한다. ························( )( )

331. 납득이 안 되면 행동이 안 된다. ··( )( )

332. 약속시간에 여유를 가지고 약간 빨리 나가는 편이다. ·······( )( )

333. 현실적이다. ··( )( )

334. 곰곰이 끝까지 해내는 편이다. ···( )( )

335. 유연히 대응하는 편이다. ···( )( )

336. 휴일에는 운동 등으로 몸을 움직일 때가 많다. ················( )( )

337. 학창시절 체육수업을 못했다. ··( )( )

338. 성공을 위해서는 어느 정도의 위험성을 감수한다. ···········( )( )

339. 단념하는 것이 필요할 때도 있다. ··( )( )

340. '내가 안하면 누가 할 것인가'라고 생각하는 편이다. ········( )( )

341. 새로운 사람을 만날 때는 용기가 필요하다. ······················( )( )

342. 친구가 많은 편이다. ···( )( )

343. 차분하고 사려 깊은 사람을 동경한다. ·································( )( )

344. 결론이 나면 신속히 행동으로 옮겨진다. ····························( )( )

345. 기한 내에 끝내지 못하는 일이 있다. ·······························( )( )

346. 이유 없이 불안할 때가 있다. ·······································( )( )

347. 주위 사람의 의견을 생각해서 발언을 자제할 때가 있다. ···········( )( )

348. 자존심이 강한 편이다. ···( )( )

349. 생각 없이 함부로 말하는 경우가 많다. ····························( )( )

350. 정리가 되지 않은 방에 있으면 불안하다. ·························( )( )

351. 거짓말을 한 적이 한 번도 없다. ··································( )( )

352. 슬픈 영화나 TV를 보면 자주 운다. ·······························( )( )

353. 자신을 충분히 신뢰할 수 있다고 생각한다. ·······················( )( )

354. 노래방을 아주 좋아한다. ···( )( )

355. 자신만이 할 수 있는 일을 하고 싶다. ····························( )( )

356. 자신을 과소평가하는 경향이 있다. ································( )( )

357. 책상 위나 서랍 안은 항상 깔끔히 정리한다. ·······················( )( )

358. 건성으로 일을 할 때가 자주 있다. ································( )( )

359. 남의 험담을 한 적이 없다. ··( )( )

360. 쉽게 화를 낸다는 말을 듣는다. ···································( )( )

361. 초조하면 손을 떨고, 심장박동이 빨라진다. ·······················( )( )

362. 토론하여 진 적이 한 번도 없다. ··································( )( )

363. 덩달아 떠든다고 생각할 때가 자주 있다. ·························( )( )

364. 아첨에 넘어가기 쉬운 편이다. ····································( )( )

365. 주변 사람이 자기 험담을 하고 있다고 생각할 때가 있다. ···········( )( )

366. 이론만 내세우는 사람과 대화하면 짜증이 난다. ···················( )( )

367. 상처를 주는 것도, 받는 것도 싫다. ·······························( )( )

368. 매일 그날을 반성한다. ···( )( )

369. 주변 사람이 피곤해하여도 자신은 원기왕성하다. ··················( )( )

370. 친구를 재미있게 하는 것을 좋아한다. ····························( )( )

371. 아침부터 아무것도 하고 싶지 않을 때가 있다. ·····················( )( )

372. 지각을 하면 학교를 결석하고 싶어진다. ··························( )( )

373. 이 세상에 없는 세계가 존재한다고 생각한다. ·······································( )( )

374. 하기 싫은 것을 하고 있으면 무심코 불만을 말한다. ·························( )( )

375. 투지를 드러내는 경향이 있다. ···( )( )

376. 뜨거워지기 쉽고 식기 쉬운 성격이다. ···( )( )

377. 어떤 일이라도 헤쳐 나가는데 자신이 있다. ·······································( )( )

378. 착한 사람이라는 말을 들을 때가 많다. ···( )( )

379. 자신을 다른 사람보다 뛰어나다고 생각한다. ·······································( )( )

380. 개성적인 사람이라는 말을 자주 듣는다. ···( )( )

381. 누구와도 편하게 대화할 수 있다. ···( )( )

382. 특정 인물이나 집단에서라면 가볍게 대화할 수 있다. ·······················( )( )

383. 사물에 대해 깊이 생각하는 경향이 있다. ···( )( )

384. 스트레스를 해소하기 위해 집에서 조용히 지낸다. ·····························( )( )

385. 계획을 세워서 행동하는 것을 좋아한다. ···( )( )

386. 현실적인 편이다. ···( )( )

387. 주변의 일을 성급하게 해결한다. ···( )( )

388. 이성적인 사람이 되고 싶다고 생각한다. ···( )( )

389. 생각한 일을 행동으로 옮기지 않으면 기분이 찜찜하다. ···················( )( )

390. 생각했다고 해서 꼭 행동으로 옮기는 것은 아니다. ·························( )( )

391. 목표 달성을 위해서는 온갖 노력을 다한다. ·······································( )( )

392. 적은 친구랑 깊게 사귀는 편이다. ···( )( )

393. 경쟁에서 절대로 지고 싶지 않다. ···( )( )

394. 내일해도 되는 일을 오늘 안에 끝내는 편이다. ·································( )( )

395. 새로운 친구를 곧 사귈 수 있다. ···( )( )

396. 문장은 미리 내용을 결정하고 나서 쓴다. ···( )( )

397. 사려 깊은 사람이라는 말을 듣는 편이다. ···( )( )

398. 활발한 사람이라는 말을 듣는 편이다. ···( )( )

399. 기회가 있으면 꼭 얻는 편이다. ···( )( )

400. 외출이나 초면의 사람을 만나는 일은 잘 하지 못한다. ·····················( )( )

PART

05

면접

면접의 이해

1 면접 목적

(1) 역량 검증

면접은 다양한 기법을 활용하여 지원자가 직무에 필요한 능력을 보유하고 있는지 확인하는 절차이다. 지원자는 직무 수행에 필요한 요건과 관련한 자신의 경험, 관심사, 성취 등을 기업에 직접 어필하고, 인사 담당자는 기업은 서류만으로는 알 수 없는 지원자의 정보를 직접적으로 판단하고 평가한다.

(2) 강점 어필

면접은 보통 대면으로 이루어지며, 즉흥적인 질문을 포함하기 때문에 지원자가 완벽하게 준비하기 어렵다. 그러나 지원자에게는 서류 전형에서 미처 보이지 못한 실제 외국어 능력이나 커뮤니케이션 능력, 비즈니스 매너 등을 인사 담당자에게 추가로 어필하는 기회가 될 수 있다.

(3) 가치관 및 태도 확인

지원자의 성실성, 책임감, 윤리 의식 등 기본적인 인성 요소를 종합적으로 판단한다. 위기 상황에서의 태도, 실패 경험에 대한 인식 등을 통해 가치관의 방향성을 확인한다. 이는 장기 근속 가능성과도 밀접하게 연결되는 평가 요소이다.

(4) 의사소통 능력 평가

면접은 질문을 이해하고 핵심을 구조화하여 전달하는 능력을 평가하는 과정이다. 논리 전개력, 표현의 명확성, 경청 태도 등을 종합적으로 본다. 특히 조직 내 보고 · 협업 환경에서 원활한 소통이 가능한지를 판단한다.

(5) 성장 가능성 탐색

현재 역량뿐 아니라 향후 발전 가능성을 함께 평가한다. 피드백 수용 태도, 자기 성찰 능력, 학습 의지를 통해 잠재력을 확인한다. 즉시 투입 가능한 인재와 동시에 장기적으로 성장할 수 있는 인재를 선별하고자 한다.

② 평가 요소

(1) 경험에 대한 이해와 성찰

면접 평가에서는 지원자가 제시한 경험 그 자체보다 해당 경험을 통해 무엇을 느꼈고 어떤 발전을 이루어냈는지가 더 중요하게 고려된다. 동일한 경험이라 하더라도 문제 인식의 깊이, 판단의 기준, 성찰 정도에 따라 평가가 달라질 수 있다.

(2) 태도와 잠재력

면접관은 지원자의 의사소통 방식, 질문에 대한 반응 등을 통해 협업 능력과 발전 의지를 파악한다. 완벽한 답변보다는 겸손하면서도 주도적인 자세, 피드백을 수용하는 열린 태도, 그리고 조직의 가치관과 부합하는 직업관을 가지고 있을 때 좋은 평가를 받을 수 있다.

(3) 직무 역량

지원 직무와 관련된 이해도, 문제 해결 능력, 실무 적용 가능성을 평가한다. 경험 기반 답변이 구체적일수록 높은 평가를 받을 가능성이 크다.

(4) 의사소통 능력

질문 의도를 정확히 이해하고 구조적으로 답변하는지를 본다. 논리 전개, 핵심 전달력, 태도의 안정성이 중요한 요소이다.

(5) 조직 적합성

기업 문화와의 조화 가능성을 평가한다. 협업 태도, 갈등 해결 방식, 규범 수용 태도 등이 관찰 대상이다.

(6) 태도 및 인성

자신감, 성실성, 책임감, 예의 등을 종합적으로 판단한다. 지나친 과장이나 방어적 태도는 감점 요인이 될 수 있다.

(7) 성장 가능성

현재 능력뿐 아니라 학습 의지와 발전 가능성을 함께 평가한다. 피드백 수용 태도와 자기 성찰 능력도 중요한 요소이다.

Chapter 02 면접 준비

1 면접 전 준비 사항

(1) 복장 및 스타일

최근 면접 복장을 점차 자율화하는 추세지만, 인사 담당자와 처음으로 만나는 자리이므로 예의를 갖춰 단정하게 입는 것이 좋다.

> - 깔끔한 셔츠나 블라우스에 슬랙스를 매치하는 것이 가장 무난하다. 여성의 경우 단정한 원피스도 좋은 선택지가 될 것이다.
> - 너무 화려한 액세서리와 넥타이, 높은 구두는 피하는 것이 좋다.
> - 헤어스타일 역시 복장의 일부이기에 단정하게 정돈한다. 앞머리가 있다면 눈을 가리지 않도록 정리한다. 여성의 경우 묶이지 않는 길이가 아니라면 깔끔하게 묶는 것을 권장한다.

(2) 조직 정보 확인

지원한 조직의 홈페이지에서 비전과 경영 목표 등을 미리 확인한다. 조직마다 지향점이 다르고, 그 지향점에 따라 지원자에게 바라는 인재상 또한 달라지기 때문이다. 조직에서 제시하는 핵심 가치나 인재상에 자신의 경험과 강점을 연결 지어 답변할 수 있도록 준비한다.

(3) 시간 준수

예절의 기본은 시간이다. 지각할 경우 면접에 응시할 수 없거나 불이익을 받을 가능성이 높다. 면접 시간과 장소가 결정되면 가장 먼저 교통편과 소요 시간을 미리 확인하도록 한다. 가능하면 사전에 방문해 본다. 면접 당일 여유를 가지고 20 ~ 30분 전에 도착하는 것이 좋다.

(4) 지원서와 자기소개서 숙지

인성 면접은 지원서와 자기소개서에 관한 내용을 바탕으로 진행하기 마련이다. 그러므로 작성했던 지원서와 자기소개서를 사전에 충분히 숙지하도록 한다. 특히 자신이 작성한 경험이나 성과에 대해 '왜 그렇게 했는지', '그 과정에서 무엇을 배웠는지' 등의 세부 내용을 명확히 알고 있어야 꼬리 질문에 대비할 수 있다.

(5) 최신 뉴스와 시사상식 파악

사회 이슈에 대한 견해나 시사상식에 관한 질문에 대비하기 위해, 지원한 분야와 관련된 최신 뉴스와 시사상식을 알아 두는 것이 좋다. 이런 부분에서 해당 조직에 대한 관심, 입사 의지, 직무 이해도 등을 보일 수 있다.

(6) 예상 질문 및 답변 준비

사전에 다빈도 기출 질문 리스트를 만들고 예상 답변을 정리해 본다. 다소 긴장한 상태에서도 자연스럽게 답할 수 있도록 반복해서 연습한다. 거울을 보며 말하거나 답변하는 자신의 모습을 동영상으로 촬영해 보는 것도 도움이 될 수 있다.

(7) 면접 점검표

점검사항	확인
① 면접 장소를 확인했다.	
② 면접 장소까지의 교통편과 소요 시간을 확인했다.	
③ 지원한 조직의 비전과 목표를 확인했다.	
④ 지원한 조직의 인재상을 확인했다.	
⑤ 면접 자리에 알맞은 복장을 준비했다.	
⑥ 헤어스타일을 단정하게 정돈했다.	
⑦ 지원서와 자기소개서를 숙지했다.	
⑧ 지원한 조직의 보도 자료를 확인했다.	
⑨ 지원 분야와 관련된 최신 뉴스를 확인했다.	
⑩ 지원 분야와 관련된 시사상식을 숙지했다.	
⑪ 다빈도 기출 질문 리스트를 만들고 예상 답변을 정리했다.	

② 면접 중 유념 사항

(1) 자세

① 인사를 할 때는 목만 숙인다거나 흐트러진 상태가 되지 않도록 주의한다.

② 걸을 때는 상체를 곧게 유지하고 발끝은 평행이 되게 하며 무릎은 스치듯 11자로 걷는다. 보폭은 어깨너 비만큼이 적당하지만, 스커트를 입은 경우 보폭을 줄인다.

③ 서 있을 때는 팔을 자연스럽게 내리고 양손을 가볍게 쥐어 바지 옆선에 붙인다. 스커트를 입은 경우 공수 자세를 유지한다.

④ 앉아 있을 때 시선은 정면을 바라보며 턱은 가볍게 당기고 미소를 짓는다.

⑤ 앉고 일어날 때는 자세가 흐트러지지 않도록 의식해서 행동한다.

(2) 언어적 표현

① 인사말을 할 때는 밝고 친근감 있는 목소리로 또박또박 발성하며, 이름과 응시직렬, 수험번호 등을 간략 하게 소개한다.

② 면접은 면접관과 지원자가 서로 이야기를 나누는 과정이므로 목소리가 미치는 영향력이 상당히 크다. 때 문에 적절한 답변을 하더라도 자신감 없는 작은 목소리나 콧소리를 동반하면 신뢰감이 떨어질 수 있다. 부드러우면서 명확한 목소리를 유지하는 것이 바람직하다.

(3) 비언어적 표현

① 표정은 감정을 가장 잘 표현할 수 있는 의사소통 도구이며, 면접에서 지원자의 첫인상을 결정하는 중요한 요소 중 하나이다. 따라서 면접 중에는 밝은 표정으로 미소를 지어 호감을 형성할 수 있도록 한다.

② 시선은 면접관과 고르게 맞추고 생기 있는 눈빛을 띠도록 한다. 인사 시에는 상대방의 눈을 보며 하는 것 이 가장 중요하지만, 너무 빤히 쳐다본다는 느낌이 들지 않도록 주의한다.

3 면접관의 감점 포인트

(1) 질문 의도 파악 실패

질문과 무관한 답변을 장황하게 이어가는 경우 감점 요인이 된다. 면접은 말하기 시험이 아니라 질문에 정확히 답하는 능력을 평가하는 과정이다. 질문의 핵심을 파악하지 못하면 직무 이해도와 사고력에 대한 신뢰가 낮아질 수 있다.

(2) 경험의 구체성 부족

추상적인 표현이나 일반론적 답변은 실제 역량 검증이 어렵다. 열심히 했다, 최선을 다했다와 같은 표현은 설득력이 낮다. 구체적인 상황·행동·결과가 제시되지 않으면 직무 수행 가능성에 의문이 생길 수 있다.

(3) 책임 회피형 태도

실패 경험을 설명하면서 타인이나 환경 탓으로 돌리는 태도는 부정적으로 평가된다. 조직은 완벽한 인재보다, 문제를 인식하고 개선하는 인재를 선호한다. 책임을 인정하고 학습한 점을 제시하지 못하면 성장 가능성 점수가 낮아질 수 있다.

(4) 과도한 자기 연출

지나치게 이상적이거나 완벽한 모습만을 강조하면 진정성이 의심될 수 있다. 실제 경험과 동떨어진 과장된 답변은 추가 질문에서 쉽게 드러난다. 완벽한 사람보다 예측 가능한 사람을 선호한다는 점을 이해해야 한다.

(5) 비언어적 태도의 불안정성

시선 처리, 표정, 자세, 말의 속도는 신뢰감 형성에 영향을 미친다. 과도한 긴장으로 인한 급한 말투나 불안정한 태도는 준비 부족으로 해석될 수 있다. 안정된 자세와 일정한 말하기 속도는 내용 이상의 평가 요소가 된다.

03 면접 답변 구조

1 STAR

(1) 정의 및 특징

상황과 경험 면접에서 주로 사용한다. 어려운 상황을 극복했던 경험, 갈등을 중재했던 경험 등을 묻는 질문에 답하기 좋다.

상황(situation)		업무(task)		실행(action)		결과(result)
계기나 상황	→	맡은 업무	→	실행한 사례	→	실행의 결과

(2) 질문 답변 예시

> Q. 가장 힘들었던 때와 그때를 극복해 낸 경험을 말해 보십시오.

① S : 고등학교 이 학년 때 동아리 회장직을 맡게 되었습니다. 그런데 내부 갈등으로 인원과 예산이 줄어 동아리를 폐쇄해야 할 위기에 직면했습니다.

TIP 당시 상황과 맥락을 들어 사건의 시발점을 간결하게 제시한다.

② T : 저는 동아리 재건에 도전하기로 마음먹었습니다. 동아리 활성화를 위해 가장 중요한 것은 사람이라고 생각했고, 새로운 동아리 회원을 모집하고자 했습니다.

TIP 주어진 책임이나 목표를 언급하며, 해결해야 했던 핵심 과제 또는 맡은 업무를 중심으로 답변한다.

③ A : 그래서 동아리 홍보 포스터를 만들어 일 학년 게시판이나 복도에 중심적으로 게시하고, 점심시간과 쉬는 시간에 선생님들께 양해를 얻어 일 학년 교실에서 동아리 홍보를 하기도 했습니다.

TIP 중심이 되는 부분이므로 명확하게 전달한다. 문제 해결을 위해 취한 행동을 구체적으로 설명하며, 능동 표현을 사용하는 것이 좋다.

④ R : 그 결과 폐쇄 위기였던 저희 동아리는 일 년 만에 학교에서 신입생이 가장 많은 동아리가 되었고, 이후 다양한 활동을 하며 동아리를 활성화했습니다. 이 경험으로 문제 해결을 위해 주도적으로 행동하는 자세의 중요성을 배울 수 있었습니다.

TIP 구체적인 성과를 언급하며 마무리한다. 가능하다면 수치나 객관적 지표를 제시하는 것이 효과적이다. 배운 점 또는 느낀 점을 덧붙이면 더 좋은 인상을 남길 수 있다.

2 SCAR

(1) 정의 및 특징

압박이나 개별 면접에서 주로 사용한다. 갈등이나 위기, 도전 경험을 설명하는 데 유용하게 사용할 수 있다.

상황(situation)		위기(crisis)		행동(action)		결과(result)
상황 설명	→	위기 상황	→	위기 해결 행동	→	행동의 결과

(2) 질문 답변 예시

> Q. 갈등 상황을 중재한 적이 있습니까? 있다면 경험을 말해 보십시오.

① S : 팀 프로젝트에서 자료 분석 방향을 두고 두 명이 서로 다른 해석을 주장하며 큰 의견 차이를 보인 적이 있었습니다.

TIP 지원 분야와 관련한 전문적인 과제 및 업무 상황의 내용을 제시하면 유리하다.

② C : 가벼운 토의에서 시작했지만 분석 기준과 책임 범위를 두고 감정적인 논쟁으로까지 번졌고, 이에 따라 프로젝트가 무산될 위험까지 생겼습니다.

TIP 위기 또는 갈등 상황을 구체적으로 설명한다. 예상되었던 부정적인 결과를 덧붙이면 상황의 심각성을 더욱 설득력 있게 전달할 수 있다.

③ A : 저는 우선 갈등 악화를 막기 위해 회의를 중단하고, 이후 중립적인 기준을 바탕으로 두 주장을 정리한 뒤, 타협안을 도출해서 다음 회의 때 제시했습니다.

TIP 자신의 역할과 행동을 중심으로 답변한다. 가능한 경우 문제의 접근 방법과 합리적인 판단의 근거 등을 함께 설명하면 좋다.

④ R : 그 결과, 의견이 원만하게 통일되어 프로젝트에서 만족스러운 결과를 얻을 수 있었습니다. 저는 이를 통해 양측의 입장을 헤아려 합리적인 해결책을 제시하는 중재자의 역할을 경험했습니다.

TIP 앞서 언급한 행동의 긍정적인 결과를 제시하고, 그로 인해 얻은 교훈이나 역량으로 마무리한다.

3 PREP

(1) 정의 및 특징

토론이나 발표 면접에서 주로 사용한다. 논리적인 이유와 실제 사례 및 데이터에 기반하므로 설득력 있는 주장을 펼칠 수 있다.

주장(point)	→	이유(reason)	→	사례(example)	→	주장(point)
주장 제시		논리적 이유		근거 보충		주장 강조

(2) 질문 답변 예시

> Q. 재택근무 제도에 대해 어떻게 생각하십니까?

① P : 저는 재택근무 제도에 찬성합니다. 재택근무를 확대하는 것이 조직의 발전에 도움이 된다고 생각합니다.

TIP 주장과 주장의 핵심이 되는 내용을 시작으로 답변을 전개한다. 짧고 간결한 표현을 사용하면 좋다.

② R : 업무 특성에 따라 유연한 근무 환경을 제공하면 직원들의 업무 집중도와 조직 전체의 효율성이 높아질 수 있기 때문입니다.

TIP 주관적인 판단보다는 주제를 객관적으로 파악하는 관점을 가지는 것이 좋다.

③ E : 실제로 근래에 많은 기업이 재택근무를 도입하기 시작했는데, 출퇴근 시간 단축과 자율적인 근무 환경으로 만족도와 생산성이 동시에 향상되었다는 조사 결과가 있었습니다.

TIP 근거와 직접적으로 연결되는 부연 설명을 덧붙인다. 연구 결과, 기사, 통계 등을 활용하면 신뢰성과 설득력을 높일 수 있다.

④ P : 그러므로 재택근무 제도를 적극 도입해 근무자의 업무 수행력을 높일 수 있도록 도와야 한다고 생각합니다.

TIP 마무리 단계에서 처음 주장을 반복함으로써 자신의 의견을 강조할 수 있다. 제안이나 기대 효과 등을 함께 언급하면 논리의 전문성을 높이는 데 도움이 된다.

④ OREO

(1) 정의 및 특징

토론이나 발표 면접에서 주로 사용한다. 설득보다는 설명과 이해를 좀 더 중시한다는 특징이 있다.

주장(opinion) 주장 명시	→	이유(reason) 논리적 이유	→	예시(example) 구체적 예시	→	주장(opinion) 주장 강조

(2) 질문 답변 예시

> Q. 현재 동물 학대 처벌 수준에 대해 어떻게 생각하십니까?

① O : 저는 동물 학대에 대한 처벌을 크게 강화해야 한다고 생각합니다.

TIP 도입부에서 자신의 주장을 명확하게 제시한다. 추상적이거나 애매한 입장은 피하고 확실한 태도를 갖는 편이 더욱 신뢰감을 줄 수 있다.

② R : 동물 또한 감정과 고통을 가진 존재이기 때문에 윤리적으로 충분히 보호받아야 할 필요가 있습니다. 그러나 현행 처벌 수준으로는 동물 학대의 실질적인 억제 효과가 부족합니다.

TIP 의견을 뒷받침하는 논리적 근거를 중심으로 답변한다. 이때 주장과 이유의 인과관계를 분명히 하여, 타당하고 듣는 이가 납득하기 쉽게 구성하는 것이 좋다.

③ E : 일부 국가에서는 동물 학대에 대한 처벌을 강화한 후, 관련 범죄가 감소하고 동물 복지 의식이 높아졌다는 보고가 있습니다. 예를 들어, 독일은 헌법에 동물 보호를 명시하고 학대자에 대해 최대 3년의 징역형을 집행하면서, 동물 학대가 매우 드문 국가가 된 사례가 있습니다.

TIP 구체적인 사례나 통계를 제시하여 주장과 이유를 보다 자세히 설명한다. 이때 검증할 수 있고 신뢰가 가는 자료를 채택하는 것이 좋다.

④ O : 따라서 동물 학대에 대한 처벌을 대폭 강화해 실질적인 동물 복지를 개선하고 사회 전반의 윤리적 수준을 높여야 한다고 생각합니다.

TIP 핵심 의견을 다시 강조하며 마무리한다. 가능하다면 예상되는 결과나 미래 전망 등을 함께 언급해서 결론을 더 강조할 수 있다.

면접 유형 및 준비전략

1 인성면접

(1) 평정 요소

① 대인관계능력

> • 처음 만나는 사람과 쉽게 친해지는 편입니까?
> • 생각이 다른 동료와 함께 일했을 때 어떻게 협업했습니까?
> • 업무 중 동료와 갈등이 생긴다면 어떻게 하겠습니까?

㉠ 협조성과 갈등 중재 능력, 팀워크 등을 심사하는 질문이다. 인사 담당자로서는 동료들과 얼마나 원활한 관계를 형성하고 유지해 나가는지도 중요한 평정요소이다.

㉡ 대인관계능력은 의사소통에서 시작한다. 의사소통능력은 단순히 조리 있게 말을 잘 하는 것뿐만 아니라 경청하는 자세, 문서를 읽고 쓰는 능력, 기초 외국어 능력까지 포함한다.

② 자기계발능력

> • 가장 힘들었던 때와 그때를 극복해 낸 경험을 말해 보십시오.
> • 입사 후 전문성을 키우기 위해 어떤 자기 계발을 할 계획입니까?
> • 새로운 업무 시스템이나 절차가 도입되었을 때 빠르게 이해하고 적응했던 경험이 있습니까?

㉠ 과거에 자기 계발을 했던 경험, 또는 입사 후 포부 등 다양한 형태로 질문한다.

㉡ 과거의 경험은 자신의 부족한 점이나 약점을 인식한 후 어떤 노력을 통해 극복했는지, 입사 후 포부는 자신의 부족한 점을 어떻게 더욱 개발할지를 묻는다.

③ 스트레스 관리

> • 취미가 무엇입니까?
> • 자신만의 스트레스 관리법이 있습니까?
> • 평소 여가시간을 어떻게 보내는 편입니까?

㉠ 스트레스를 어떻게 관리하고 해소하는지를 통해 인사 담당자는 해당 지원자가 압박 상황에서 어떻게 대처하는지를 알 수 있다.

㉡ 취미나 여가 시간을 묻는 단순한 질문에도 자신의 직무 역량과 연결해 답하는 것이 중요하다.

④ 성실성

> • 장기간 꾸준히 노력했던 경험을 말씀해 주십시오.
> • 마감 기한이 촉박했던 상황에서 어떻게 대응했는지 구체적으로 설명해 보십시오.
> • 반복적이고 단조로운 업무를 맡았을 때 어떻게 동기를 유지했습니까?

㉠ 성실하게 근무를 했었던 경험에 대해서 질문한다.

㉡ 장기 근속 여부 및 맡은 업무를 성실하게 할 수 있는 가를 중요하게 확인한다.

⑤ 책임감

> • 본인의 실수로 문제가 발생했던 경험과 그 해결 과정을 설명해 보십시오.
> • 팀 프로젝트에서 갈등이 발생했을 때 본인은 어떤 역할을 했습니까?
> • 맡은 역할 이상으로 추가적인 책임을 수행했던 경험이 있다면 말씀해 주십시오.

㉠ 업무에 책임감을 확인하는 평정요소이다.

㉡ 문제 해결을 한 경험에 대해서 빈번하게 묻는다.

⑥ 가치관 및 조직적합성

> • 조직 내에서 규정과 개인의 판단이 충돌한다면 어떻게 행동하시겠습니까?
> • 본인이 중요하게 생각하는 직장인의 덕목은 무엇입니까?
> • 상사의 지시가 본인의 생각과 다를 경우 어떻게 대응하겠습니까?

㉠ 가치관을 확인하는 질문을 하는 평정요소이다.

㉡ 인성검사 결과와 연관되는 질문을 빈번하게 하는 편이다.

⑦ 의사소통 태도 및 안정성

> • 본인의 의견이 받아들여지지 않았던 경험을 설명해 보십시오.
> • 예상치 못한 질문을 받았을 때 어떻게 대응하시겠습니까?
> • 면접과 같은 긴장 상황에서 본인을 어떻게 조절합니까?

㉠ 의사소통 및 소통능력을 확인하는 평정요소이다.

㉡ 동료들과 의사소통을 통해서 갈등을 해결한 경험을 주요하게 물어본다.

(2) 준비전략

인성면접은 지원자의 인품을 넘어 상기 평정 요소들을 평가하는 일종의 구술시험이다. 따라서 인성 평가라는 사고에 갇혀 무난한 모범 대답만 반복하는 것은 피해야 한다. 질문의 의도를 파악하고 그것을 조리 있게 말하는 능력이 중요하다. 주로 지원서나 자기소개서에 기반으로 하는 질문 또는 사회적으로 쟁점이 되는 뉴스와 시사상식에 대한 견해를 묻기 때문에 해당 내용을 사전에 숙지해야 한다.

2 직무면접

(1) 평정 요소

① 직무상식

> • A 프로그램을 사용할 수 있습니까?
> • 해당 업무를 수행할 때 바람직한 태도는 무엇입니까?
> • 직무와 관련해 개인적으로 학습하거나 준비한 것이 있습니까?

◯ 직무를 수행할 최소한의 학습 경험과 이해도·관심도를 갖추었는지를 평가한다.

◯ 해당 직무를 담당할 때 필요한 기초 지식과 태도 등의 이해를 필요로 한다.

◯ 전공 개론 수준의 이론 또는 사용하는 툴이나 프로그램 등을 묻는다.

② 응용능력

> • 업무 과정에서 비효율적인 부분을 발견하고 개선한 경험이 있습니까?
> • 업무에서 실수를 줄이고 정확성을 유지하기 위한 자신만의 방법이 있습니까?
> • 업무 마감 시간이 얼마 남지 않았는데 시스템 오류가 발생했다면 어떻게 하겠습니까?

◯ 직무 지식을 실제 현장에서 응용할 수 있는지 파악하기 위한 질문이다.

◯ 직무와 관련된 상황을 분석하고 해결 전략을 제시하는 논리적 사고를 필요로 한다.

◯ 어떠한 상황을 주고 그 상황에서 본인이라면 어떻게 할 것인지를 묻는 경우가 많다.

③ 직무이해도

> • 이 직무를 수행하는 데 가장 중요한 역량은 무엇이라고 생각합니까?
> • B 법이 다음 달부터 개정 발효되는데 이유를 알고 있습니까?
> • C 안건을 본인이 한다면 어떤 순서로 하겠습니까?

◯ 지원하는 업무를 정확히 이해하고 있는지를 확인하기 위한 질문이다.

◯ 자신이 어떤 일을 해야 하는지 알고 해당 직종의 정책 및 지향점을 명확히 파악하는 것이 중요하다.

◯ 직무에 대한 세부적인 질문을 받았을 때, 기업의 비전 또는 미션과 해당 직무의 역할을 연결 지어 답변하는 것 또한 좋은 어필이 된다.

(2) 준비전략

직무면접은 지원자의 직무 적합성을 검증하기 위한 면접이므로, 지원하는 직무에 대한 기본 이론부터 응용 상식까지 포괄적인 내용을 숙지하는 것이 중요하다. 채용 공고의 직무 설명, 홈페이지의 기업의 직무 소개, NCS 직무기술서 등을 토대로 필요 역량과 툴 등을 명확하게 파악하도록 한다.

3 AI 면접

(1) 특징

AI가 면접관 역할을 대신하는 비대면 면접 유형 중 하나이다. 화상 카메라, 마이크 등을 준비해야 한다는 번거로움이 있지만, 시간과 장소의 제약이 없다는 것이 장점이다. AI가 지원자의 시선, 말투, 표정, 제스처까지 전부 분석하고 많은 인원의 면접을 빠르게 치를 수 있다는 점에서 AI 면접을 선호하는 곳이 늘고 있다.

(2) 준비전략

① AI 면접에서는 시선처리와 발음, 응답속도가 중요한 평가 요소로 작용한다. 많은 지원자가 카메라가 아닌 화면을 보는 실수를 하는데, AI 면접 시에는 화면이 아닌 카메라를 정확히 보는 연습을 하는 것이 좋다.

② 음성 인식 정확도를 높이기 위해서는 또박또박 천천히 말하고, 질문이 끝난 뒤 2 ~ 3초 정도의 간격을 두고 대답한다.

4 개별면접

(1) 특징

한 명 또는 여러 명의 면접관과 한 명의 지원자가 면접을 치르는 것이다. 지원자가 한 명인 만큼 심층적인 질문과 다양한 꼬리 질문을 받는다. 지원자의 사고 과정과 태도를 집중적으로 검증할 수 있다는 특징이 있다.

(2) 준비전략

① 심화 질문에 대비하기 위해서는 채용 공고, 기업의 비전과 미션, 보도 자료, 직종과 관련된 시사상식, 최근 이슈, 지원서와 자기소개서 등을 모두 꼼꼼하게 숙지하도록 한다.

② 다 대 일 면접의 경우 심리적 압박감이 강할 수 있으므로 모의 면접을 통해 여러 면접관의 질문에 차분히 대응하는 연습을 해두는 것이 좋다.

③ 한 면접관의 질문에 답변할 때도 다른 면접관들과 자연스럽게 시선을 나누며 소통하는 자세를 유지해야 한다.

⑤ 토론면접

(1) 특징

면접자들을 조별로 나누어 특정 주제를 주고 찬반 토론을 하도록 하는 면접이다. 토론을 통해 도출해 낸 최종안도 중요하지만, 결론을 도출하는 과정에서의 의사소통능력 및 갈등 상황에서 의견을 조정하는 대처 능력 등도 중요하게 평가된다.

(2) 준비전략

① 적극적으로 나의 의견을 주장하는 것도 중요하지만, 경청하고 조정하는 능력도 평정 요소 중 하나라는 사실에 유념하여 토론에 임해야 한다. 다른 사람이 발언할 때 고개를 끄덕이거나 적절한 반응을 보이며 경청하는 비언어적 커뮤니케이션을 잊지 않도록 한다.

② 주제는 주로 최근 사회 이슈나 업계 관련 쟁점 중에서 나오는 경우가 많으므로 이를 중심으로 공부하는 것이 좋다.

⑥ 상황면접

(1) 특징

실제 업무 중 마주할 수 있는 상황을 제시하고 어떻게 행동할 것인지를 묻는 방식으로 진행하는 면접이다. 현장에서 겪을 수 있는 상황을 제시함으로써 입사 이후의 실제적인 업무 수행 능력을 중점적으로 평가한다.

(2) 준비전략

① 상황면접 특성상 면접 질문이 길다는 점에 유의한다. 질문의 핵심 의도를 짚어내고 적절한 답을 제시할수록 높은 점수를 얻을 수 있다.

② 다양한 관점을 고려하여 어려운 문제 상황에 대한 답을 미리 생각해 보고 구조화된 면접 답변을 준비하는 것이 좋다.

⑦ 비대면 면접

(1) 특징

면접관과 지원자가 대면하지 않은 상태에서 진행하는 면접이다. 화상 프로그램을 통해 면접관과 질의문답을 주고받는 것과, 주어진 주제나 질문에 답하는 모습을 녹화하여 제출하는 것 두 종류로 나뉜다. 면접관이 사람이라는 점에서 AI 면접과는 차이가 있다.

(2) 준비전략

① 카메라와 마이크가 잘 작동하는지, 프로그램 설치나 설정이 맞게 되어있는지를 사전에 반드시 점검하도록 한다.

② 화면이 아닌 카메라 렌즈를 향해서 자연스러운 시선 처리를 유지하고, 질문이 끝난 뒤 2 ~ 3초의 간격을 두고 또렷하게 답변하는 것이 좋다.

③ 시스템 오류 등의 예상치 못한 상황이 벌어지더라도 당황하지 않고 침착하게 담당자의 안내에 따르도록 한다.

⑧ 외국어 면접

(1) 특징

외국어로 진행되는 면접으로, 외국계 기업이나 업무상 외국어를 많이 사용하는 직종에서 주로 시행한다. 전문용어나 비즈니스 매너 등까지 전반적으로 갖춰야 하므로, 원어민 면접관이 면접을 진행하는 때도 많다.

(2) 준비전략

① 중요한 건 자신감이다. 면접장에서 외국어를 완벽하게 구사해야 한다는 사실을 부담스러워하는 지원자가 많다. 그러나 완벽하지 않더라도 자신감 있게 나를 표현하는 모습이 좋은 평가를 받을 수 있다.

② 문화권마다 예의범절이나 비즈니스 매너 등이 다르다는 점에 유의하고 미리 숙지하도록 한다.

9 발표면접 (PT면접)

(1) 특징

지원자가 제시된 특정 주제와 자료를 토대로 자기 생각을 발표하는 면접이다. 주어진 자료에서 핵심 주제와 맥락을 짚어낼 수 있는 능력과, 그것들을 기반으로 문제를 해결할 수 있는 능력 등이 주요 평정 요소이다.

(2) 준비전략

① 주제와 상황을 명징하게 파악하는 것이 가장 중요하다. 강조하고자 하는 핵심을 찾아내고, 서론 – 본론 – 결론의 체계적인 구조를 사용하여 이를 드러내는 것이 좋다.

② 발표할 때는 주어진 시간을 엄수하여 명확하고 자신 있는 태도로 한다.

10 다(多) 대 다(多) 면접

(1) 특징

다수의 면접관과 다수의 지원자가 함께 면접을 보는 것이다. 개별 역량뿐만 아니라 다른 지원자들과의 상호작용, 경쟁 상황에서의 태도 등을 종합적으로 평가한다. 제한된 시간 내에 자신을 효과적으로 드러내야 하는 점이 어렵지만, 다른 지원자와 비교하여 자신의 취약점이나 강점을 파악할 수 있다는 장점도 있다.

(2) 준비전략

① 사람들 사이에서 자신을 보여주는 것도 중요하지만, 다른 지원자들을 향한 태도도 중요하다. 다른 지원자가 답변할 때는 그 지원자를, 면접관이 질문할 때는 그 면접관을 바라보며 경청하는 태도를 보인다.

② 다른 지원자와 답변이 겹치지 않도록 한 질문에 다양한 답변을 준비하는 것이 좋다.

다빈도 기출 질문

> Q. 자기소개를 간단하게 해 보세요.

A. 안녕하십니까, A사 B계열에 지원한 000(이)라고 합니다. 저는 제 핵심 강점인 책임감을 바탕으로, 어느 조직에서나 끈질긴 분석과 협업을 통해 목표 달성에 기여하고자 노력해 왔습니다. 이 과정에서 업무에 필요한 문제 해결 능력과 추진력 또한 키울 수 있었습니다. 실제로 여러 프로젝트에 참여하여 직접 제안한 아이디어로 성과 개선에 기여한 경험이 있습니다. 입사 후에도 이러한 역량과 경험을 바탕으로 빠르게 업무에 적응하고, 장기적으로는 A사의 핵심 인재로 성장할 수 있도록 노력하겠습니다. 감사합니다.

> **TIP** 블라인드 면접 시 학교명이나 나이 등의 신상정보를 빼고, 직무와 관련된 강점 중심으로만 답변해야 한다. 자신의 성향을 한 문장으로 요약하고, 이어서 간단한 경험으로 근거를 제시한 뒤, 그 역량이 지원 직무에 어떻게 도움이 되는지 언급하며 마무리하면 좋다.

> Q. 우리 회사를 지원한 이유는 무엇입니까?

A. 회사의 성장 방향성 및 추구하는 목표가 제 가치관과 역량에 잘 맞는다고 생각했기 때문입니다. 저는 조직의 성격과 구성원의 역량이 맞닿을 때 가장 큰 성과를 만든다고 믿습니다. A사가 명확한 목표를 갖고 체계적으로 성장 전략을 실천하는 조직 문화를 갖추고 있으며, 구성원들이 도전하면서도 협업을 중시하는 환경에서 일하고 있다는 점이 인상 깊었습니다. 저 또한 A사에서 책임감 있게 협업하고 결과를 내는 사람으로 성장하고 싶어 지원했습니다.

> **TIP** 홈페이지나 채용 공고에서 언급되는 핵심 가치 또는 인재상을 파악하고, 이를 자신의 성향과 연결 지어 기업과 자신의 지향점이 일치함을 강조하는 것이 바람직하다. 마무리는 능동적이고 미래지향적인 표현을 사용해 입사 의지를 드러내면 좋다.

> ### Q. 해당 직무에 지원한 이유는 무엇입니까?

A. 저는 문제를 해결하고 가치를 창출하는 과정에서 큰 성취를 느끼는 사람입니다. 해당 직무가 분석을 바탕으로 명확한 결과를 만들어내며, 팀과 조직 목표 달성에 직접적으로 기여할 수 있다는 점이 매력적으로 다가왔습니다. 이전에도 주어진 과제를 체계적으로 분석하고 접근하여 성과를 낸 경험이 많이 있습니다. 때문에 해당 직무에서 제 흥미와 역량을 가장 효과적으로 발휘할 수 있다고 생각했습니다.

> **TIP** 직무에 대한 지원자의 이해도와 직무 적합성을 파악하기 위한 질문이다. 효과적인 답변을 위해서는 지원하는 직무의 핵심 역할을 정확히 파악하고 있다는 사실을 드러내고, 그 안에서 자신의 역량을 발휘할 수 있다는 점을 어필하는 것이 좋다. 해당 역량을 효과적으로 발휘한 사례를 더하면 설득력을 높일 수 있다.

> ### Q. 자신의 장·단점은 무엇이라고 생각합니까?

A. 저의 장점은 인내심입니다. 어렵고 힘든 문제를 만나도 쉽게 포기하지 않고 해결할 때까지 끊임없이 노력하기 때문입니다. 단점은 목표가 없으면 쉽게 나태해진다는 점입니다. 이를 극복하기 위해서 평소에도 맡은 일에 단계별로 구체적인 목표와 계획을 세우고 점검하는 습관을 만들었습니다.

> **TIP** 장·단점을 묻는 질문은 자신의 약점을 어떻게 관리하고 성장의 계기로 삼는지를 평가하기 위한 목적이 있다. 따라서 단점을 언급할 때는 너무 사소하거나 추상적인 것보다는 개선 가능성과 보완 의지를 드러낼 수 있는 현실적인 문제를 제시하는 것이 좋다.

> ### Q. 취미가 무엇입니까?

A. 제 취미는 조깅입니다. 운동을 하면 몸과 마음이 개운해질 뿐만 아니라 생각도 정리할 수 있기 때문입니다. 건강관리에 큰 도움이 되고 있기 때문에 조금 바쁘거나 피곤하더라도 시간을 내 꾸준히 조깅이나 산책을 하고 있습니다.

> **TIP** 취미를 통한 지원자의 성실성, 자기관리 태도 등을 파악하려는 의도를 내포한다. 따라서 단순히 '운동을 좋아한다', '독서를 한다'처럼 열거식으로 답하기보다, 해당 취미가 자신에게 어떤 긍정적 영향을 주는지를 들어 답변하는 것이 바람직하다.

> **Q. 여가 시간은 주로 어떻게 보냅니까?**

A. 여가 시간에는 주로 취미인 조깅을 하면서 보내는 편입니다. 하지만 밤이거나 날씨가 안 좋을 때는 책이나 영화를 보기도 합니다. 중요한 것은 균형 있는 활동과 휴식을 통해 체력을 관리하며 업무 시간에 필요한 집중력을 확보하는 것이라고 생각합니다.

TIP 시간 분배와 자기관리에 대한 체계적인 태도나 긍정적으로 업무 에너지를 회복하는 모습을 보이면 좋은 인상을 남길 수 있다. 이는 주어진 자원을 효율적으로 활용하고 장기적인 업무 수행에서도 안정적인 성과를 낼 수 있는 사람으로 평가 받는 데 도움을 준다.

> **Q. 자신만의 스트레스 해소법이 있습니까?**

A. 스트레스를 받는 상황이 생기면 우선 감정적으로 반응하기보다 이성적으로 상황을 정리하고 마음을 다스릴 수 있도록 노력합니다. 보통 짧은 산책이나 조깅으로 생각을 환기하는 것이 도움 되었습니다. 스트레스 해소는 감정 배출이 아닌 문제를 해결하기 위한 정리 과정이라고 생각하고 있습니다.

TIP 긍정적이며 건강한 방법을 제시하고, 구체적인 예시를 들어 자신만의 스트레스 해소법을 언급하는 것이 좋다. 이를 통해 압박 상황에서도 일의 균형과 효율을 유지할 수 있는 안정적인 지원자로 인식될 가능성이 높다.

> **Q. 가장 최근에 읽은 책은 무엇입니까?**

A. 카시와기의 「데이터 문해력」을 읽었습니다. 데이터를 어떻게 해석하고 업무 의사결정에 활용할 것인지에 대한 책입니다. 데이터 활용 능력이 더욱 중요해지고 있는 시대인 만큼 데이터를 통해 실제 문제를 해결하는 방법을 더 잘 이해해야 한다고 생각했습니다. 책을 읽으며 데이터를 다루는 기술적 역량뿐만 아니라 그 속의 맥락을 이해하는 능력도 함께 키워야겠다고 느꼈습니다.

TIP 자기 계발과 직무 역량 향상을 위해 노력하는 태도를 어필할 수 있는 질문이다. 단순히 책의 줄거리나 내용 요약을 말하기보다, 그 책을 통해 무엇을 느꼈고 어떤 점을 배우게 되었는지를 중심으로 답변하면 설득력이 높아진다.

> **Q. 자신을 리더라고 생각합니까, 팔로워라고 생각합니까?**

A. 저는 팔로워에 좀 더 가깝다고 생각합니다. 지금까지 상황을 분석하고 소통하는 능력을 통해 리더의 아래에서 팀을 하나로 만든 경험이 많았기 때문입니다. 그러나 좋은 팔로워의 경험이 있어야 좋은 리더도 될 수 있다고 생각합니다. 조율이 필요한 순간에는 앞장서서 의견을 모으고 정리하는 리더 역할도 마다하지 않고자 합니다. 팀의 성과를 위해 두 역할을 유연하게 수행하는 사람이 되겠습니다.

> **TIP** 자신의 강점과 역량에 대해 충분히 이해하고 있는 것이 중요하다. 구체적인 경험을 근거로 들어, 적절한 자리에서 스스로의 역할을 충실히 수행할 수 있는 인재라는 점을 설명한다. 가능하다면 한쪽만 일방적으로 강조하기보다 두 역할을 상황에 따라 조화롭게 수행할 수 있는 유연성을 보여주어도 좋다.

> **Q. 자신보다 어린 상사에 대해 어떻게 생각합니까?**

A. 나이보다는 개인이 가진 전문성과 역량이 더 중요하다고 생각하므로 개의치 않습니다. 실제로 인턴 활동 중 저보다 어린 선배와 함께 일했던 적이 있습니다. 그분은 업무 경험이 많고 문제 해결 능력이 뛰어났기 때문에 옆에서 많이 여쭤보고 배울 수 있었습니다. 조직에서 상사라는 사실은 그만큼 인정받은 경력이 있다는 의미이기 때문에, 나이와 관계없이 존중하며 배우는 자세로 임하겠습니다.

> **TIP** 조직 내 위계에 대한 이해도와 관계 유연성을 파악하기 위한 목적이 있다. 합리적인 근거와 경험을 토대로 연령보다 역량을 중시하는 성숙한 사고방식을 드러내는 것이 좋다.

> **Q. 상사가 업무와 무관한 사적인 일을 시킨다면 어떻게 하겠습니까?**

A. 먼저 지시받은 일의 목적과 필요성을 여쭤보겠습니다. 신입사원인 만큼 제가 해당 지시의 의미를 제대로 파악하지 못했을 수 있다고 생각하기 때문입니다. 그럼에도 명백히 업무와 무관한 사적인 일이라고 판단되면, 현재 더 필요한 업무에 집중하기 위해서 정중하게 거절하겠습니다.

> **TIP** 지원자의 문제 대처 능력, 윤리관 등을 평가할 수 있는 질문이다. 우선 상황을 객관적으로 파악하려는 시도 이후 합리적인 결정을 내리는 모습을 보이면 보다 긍정적인 평가를 받을 수 있다. 언행에서는 예의와 조직 존중의 자세를 잃지 않는 태도 또한 중요하다.

> **Q. 원하지 않는 지방이나 외국으로 발령을 받는다면 어떻게 하겠습니까?**

A. 지원할 때 순환근무에 대한 사실을 충분히 숙지했기 때문에 기꺼이 받아들일 준비가 되어있습니다. 저는 환경이 바뀌는 것을 어려워하지 않고, 새로운 일에 도전하는 것을 좋아하는 편입니다. 물론 처음에는 낯설 수도 있지만, 그만큼 다양한 경험을 쌓고 폭넓은 시각을 갖춰 보다 성장하는 기회로 삼고자 합니다.

TIP 기업의 인사 정책을 존중하면서도 변화에 긍정적으로 대응하려는 자세로 답변하는 것이 바람직하다. 즉, 곤란하다거나 어렵다고 단정 짓기보다는 이를 성장의 기회로 삼아 조직에 기여하겠다는 의지를 드러내는 것이 좋다.

> **Q. 과도한 업무가 주어져서 일과 개인 시간의 밸런스가 무너진다면 어떻게 하겠습니까?**

A. 우선은 저의 업무 처리 방식을 점검해보겠습니다. 업무에 요령이 부족하거나 서툴러서 생긴 문제일 수 있으므로 이를 개선해야 한다고 생각합니다. 선배님께 효율적인 방법을 여쭤보고 불필요한 시간을 줄이는 법을 익힐 계획입니다. 그런데도 업무량이 과다하다고 느껴진다면, 팀 내 상급자분께 상담을 요청해 조율하겠습니다.

TIP 먼저 스스로 업무를 완수하려는 의지를 보이고, 개인의 역량을 넘는 불가피한 상황임을 인지했을 때는 구체적인 해결 전략을 제시하여 원만한 문제 해결 능력과 소통 능력을 갖추었음을 밝히는 것이 바람직하다.

> **Q. 만약 이번 채용에 불합격한다면 어떻게 하겠습니까?**

A. 겸허히 결과를 받아들이고 준비 과정에서 부족했던 부분을 점검하는 계기로 삼겠습니다. 특히 면접을 준비하며 느꼈던 제 역량의 한계나 보완이 필요하다고 생각한 부분을 중심으로 다시 정리하고, 관련 경험과 역량을 보완해 나가겠습니다.

TIP 채용 결과와 관계없이 지원자의 회복 탄력성, 직무에 대한 지속적인 관심과 준비 의지를 확인하고자 하는 질문이다. 감정적으로 반응하기보다는 자신에게 부족했던 점을 돌아보고 향후 계획을 성숙하게 수립하겠다는 태도를 보이는 것이 좋다.

※ 인천도시공사 면접기출

(1) 직무지식 면접

직무지식과 관련된 10가지 정도의 주제 중 선택하여 발표하고 질의/응답 시간을 갖는 방식으로 진행된다.

(2) 그룹토론면접

그룹토론면접은 의사소통능력과 논리적 사고력을 평가하는 시험이다.

① 1인 가구의 독신세 부과

② 핀테크 기술 발전에 따른 모바일결제

③ 존엄사

④ 인공지능 도입

(3) 종합면접

종합면접은 기본자질, 의사발표력과 논리력, 전문지식과 그 응용능력, 의지력·창의력·기타 발전가능성을 평가하는 시험이다.

① 자신의 장점

② 살면서 겪은 어려웠던 경험과 극복방안

③ 입사 후 필요하다고 생각하는 능력

④ 같이 일하기 심든 사람의 유형

⑤ 상사가 부당한 지시를 내렸을 때 대처방법

⑥ 청춘을 바쳤다고 생각하는 경험

⑦ 입사 후 직무에 본인의 역량을 기여할 방법

⑧ 인천도시공사에서 시행하는 사업에 대해 설명

⑨ 인천도시공사의 사업 중 관심있는 사업은?

⑩ 인천도시공사 홈페이지에서 개선되어야 할 점

⑪ 우리 회사가 지향하는 방향에 대해 답변

⑫ 최근의 부동산 시장 동향에 대한 자신의 생각

⑬ 인천의 도시 문제 중 하나와 그 해결 방안

⑭ 최근 본인이 관심 가지는 시사 이슈는?

⑮ 인천도시공사에 지원한 이유

⑯ 본인이 가장 크게 성장한 경험은?

⑰ 공공임대주택의 장단점에 대한 본인의 생각